T0317250

WOHNEN INTEGRIERT

ZUSAMMENHALT BRAUCHT RÄUME

Christine Hannemann
Karin Hauser (Hg.)

Die Autorinnen Christine Hannemann und Karin Hauser möchten sich ganz herzlich für die inspirierende Zusammenarbeit bedanken bei:
- allen Mitautor*innen: Ingrid Breckner, Julia Diringer, Susanne Haar, Klaus Habermann-Nieße, Julia Hartmann, Gudrun Kirchhoff, Ricarda Pätzold und Bettina Reimann
- den Mitarbeiterinnen des Fachgebiets Architektur- und Wohnsoziologie der Fakultät Architektur und Stadtplanung (IWE-FG): Antonia Krahl, den studentischen Mitarbeiterinnen Helena Cing, Mary John, Tia Mfoudou, Noha Ramadan und Lorena Stephan sowie den ehemaligen Mitarbeiter*innen des Fachgebiets: Manal El-Shahat und Gerd Kuhn
- Steffi Greiner vom Deutschen Institut für Urbanistik (Difu)
- Sigrid Wüst und Agnes Lampke vom Höchstleistungsrechenzentrum der Universität Stuttgart (HLRS)
- Stefanie Becker und Sara Pietsch vom Projektträger, dem Deutschen Zentrum für Luft- und Raumfahrt (DLR)
- allen Mitarbeiter*innen des Instituts Wohnen und Entwerfen (IWE), besonders Ulrike Gollhofer, Sigrid Loch und Wolf Reuter
- Britta Hüttenhain und Harry Leuter vom Städtebau-Institut (SI) der Fakultät Architektur und Stadtplanung sowie den Architektinnen Lisa Fritz und Susanne Pardo-Spieß
- Theresa Hartherz und Susanne Rösler vom JOVIS Verlag GmbH und Heike Skok vom wohnbund e. V.

Besonders möchten wir uns bei allen Interviewpartner*innen für den herzlichen Empfang und die vielfältigen sowie persönlichen Einblicke in ihren Lebensalltag bedanken. Für die Organisation unseres Aufenthaltes bedanken wir uns namentlich bei:
- Lutz Müller SJ und Ludger Hillebrand SJ von der Deutschen Provinz der Jesuiten K.d.ö.R. (Fallstudie „Abuna-Frans-Haus")
- Bernd Jarcewski von der Wohnungsbaugesellschaft Oranienburg und Guido Allert vom Märkischen Sozialverein e. V. (Fallstudie „Integrationshaus")
- Julia von Schick und Anna Pass von der Stadtmission Berlin, Christoph Braun von der RefugioLab und Fridtjof Leemhuis vom Kreuzbergprojekt Kirche im Kiez (Fallstudie „Refugio")
- Eric Müller und Maren Schwenk vom Caritasverband für die Stadt Köln e. V. und Peter Thein vom Erzbistum Köln (Fallstudie „Integratives Wohnen am Klarissenkloster")
- Harald Lindner, Christel Lühmann vom Sozialraummanagement des Bezirksamts Wandsbek (Hamburg) und Gudrun Herbst von fördern und wohnen AöR (Fallstudie „Quartier Ohlendiekshöhe")

WIE WOLLEN WIR WOHNEN?

Christine Hannemann

Die Rückkehr der *Wohnungsfrage*, fokussiert auf Wohnkosten, Gentrifizierung und Segregation, hat in der breiten Öffentlichkeit ein aktuelles Interesse an der Art und Weise wie „gewohnt" wird, entstehen lassen. Spätestens seit den 1920er Jahren hat sich das kleinbürgerliche Wohnen als Hauptwohnform in der abgeschlossenen Kleinwohnung etabliert. Bis heute dominiert diese Art des Wohnens mit Wohn-, Schlaf- und Kinderzimmer sowie Küche, Bad, Flur. Gleichwohl wird nicht erst mit der postmodernen Transformation aller Lebensverhältnisse durch Individualisierung, Zuwanderung, Reurbanisierung, Multilokalität, Veränderungen der Arbeitswelt und Digitalisierung die Notwendigkeit eines Wandels des Wohnens weg von isolierenden, Einsamkeit evozierenden Wohnverhältnissen hin zu gemeinschaftlich orientierten Wohnformen diskutiert und auch in wenigen zukunftsweisenden Projekten realisiert. Ein Beispiel dafür sind *integrative Wohnprojekte*, die im Fokus dieser Publikation stehen. Hier werden Erkenntnisse des Forschungsprojekts „Zusammenhalt braucht Räume – integratives Wohnen mit Zuwanderern", in dem von Oktober 2017 bis März 2020 *integrative Wohnprojekte* untersucht wurden, präsentiert.

Die Forschungen erfolgten durch ein Team des Fachgebiets Architektur- und Wohnsoziologie der Fakultät Architektur und Stadtplanung an der Universität Stuttgart in Zusammenarbeit mit dem Deutschen Institut für Urbanistik (Difu). Gefördert wurde das Forschungsprojekt vom Bundesministerium für Bildung und Forschung (BMBF 2016): „Förderung der Maßnahme ‚Zusammenhalt stärken in Zeiten von Krisen und Umbrüchen' im Rahmen des Forschungsprogramms ‚Geistes-, Kultur- und Sozialwissenschaften'".

Im Mittelpunkt dieses Forschungsprogramms steht die Frage, wie angesichts dynamischer Wandlungsprozesse der Zusammenhalt moderner Gesellschaften gesichert werden kann. In dieser Publikation wird die These vertreten, dass Zusammenhalt, also Integration und Teilhabe, durch Wohnen befördert werden kann. Eine Chance dazu sind *integrative Wohnprojekte*, definiert als interkulturelles, moderiertes und freiwilliges Zusammenwohnen von verschiedenen sozialen Gruppen und Personen unterschiedlicher geografische Herkunft. Im Fokus steht das Zusammenleben von Neuzugewanderten und Ortsansässigen. Als Neuzugewanderte werden Menschen bezeichnet, die in den letzten fünf Jahren aus dem Ausland nach Deutschland zugewandert sind und, unabhängig von ihrem Zuwanderungsgrund oder Aufenthaltsstatus, eine mittelfristige Bleibeperspektive haben. Ortsansässige sind Personen, die bereits mehr als zehn Jahre in Deutschland wohnen und mit den hiesigen kulturellen Verhaltensmustern vertraut und in der Gesellschaft verankert sind. Darüber hinaus kennzeichnet sie eine spezifische Ortskenntnis bezogen auf die jeweilige Fallstudie.

Teil des Forschungsprojekts war ein Austausch mit den Transferpartnern: dem *Deutschen Städtetag*, dem *Deutschen Städte- und Gemeindebund* (DStGB), der *Vereinigung für Stadt-, Regional- und Landesplanung* (SRL) sowie dem *wohnbund e. V.* und dem Forschungsbeirat mit Expertise aus Wissenschaft (Ingrid Breckner, Ricarda Pätzold), Architektur (Alexander Hagner), Kommune (Julia Hartmann, Ayse Özbabacan), Kirche (Martin Schmelzer) und dem Landesnetzwerk der Migrantenorganisationen Sachsen-Anhalt (Mamad Mohamad). Die Beiratssitzungen mit ihren engagierten Diskussionen in interdisziplinärer Zusammensetzung wurden vom Forschungsteam stets geschätzt und waren ein wichtiger Bestandteil der Forschungsarbeit. Der Standpunkt des Beirats wurde in einem Positionspapier zusammengefasst.

siehe 178

Viele Menschen waren an dem Projekt beteiligt, bei denen sich das Forschungsteam gerne namentlich bedanken möchte. Darüber hinaus geht ein besonderer Dank an den *wohnbund e. V.* für die Beteiligung an der Finanzierung dieser Publikation.

„Zusammenhalt braucht Räume" fokussiert das Zusammenwohnen von Ortsansässigen und Neuzugewanderten. Wohnen ist immer etwas Individuelles,

Klaus Habermann-Nieße

aber auch etwas Gemeinschaftliches. Das Wohnen geflüchteter Menschen bringt sehr unterschiedliche Erfahrungen vom Wohnen unter ein Dach. Wie lässt sich das Wohnen in dieser neuen Nachbarschaft gestalten? Bleibt das Individuelle erhalten und welche Chancen bietet das Gemeinschaftliche? Der *wohnbund e. V.* steht schon seit seiner Gründung für den Aufbau von stabilen sozialen und integrativen Lebensräumen nicht zuletzt in Wohnprojekten und Genossenschaften, die Nachbarschaft und Inklusion zum Ziel haben.

Dabei steht der Raumbegriff nicht nur für das architektonisch bauliche, sondern auch für Städtebau und gesellschaftliche Inklusion. Damit rückt die Frage, wie das Zusammenleben von „Ankommenden" und „Einheimischen" aktiv und konstruktiv gestaltet werden kann, in seiner Komplexität in den Mittelpunkt. Diese Differenzierung zeigt sich auch in der sozialräumlichen Polarisierung in den Städten. Die Kommunen sind verantwortlich für das Wohnangebot für Geflüchtete. Sie sind mit ihren sozialen Strategien, den Wohnstandorten und den Wohnangeboten für Zugewanderte von entscheidender Bedeutung für die Inklusion.

Mit zunehmender Bleibedauer spielen die lokalen sozialen Netzwerke, die beim Wohnen eine Grundlage entwickeln, eine zentrale Rolle. Alltagsbegegnungen, gegenseitige Unterstützung und Austausch werden durch persönliche nachbarschaftliche Kontakte gestaltet. Diese ermöglichen den Bewohner*innen über das Zusammenleben in der Gemeinschaft hinaus den Aufbau sozialer Kompetenz und Verantwortung. Grundlage für diese Integrationschance bieten Räume, aus denen heraus der Blickwinkel in die Gesellschaft, in die eingewandert wurde, geöffnet werden kann. „Zusammenhalt braucht Räume" beschreibt gerade diese Voraussetzungen, wenn Ankunftsorte nicht Orte der Wanderung, sondern des Bleibens und der Gestaltung von Zusammenleben werden. Dieses Auszuloten, ist eine der Kernfragen des vorliegenden Buches. Es bietet einen Ausblick auf eine Form gemeinschaftlichen Wohnens, die auf spezifischen Lebenserfahrungen von Zuwandernden aufbaut. Wir hoffen, dass für Kommunen und Projekte diese wichtige Veröffentlichung Anlass gibt, in produktivem Sinne Räume für Zuwandernde bereitzustellen und sich diesen Wandernden besonders zu widmen.

INTEGRATION | WOHNEN | ZUSAMMENHALT [1]

Christine Hannemann

Soziale Spaltungen, Pluralisierung der Lebensstile, weltweite Globalisierung sowie eine akzelierte Digitalisierung sind ubiquitäre Prozesse, die fundamentale Fragen evozieren; vor allem die Eine, wie dennoch Zusammenhalt, also Gemeinschaft, erhalten bzw. hergestellt werden kann. Welche Möglichkeiten gibt es, Begegnungsmöglichkeiten zu eröffnen und Kontakträume herzustellen? Integration und Zusammenhalt, das ist die zentrale These, braucht Raum; ganz konkret Wohnraum. Wohnen ist in der sich individualisierenden Einwanderungsgesellschaft, in der die „Werbank" als Integrationsbasis verschwindet, von existenzieller Basis und generiert als unabdingbare Lebenspraxis analoge Integration.

1. AUSGANGSSITUATION: INTEGRATION, ZUWANDERUNG UND INDIVIDUALISIERUNG

Heuer, anno 2020, gibt es in der bundesdeutschen Öffentlichkeit und in der Wissenschaft eine intensive Diskussion über Integration und über Zusammenhalt. Damit werden grundlegende Aspekte des gesellschaftlichen und sozialen Miteinanders verhandelt. Generell hat der Begriff der Integration einen weiteren Referenzrahmen, beispielsweise wenn es um die Integration von Menschen mit Behinderungen geht. Aktuell aber ist der Diskursraum „Integration" vor allem auf die Folgen von Migration für Zuwandernde selbst und für die Gesellschaften, in denen sie ankommen sollen, fokussiert. Es geht um Konzepte und Strukturen, wie neuzuwandernde Menschen Teil dieser Gesellschaft werden können. Der Begriff Integration beinhaltet die Frage nach der Ausbildung einer Wertgemeinsamkeit mit einem Einbezug von Gruppierungen, die zunächst oder neuerdings andere Werthaltungen vertreten. Integration beschreibt einen dynamischen, lange andauernden und sehr differenzierten Prozess des Zusammenfügens und Zusammenwachsens von Menschen unterschiedlicher Herkunft. „In der wissenschaftlichen Literatur und in öffentlichen Debatten zum Thema Einwanderung/Integration kursieren viele Begriffe und Konzepte. Einige davon weisen eher auf Prozesse der Angleichung von Migranten oder auf ein gelungenes Zusammenleben von Menschen mit und ohne Migrationshintergrund hin, z. B. Akkommodation, Akkulturation, Assimilation,

Eingliederung, Inklusion, Inkorporation und Integration. Andere Begriffe sind hingegen eher negativ konnotiert und deuten auf Ungleichheiten oder auf eine Trennung hin: Desintegration, Dissimilation, Exklusion, Marginalisierung, Segmentation, Segregation." (Hans 2016: 24)

Integration als allgemeines soziologisches Konzept bestimmt die Frage nach dem Zusammenhalt eines Ganzen: Die einzelnen Teile müssten ein nicht wegzudenkender Teil des Ganzen sein, ausgehend davon, dass es alle Individuen in einer Gesellschaft sind, die das gesellschaftliche Ganze bilden. Bezogen auf Wanderungsprozesse entsteht hierbei die Frage, ob und wie zuwandernde Menschen als neu hinzugekommene Akteure mit den ortsansässigen Teilen der jeweiligen Gesellschaft verbunden werden. Dies betrifft zum einen die Systemintegration, also die gesamtgesellschaftlichen Folgen von Migration: Entstehen Spannungen oder Konflikte? Welche Auswirkungen haben Migrationsprozesse auf den sozialen Wandel? Zum anderen geht es hierbei um die Sozialintegration, also die Art und Weise der Einbeziehung individueller Zuwanderer in die Gesellschaft der Einwanderungsländer durch soziale Beziehungen zu ortsansässigen Menschen und durch politische Teilhabe. Die Sozialintegration ist eine entscheidende Voraussetzung hoher Systemintegration. (Esser 2001)

In der öffentlichen Debatte und in wissenschaftlichen Publikationen wird dabei die Integrationsfrage überwiegend als Frage der Sozialintegration fokussiert. Was definiert gelingende (Sozial)Integration? Hierzu gibt es eine Vielzahl von Antworten, die darauf hinauslaufen, dass unter Integration „[...] ein Prozess, in dem kulturelle und soziale Unterschiede (zum Beispiel im Sprachgebrauch, in den Bildungs- und Berufschancen, in der rechtlichen Stellung, in der Wahl von Freunden und Partnern) und die damit verbundenen Identitäten zwischen ethnischen Gruppen verschwimmen und letzten Endes verschwinden" (Hans 2016: 26), verstanden wird.

Sprache, Bildung, Arbeitsmarktintegration, politische Teilhabe werden als zentrale Dimensionen von Integration betrachtet. Das Bundesministerium des Innern (BMI) beantwortet die Frage, warum Integration so wichtig sei, wie folgt: „Die Integration von Zugewanderten soll

1   Anmerkung der Autorin: Dieser Aufsatz wurde in der Zeit einer weltweiten Ausnahmesituation verfasst: Eine Pandemie die kurz mit dem Begriff „Corona" bezeichnet wird, führte und führt zu weitgehenden Veränderungen der bis zum Beginn der Seuche geltenden Arbeits- und Lebensbedingungen. Kontaktbeschränkungen in jeder Hinsicht werden als das probate Mittel definiert, die Ausweitung der Pandemie einzudämmen. „Wohnen" ist ausschließliche Grundlage jeder Lebenspraxis vieler Menschen in Deutschland und weltweit geworden. Auch dieser Aufsatz wurde im sogenannten Homeoffice verfasst. Gleichwohl werde ich „Corona" nicht thematisieren, zum einen weil nicht abzusehen ist, wann „Corona" wieder vergessen sein wird und zum anderen, weil hinsichtlich der Thematik festzustellen ist, dass das Thema, also wie sich durch Wohnen Zusammenhalt herstellen lässt, „lediglich" eine neue Aktualität bekommt: Wohnen in Gemeinschaftsformen würden solche extremen Isolationszeiten, die die meisten Menschen in abgeschlossenen Kleinwohnungen bewältigen müssen, wesentlich sozialer und praktikabler gestalten.

Chancengleichheit und die tatsächliche Teilhabe in allen Bereichen ermöglichen, insbesondere am gesellschaftlichen, wirtschaftlichen und kulturellen Leben." (BMI 2017: o. S.) Was das sogenannte Heimatministerium darunter versteht, wird im Anschluss deutlich formuliert: Als erste Voraussetzung für die Integration zuwandernder Menschen, werden Deutschkenntnisse genannt. Gelungen sei eine Integration schließlich laut BMI, wenn das Ziel erreicht ist: „[...] sich einer Gemeinschaft zugehörig zu fühlen." (ebd.) Wohnen allerdings als erste Voraussetzung für tatsächliche Teilhabe findet keine Erwähnung. Allerdings, werden bis heute, obwohl sich Deutschland seit Jahrzehnten zum Einwanderungsland entwickelt, Migrant*innen hauptsächlich als Unterbringungsproblem thematisiert. Wohnmöglichkeiten, -formen und -wünsche von Menschen mit Migrationshintergrund im Wohnungsbestand sind bisher kaum Gegenstand wissenschaftlicher Untersuchungen und öffentlicher Überlegungen. Wenn es um Wohnen mit Migrationshintergrund geht, dann steht (berechtigterweise) die Konkurrenz um die knappe Ressource bezahlbaren Wohnraums im Vordergrund – und das in einer zunehmend angespannten Situation auf dem Wohnungsmarkt, die das Produkt einer Vernachlässigung der öffentlichen Wohnungsbaupolitik ist.

Mit der Veränderung der politischen Bewertung von Zuwanderung hat sich auch die wissenschaftliche Beschäftigung mit dieser sozialen Tatsache in der Gesellschaft intensiviert und differenziert. In einem 2016 erschienen, ersten Lehrbuch über die „Einwanderungsgesellschaft Deutschland. Entwicklung und Stand der Integration" (Brinkmann/Sauer Hg. 2016) berichten der Herausgeber und die Herausgeberin über eine Auswertung des Sozialwissenschaftlichen Informationssystems von 2010, die ergeben hat, dass es zwischen 1999 und 2008 eine Zunahme um 60 Prozent der Forschungs- und Literaturdokumente zum Thema Integration nachzuweisen sei. Als Themenschwerpunkte seien hier insbesondere Sozialisation und Bildung, aber auch sozioökonomische Fragestellungen mit den Schwerpunkten soziale Sicherung, Arbeitsmarkt und Beschäftigungsbedingungen zu finden: „Die größten Forschungsanteile im Zehnjahresverlauf entfallen auf 1. Bildung (15,0%), 2. Migrationsgeschichte (13,5%), 3. Lebenslagen (8,4%), 4. Rassismus/Diskriminierung (8,2%) und 5. Sozialisation (6,9%)." (Schimany/Schock 2010: 17) Symptomatisch für die Migrations- und Integrationsforschung ist, dass dem Wohnen keine oder nur geringe Aufmerksamkeit gewidmet wird. Das verwundert, ist doch Wohnen Grundbedürfnis und Existenzgrundlage (Hannemann 2020).

Warum Wohnen wenig im Kontext der Migrations- und Integrationsforschung thematisiert wird, erklärt ein kurzer Blick in die deutschsprachige Forschung: „Die Forschung ist damit konfrontiert, dass der Begriff Integration mit sehr unterschiedlichen Implikationen versehen ist und keiner einheitlichen Definition unterliegt." (Brinkmann/Sauer: 4) Das Integrationsverständnis basierte lange auf einem normativen Konzept, das von einer kulturellen Anpassung, also von Assimilation, der zuwandernden Menschen an die Mehrheitsgesellschaft ausging. Wohnen war damit wenig Gegenstand dieser Überlegungen, da die individuellen Ressourcen und Orientierungen der zuwandernden Menschen, ganz im Sinne des Rational-Choice-Ansatzes, im Vordergrund standen. (z. B. Esser 1980 u. 2009) Dementsprechend galt nur die Versorgung mit ausreichendem und bezahlbarem als ein entscheidender Indikator für gelingende Integration. Wohnen kommt also ins Blickfeld der Integrationsforschung, wenn es um eine Wohnungsversorgung geht, nicht aber als Faktor der kulturellen Integration.

Was letztendlich unter Integration verstanden wird, unterliegt einem ständigen wissenschaftlichen und politischen Diskurs. Zu konstatieren bleibt: „Integration bezieht sich nicht per se auf Zugewanderte. Dennoch ist die zielgruppenspezifische Ausrichtung auf Zugewanderte, gerade was den kommunalen und kommunal-politischen Kontext und die damit verbundenen Handlungsanforderungen be-trifft, ausgeprägt." (Reimann 2018: 114) Jede Einwanderungsgesellschaft muss sich dabei beim Wohnen auf neue Wege begeben, soll die Integration von Ortsansässigen und Migrant*innen, also zuwandernden Menschen, gelingen: Integration und Zusammenhalt, das ist die zentrale These, braucht ganz konkret Wohnraum. Denn Wohnen ist in der Einwanderungsgesellschaft von grundsätz-licher Bedeutung. Wohnungs- und Städtebau sind wesentliche Schlüssel zum Ge-lingen von Integration in Stadt und Quartier.

1.1 ZUWANDERUNG

„Weniger, grauer, vereinzelter und bunter" (Gans 2011: 89) so charakterisierten Bevölkerungswissenschaftler lange Jahre in erstaunlicher Einigkeit die Zukunft der Bevölkerungsentwicklung in Deutschland. Mehrheitlich wurde davon aus-gegangen, dass die Bevölkerung Deutschlands bis 2060 schrumpfen würde. Dies bei gleichzeitiger Alterung der Gesellschaft, die bewirke, dass zunehmend mehr Menschen in kleineren Haushalten wohnen werden, da die Lebenserwartung weiter steige und die der Frauen weiterhin deutlich über die der Männer liegen wird. (Lipps/Betz 2003) Das Jahr 2017 markiert einen Paradigmenwechsel. Seitdem konstatiert die Bundesregierung in ihrem Demografiebericht (BMI 2017) nicht mehr einen Bevölkerungsrückgang, sondern prognostiziert sogar bis 2035 einen leichten Anstieg und langfristig bis 2060 einen konstanten Bevölkerungsstand. Diese Beurteilung berücksichtigte die Rekordzuwanderung des Jahres 2015 und die prognostizierte hohe Nettomigration in den Folgejahren: „Bis 2035 steigt der Bevölkerungsstand gemäß dieser Grundlage auf 83,1 Millionen Personen an." (Deschermeier 2017: 63)

→ Abb. 1

Gerade das Jahr 2015 war im Hinblick auf die Zuwanderung mit einem Zu-zug von rund 2,1 Millionen Personen das Jahr mit der höchsten Zuwanderung seit 1950. Die Einwanderung in Deutschland war seit Mitte des 20. Jahrhunderts immer durch sehr unterschiedliche Zuwanderergruppen gekennzeichnet.

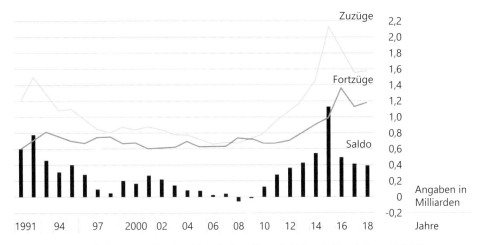

1_Wanderungen zwischen Deutschland und dem Ausland (Destatis 2019, o. S. | Bearbeitung IWE-FG)

In einer ersten Einwanderungswelle in den 1960er und frühen 1970er Jahren wanderten in die alte Bundesrepublik vor allem Arbeitsmigrant*innen (die sogenannten „Gastarbeiter") zu. Eine zweite Welle in den 1970er und 1980er Jahren war vor allem durch Familiennachzüge der in Deutschland wohnenden Gastarbeiter*innen geprägt. Nach dem Beitritt der DDR zur BRD und den gleichzeitigen politischen Umwälzungen in Osteuropa kam es in den 1990er Jahren zu einer dritten Zuwanderungswelle. Hier wanderten insbesondere deutschstämmige „Spätaussiedler" sowie geflüchtete Personen und Asylsuchende zu. In den darauffolgenden Jahren waren die Wanderungen zwischen Deutschland und dem Ausland bis Ende der 2000er Jahre eher durch temporäre Wanderungen spezieller Migrantengruppen wie Werkvertragsnehmer*innen, Saisonarbeiter*innen oder hochqualifizierte Arbeitskräfte gekennzeichnet. Seit 2010 wiederum ist die Zuwanderung einerseits durch Zuwanderer aus Ost- und Südeuropa und andererseits durch eine hohe Zuwanderung international Schutzsuchender geprägt. (Fiedler/u. a. 2017)

Der kursorische Durchgang durch die Zuwanderungsgeschichte Deutschlands zeigt, dass die Republik in den zurückliegenden Jahrzehnten vor allem aus ökonomischen und zunehmend aber auch aus humanitären und weltpolitischen Gründen zu einem Einwanderungsland geworden ist. Daran, so ist es aktuell abzusehen, wird sich auch in Zukunft wenig ändern. Anzahl und Herkunftsregionen der Zuwandernden werden variieren, nicht aber die Notwendigkeit Menschen auch durch Wohnangebote niedrigschwellige Integrationschancen zu eröffnen.

Hinzu kommt, ein bisher wenig zur Kenntnis genommener Fakt, der in Studien zu den Migrationsfolgen aufgrund des Klimawandel deutlich wird: Greenpeace hat 2007 eine Studie publiziert, in der prognostiziert wird, dass aufgrund des Klimawandels von ca. 200 Millionen „Klimaflüchtlingen" bis 2040 auszugehen sei. (Greenpeace 2007) Desgleichen wurde 2018 eine Studie der Weltbank zu diesem Thema veröffentlicht. Danach sei bis 2050 von 140 Millionen Menschen auszugehen, die wegen des Klimawandels ihre Lebensorte verlassen müssten. Die Lebensbedingungen verschlechtern sich insbesondere für Menschen in den ärmsten Ländern der Welt so dramatisch, dass sie gezwungen sein werden, ihre Heimat zu verlassen, um zu überleben. Besonders betroffen sind unter anderem die Sahel Zone in Afrika, Bangladesch und viele Inseln im Südpazifik. (Rigaud/u. a. 2018; Schraven 2019)

Darüber hinaus gilt für Deutschland seit dem 1.3.2020 ein „Fachkräfteeinwanderungsgesetz". Es regelt den Rahmen für eine gezielte und gesteigerte Zuwanderung von qualifizierten Fachkräften aus Nicht-EU-Ländern, da in der Politik von einem aktuellem und zukünftigen Fachkräftemangel ausgegangen wird. Ziel ist, dass Fachkräfte nach Deutschland einwandern dürfen, die für Wirtschaftsunternehmen relevant sind. Hierbei wird auf Hochschulabsolvent*innen sowie Personen mit qualifizierter Berufsausbildung fokussiert. (BPA 2020)

Langfristige verlässliche Bevölkerungsprognosen sind immer schwierig, aber es ist mehr als zu vermuten, dass Deutschland ein Einwanderungsland bleiben wird: Auch, wenn der Zuzug von flüchtenden Menschen stark zurückgedrängt wird, bleiben die globalen Zuzugsgründe erhalten: Wirtschaftseinwanderung; Krisen- und Armutswanderung und Zwangsmigration aufgrund des Klimawandels. Es handelt sich überwiegend um Menschen, deren Integration in das Wirtschafts- und Sozialsystem Deutschland vielfältige Unterstützung benötigt. Sie kommen aus weltweiten Regionen, die nicht mit den hiesigen soziokulturellen Verhältnissen vertraut sind.

1.2 INDIVIDUALISIERUNG

Die Zuwanderungsbewegungen sind eine Seite, die den sozialen Wandel bestimmen, auf der anderen Seite ist die postfordistische Transformation aller Lebensverhältnisse in Deutschland selbst charakteristisch. Damit sind die prinzipiell unvorhersehbaren Veränderungen gemeint, die eine nationalstaatlich verfasste Gesellschaft in ihrer sozialen und kulturellen Struktur über einen längeren Zeitraum erfährt. Sozialer Wandel umfasst beispielsweise die internationale und nationale Entwicklung der Arbeits- und Handlungssysteme, Veränderungen von Sprache (Dominanz des Englischen) oder von Traditionen, aber im Konkreten auch die Bildung neuer Subkulturen, die Rechtschreibreform oder neue Gesetze und Vorschriften beim Bauen. Der soziale Wandel hat viele Facetten und Dimensionen. Aus soziologischer Perspektive sind hier insbesondere Vereinzelung, Alterung, die schon oben behandelte Migration und Veränderungen der Arbeitswelt zu nennen.

Die Ursachen hierfür sind vielfältig und betreffen zunächst den gesellschaftlichen Wertewandel, der in den späten 1960er Jahren einsetzte. Zur Kennzeichnung dieses Prozesses ist hierfür durch die Soziologie der wissenschaftliche Begriff der Individualisierung (Beck 1986) geprägt worden. Er bezeichnet einen mit der Industrialisierung und Modernisierung der westlichen Gesellschaften einhergehenden Prozess des Übergangs des Individuums von der Fremd- zur Selbstbestimmung. In der gegenwärtigen postmodernen Gesellschaft prägt eine qualitativ neue Radikalisierung diesen Prozess. Gesellschaftliche Grundmuster, wie die klassische Kernfamilie, zerfallen. Der zunehmende Zwang zur reflexiven Lebensführung bewirkt die Pluralisierung von Lebensstilen, Identitäts- und Sinnfindung werden zur individuellen Leistung. Für das Wohnen relevant ist dabei vor allem die Singularisierung, als freiwillige oder unfreiwillige Form des Alleinwohnens und die Schrumpfung der Haushaltsgrößen. (Hannemann 2018) Alle aktuellen Studien zur Bevölkerungsentwicklung zeigen, wie beispielsweise die „Ergebnisse der Haushaltsvorausberechnungen" des Statistischen Bundesamtes (Destatis 2020), dass der Anteil der Ein-Personen-Haushalte in Deutschland weiter ansteigen wird. Dieser Anstieg beruht auch auf der sogenannten Alterung in der deutschen Gesellschaft. Ein immer größerer Anteil von Menschen wohnt im Alter allein. Vor allem aber bleiben ältere Menschen auch länger aktiv und gesund. Traditionelle Altenheime entsprechen nicht dem vorherrschenden Wunsch nach Erhaltung der gewohnten, selbstständigen Lebensführung. Statt Altenheim oder Pflege innerhalb der Familie entwickeln sich vielfältige Varianten des Wohnens im Alter und es wird nach weiteren Ideen und Projekten gesucht. Zwei populäre Modelle sind die Senioren-Wohngemeinschaft und das Mehrgenerationenhaus.

→ Abb. 2

Äußerst prägnant und die Wohnkulturen einschneidend verändernd, sind die epochalen Umgestaltungen in der Arbeitswelt: Hier wird aus soziologischer Perspektive von der Entgrenzung und Subjektivierung der Arbeit (Voß/u. a. 2016) gesprochen. Besonders ausschlaggebend ist die zeitliche Entgrenzung von Arbeit. Arbeitszeiten sind nicht mehr an Tages- und Nachtzeiten gebunden, wie beispielsweise bei der Schichtarbeit. Diese Entgrenzung wird flankiert durch die räumliche Ebene: Flexible Arbeitsmodelle wie das Arbeiten am heimischen Schreibtisch oder außerhalb des Büros entwickeln sich in wachsendem Ausmaß zum Normalfall der Erwerbstätigkeit. Für die Lebensverhältnisse dramatisch ist vor allem die rechtliche Entgrenzung von Arbeit, die auch als Deregulierung bezeichnet wird. Indikatoren für diese Wertung sind das vermehrte Aufkommen von Zeit- und Leiharbeit, von befristeten Verträgen und eingeschränktem Kündigungsschutz.

20 000

15 000

1-Person

10 000

2-Person

3-Person

5000

4-Person

5- und mehr Person

0

1991   2000   05   10   15   20   25   30   35   2040

Ab 2019 Ergebnisse der Haushaltsvorausberechnung (Variante Trend)

2_Entwicklung der Privathaushalte nach Haushaltsgröße bis 2040 (Destatis 2020: 10 | Bearbeitung IWE-FG)

Von Subjektivierung wird gesprochen, weil die Forschung eine Intensivierung von individuellen, das heißt persönlich involvierten Wechselverhältnissen zwischen Mensch und Unternehmen bzw. betrieblich organisierten Arbeitsprozessen konstatiert.

Nichtsdestotrotz bewirkt der soziale Wandel auch eine neue Gemeinschafts-orientierung: Baugemeinschaften und Kollektivgärten (urban gardening) entstehen dort, wo es räumlich möglich ist, in bunter Vielfalt als neue Variante lokaler Urbanität. Das Gemeinschaftswohnen ist in Deutschland eine wichtige Idee, spielt aber in der Realität prozentual gesehen eine relativ geringe Rolle. Es gibt zu wenig Möglichkeiten und viel zu wenig Förderung. Selbst mittelschichtsgetragene Baugemeinschaften haben Schwierigkeiten, Grundstücke zu bekommen. Die neue Nachfrage nach gemeinschaftlichem Wohnen basiert auf dem wachsenden Bedürfnis, Wohnformen jenseits der Kleinfamilie realisieren zu wollen. Sie entsteht durch Partizipations- und Gestaltungsinteressen und dem Wunsch, anders zu leben als in der bürgerlichen Kleinfamilie. Dabei ist nicht die Großfamilie das einzige Modell. Im Gegenteil – gerade bei gemeinschaftlichem Wohnen kann viel eher auf Wahlverwandtschaften ausgewichen werden. Eltern und Geschwister, die ganze Verwandtschaft, ist nicht wählbar, aber die Menschen, mit denen man zusammenleben möchte, kann man wählen.

Die neue Nachfrage nach anderen Wohnformen resultiert nicht zuletzt aus der Wahrnehmung von Einsamkeit als massives soziales Problem, nicht nur in der deutschen Gesellschaft. 2018 erregte die Nachrichtenmeldung über die Ernennung einer Einsamkeitsministerin durch die damalige Premierministerin Großbritanniens Theresa May enorme Aufmerksamkeit. (ZEIT ONLINE 2018) Diese politische Weichenstellung wurde durch ein Strategiepapier: „A connected society. A strategy for tackling loneliness – laying the foundations for change" (HM Government 2018) fundiert. Grundlage der Strategie sind, neben einer detaillierten Ursachenanalyse, eine Reihe wesentlicher politischer Vorschläge geordnet in vier Kapiteln. Explizit werden zur Bekämpfung von Einsamkeit stadtplanerische und bauliche Maßnahmen benannt: In Kapitel 3 wird u. a. "well designed housing" eine Schlüsselrolle zugewiesen. "The Ministry of Housing, Communities and Local Government will fund research into innovative community-led housing projects to understand how these can help to tackle loneliness and support social connections." (ebd.: 10/11) Dies aus der Erkenntnis heraus, dass überlieferte Wohnmodelle für eine strukturell veränderte Gesellschaft nicht mehr als Standard taugen. Auch in der Architektur soll das Kollektive wieder eine größere Rolle spielen.

Auch in Deutschland wird das Thema immer stärker von Politik, Wissenschaft und Medien aufgenommen. So entscheidend, dass im Koalitionsvertrag von CDU, CSU und SPD 2018 festgelegt wurde: „Angesichts einer zunehmend individualisierten, mobilen und digitalen Gesellschaft werden wir Strategien und Konzepte entwickeln, die Einsamkeit in allen Altersgruppen vorbeugen und Vereinsamung bekämpfen." (BPA 2018: 118) In einem Zeitschriftenartikel vom Januar 2019 wird erstmals eine aufschlussreiche Übersicht gegeben, wie groß das Problem in Deutschland ist. (Spiewak 2019: 31) Vor allem wird auf eine Untersuchung der Psychologin Maike Luhmann von der Universität Bochum verwiesen, nach der → Abb. 3 zwischen zehn und fünfzehn Prozent der Deutschen zeitweise unter Einsamkeit leiden. Im Gegensatz zu gängigen Stereotypen sei Einsamkeit nicht auf das Alter beschränkt. Einsamkeit könne in jeder Lebensphase auftreten. Die Altersverteilung der Einsamkeit folge einem komplexen nichtlinearen Verlauf mit erhöhten Einsamkeitsniveaus bei jungen Erwachsenen und bei den ältesten Alten. Insgesamt zeigen die Ergebnisse, dass die Ursachen der Einsamkeit bei älteren Erwachsenen gut verstanden sind. Zukünftige Forschung sollte sich darauf konzentrieren, die spezifischen Ursachen der Einsamkeit bei Erwachsenen mittleren Alters zu verstehen. (Luhmann/Hawkley 2016)

Generell wird für den inneren Zustand der deutschen Gesellschaft nicht nur Einsamkeit und Singularisierung diagnostiziert: Grundsätzlich gibt es einen „[...] Mangel an Begegnungen zwischen den unterschiedlichen Gruppen, Filterblasen in sozialen Netzwerken, Segregation in Großstädten, Verlust von Begegnung mit Anderen in politischen und sozialen Großorganisationen und ein Schrumpfen der öffentlichen Räume, in denen sich verschiedene Individuen als Bürger begegnen können" (Hollenberg/Krell 2018: 63).

Einsamkeit ist in Deutschland ein...

17 %   sehr großes Problem

51 %   großes Problem

23 %   kleines Problem

6 %   gar kein Problem

3%   Weiß nicht/keine Angabe

3_Einsamkeit – Wie groß ist das Problem in Deutschland? – Ergebnisse einer Befragung zur Einsamkeit unter gut 1000 Wahlberechtigten (Spiewack 2019: 31 | Bearbeitung IWE-FG)

2. WOHNEN: DIE BASIS DER INTEGRATIONSKRAFT

Letztendlich ist nicht nur die Zunahme von Singularisierung und Einsamkeit das Argument für die Notwenigkeit neuer gemeinschaftlicher Wohnformen. Generell lautet die Frage wie soziale Spaltung, Pluralisierung und Globalisierung, Digitalisierung etc. in Einklang gebracht werden können mit dem Wunsch nach Zusammenhalt, also nach Gemeinschaft. Es geht im weitesten Sinn um Heimat bzw. um Beheimatung. Welche Möglichkeiten gibt es Konträume herzustellen, Begegnungsmöglichkeiten zu eröffnen? Denn, dass es nötig ist, Räume zu schaffen, damit Zusammenhalt entsteht in Gesellschaften deren einzelne Teile auseinanderdriften, ist allgemeiner Konsens. Dies diagnostiziert als einer von vielen, auch der Soziologe Andreas Reckwitz mit seiner These von der Gesellschaft der Singularitäten.

Reckwitz schildert den sozialen Wandel der postmodernen Gesellschaft und die damit einhergehenden Veränderungen in der Arbeitswelt und der Lebensführung vor allem als Diagnose der neu entstehenden Gräben zwischen einer auf Sicherheit bedachten und industriell geprägten alten. Mittelklasse und einer kulturell- und global orientierten urbanen (neuen) Mittelklasse der postindustriellen Wissensgesellschaften. (Reckwitz 2017)

Doch wie können die Gräben gerade zwischen verschiedenen Milieus überbrückt werden? Eine wichtige Antwort dazu lässt sich in der Stadt- und Regionalforschung finden: „Erstens lösen grundlegende gesellschaftliche Transformationen die zunehmende Relevanz von Nähe in der Stadt aus. Traditionelle Integrationsmotoren wie der Arbeitsmarkt, die Familie oder Religion erodieren und damit stellen sich Fragen sozialer Beziehungen neu." (Vogelpohl 2008: 69) Gerade in Zeiten massiver Migrationsprozesse und zunehmend prekärer Arbeitsverhältnisse kann nicht mehr von der Integrationskraft „Werkbank" ausgegangen werden. Gerade geflüchtete Menschen landen häufig in Arbeitsverhältnissen, die als prekär bezeichnet werden müssen: „In den Einwanderungsgesellschaften finden sich Migrantinnen und Migranten auf der anderen Seite allerdings vielfach in prekären Arbeitsverhältnissen wieder, die Folgen für ihre soziale, kulturelle und ökonomische Situationen haben. Sie sind somit den, auch in Arbeitsverhältnissen sichtbar werdenden, gesellschaftlichen Macht- und Herrschaftsverhältnissen unterworfen, durch die sie marginalisiert und gegenüber Etablierten zu Außenseitern gemacht werden (Elias und Scotson 1993)." (Geisen/Ottersbach 2015: 8). Auch die die Langzeitforschungen des Projekts „Gruppenbezogene Menschenfeindlichkeit" zeigen, dass das ein „möglichst angstfreie Zusammenleben von Individuen und Gruppen unterschiedlicher ethnischer, religiöser, kultureller oder sozialer Herkunft mitsamt ihrer alltäglichen Lebenspraxis" (Heitmeyer 2012: 15) immer schwieriger zu realisieren ist.

Damit rücken immer deutlicher, in einer längerfristigen Perspektive, Fragen der sozialen und räumlichen Integration zuwandernder Menschen in der direkten Wohnpraxis in den Vordergrund, vor allem vor dem Hintergrund gleichzeitiger Zunahme der Singularisierung der Menschen in der Ankunftsgesellschaft. Beide Aspekte, die Orientierung auf einsamkeitsreduzierende Wohnformen und die Integration von zuwandernden Menschen sind ausgesprochen bedeutsam für den sozialen Zusammenhalt in einer städtisch geprägten Gesellschaft. Wohnen gehört zu den elementaren Bedürfnissen des Menschen, den existenziellen Grundbedürfnissen wie Sicherheit, Schutz, Geborgenheit, Kontakt, Kommunikation und Selbstdarstellung. Für die meisten Menschen ist, unabhängig vom persönlichkeitsprägenden Kulturkreis eine Wohnung (bzw. ein Haus) der sozialräumliche Lebensmittelpunkt. Wohnen beeinflusst den Alltag von Individuen ebenso wie von Familien, die individuellen Entfaltungsmöglichkeiten, die Sozialisationschancen von Kindern, Gesundheit und Wohlbefinden. Die Wohnsituation bestimmt, wie Intimität und Privatsphäre geschützt werden. Im Wohnen manifestiert sich der soziale Status, dies gilt gerade auch für zuwandernde Menschen: Lage und Standort (Viertel, Straße), Wohnform (Villa, Mietshaus), Wohnumfeld sowie Architektur haben während der gesamten Geschichte des Wohnungsbaus immer auch die gesellschaftliche Stellung der Bewohnerinnen und Bewohner abgebildet. Das Bürgertum im 19. Jahrhundert residierte in Landhäusern und Villen oder bewohnte die Belle Etage der Bürgerhäuser, die städtische Arbeiterschaft lebte in Mietskasernen oder Werkswohnungen. Nach dem Zweiten Weltkrieg wurde das Eigenheim neben dem Auto zum wichtigen Statussymbol. Dagegen bedeutet der Verlust der Wohnung oder die Unterbringung von zuwandernden Menschen beispielsweise in „Flüchtlingsunterkünften" einen erheblichen sozialen Abstieg und tendenziell eine Ausgrenzung aus der Gesellschaft.

3. ZUSAMMENHALT BRAUCHT RÄUME: DAS FORSCHUNGSPROJEKT

Die Frage nach dem Zusammenhalt ist eine zentrale Frage für die Gestaltung von Gesellschaft. Diese Erkenntnis wird auch durch wissenschaftspolitischen Förderprogrammen widergespiegelt. Beispielsweise wurde mit dieser zentralen Diagnose vom Bundesforschungsministerium (BMBF) 2015 ein Rahmenprogramm für „Geistes-, Kultur- und Sozialwissenschaften", bezeichnet als „Forschung für die Gesellschaft von morgen" (BMBF 2015), aufgelegt. Dieses Rahmenprogramm ist in Teilprojekte gegliedert, die iterativ zur Förderung dementsprechender Forschung ausgeschrieben werden. 2016 wurde das Teilprojekt: „Zusammenhalt stärken in Zeiten von Krisen und Umbrüchen" ausgeschrieben. Im Vordergrund dieser staatlich verordneten Forschungsstrategie steht die Entwicklung von Konzepten zur Bewältigung der durch Zuwanderung, damals aktuell insbesondere der gravierenden Einwanderung von aus Kriegsgebieten vertriebenen Menschen, nach Deutschland verursachten Krisen und Umbrüche. Im Mittelpunkt der Ausschreibung stand die Frage, wie angesichts dieser dynamischen Wandlungsprozesse zum Zusammenhalt moderner Gesellschaften beitragen könne. Es gehe dabei perspektivisch um die (Neu)Justierung des Verhältnisses zwischen Kommunen/Gemeinden und Bürgergesellschaft/ Nachbarschaften durch Handlungskonzepte, die auf die Integration von zuwandernden Menschen ausgerichtet sind, so wurde es in der Ausschreibung des BMBF formuliert. (BMBF 2016)

Auf diese Fördermaßnahme hat sich 2016 erfolgreich ein Forschungsverbund (IWE-FG/Difu 2016), bestehend aus dem Fachgebiet Architektur- und Wohnsoziologie an der Fakultät Architektur- und Stadtplanung der Universität Stuttgart und dem Deutschen Institut für Urbanistik (Difu), beworben. Der Fokus des Forschungsvorschlags lag auf der Untersuchung der sozialräumlichen Integration von Neuzugewanderten und deren Vernetzung im städtischen Nachbarschafts- bzw. im ländlichen Siedlungsgefüge mit Methoden der empirischen Sozialforschung. Basis des interdisziplinären und transferorientierten Forschungsvorhabens waren eine repräsentative Kommunalbefragung und die bundesweite Analyse von integrativen Wohnprojekten mit positiver Auswirkung auf den sozialen Zusammenhalt im Quartier.

Das Forschungsprojekt wurde als zweiteiliges Programm, unterteilt in fünf Arbeitspakete, gefördert. In einem ersten Forschungspaket wurden bundesweit *integrativen Wohnprojekte* aufwendig recherchiert. Anhand von spezifischen Kriterien wurden Wohnprojekte als „integrativ" ausgewählt, zu einem Projektkatalog zusammengestellt und durch eine Bewertungsmatrix auf sechs Beispiele, die dann in Fallstudien untersucht wurden, gefiltert. Diese zeichnen sich durch Lösungsansätze aus, die den Zusammenhalt im Gemeinwesen stärken und durch besondere architektonische Ansätze einen positiven Einfluss auf Integration haben können. Ziel dieser *integrativen Wohnprojekte* ist es, den Zusammenhalt in Wohngebieten zu stärken und soziale Integration auf mehreren Ebenen für Neuzugewanderte und für Ortsansässige zu schaffen.

4_Impression aus dem Forschungsprojekt | Besprechung in der Universität Stuttgart

Im Ergebnis wird durch dieses Arbeitspaket ein bundesweiter Überblick zu Integrationsprojekten gegeben und eine Bewertung ihrer integrativen Wirkungen vorgenommen sowie die Möglichkeit der Verbreitung und Übertragbarkeit als neue Modelle des sozialen Wohnens dargestellt. In einem zweiten Forschungspaket wurden mittels schriftlicher Befragungen (Kommunalbefragung, Befragung Wohnprojekte) und ergänzender Telefoninterviews kommunale Handlungsstrategien erhoben. Das Difu-Teilprojekt zielte auf die Erfassung kommunaler Handlungsstrategien für die Unterbringung, das Wohnen und die Integration von neuzugewanderten Menschen. In verschiedenen empirische Untersuchungsschritten wurde unter anderem untersucht wie integrative Wohnprojekte bewertet werden und ob sie (kommunal) unterstützt werden können. (Kirchhoff/u. a. 2019; Reimann/u. a. 2020) Während der gesamten Projektlaufzeit (Oktober 2017 – Mai 2020) wurde die Forschung durch eine kontinuierliche Rückkoppelung der Forschungsbefunde mit der kommunalen Praxis in Form von Workshops und Netzwerktreffen qualifiziert. Zur Qualitätssicherung und Positionierung erfolgte eine intensive Zusammenarbeit mit ausgewiesenen Praxis- und Transferpartnern sowie die Einrichtung eines Projektbeirats, der das Forschungsprojekt beratend begleitet hat.

Diese Publikation präsentiert wesentlich die Ergebnisse des ersten Forschungspakets: Fallstudien zur Untersuchung integrativer Wohnprojekte. Die Frage der Wirkungen integrativer Wohnprojekte ist ein wichtiger Baustein für das allgemeine Zusammenleben verschiedener Gruppen in unserer Gesellschaft. Wie eine Erhebung des Deutschen Architekturmuseums – DAM: Call for Projects: Bauen für Flüchtlinge und Migranten (DAM 2015) – anlässlich der Konzeption des deutschen Beitrags auf der Architekturbiennale in Venedig 2016 – Making Heimat (Schmal/u. a. 2016) zeigte, dominieren bei den deutschen Flüchtlingsunterkünften nichtintegrative Projekte. Die schiere Unterbringung der geflüchteten Menschen stand lange Zeit im Vordergrund. Demgegenüber wurde im geplanten Forschungsvorhaben davon ausgegangen, dass die sozialräumliche Mischung einer der Schlüssel für das Zusammenleben mit und die Integration von Zuwanderern darstellt und Zusammenhalt Räume braucht. Daher wurden in dem Forschungsvorhaben jene Wohnprojekte für und mit Zuwanderern analysiert, die konzeptionell Mischungsstrategien im Haus und Quartier/Nachbarschaft verfolgen. Aufgrund ihrer begrenzten Anzahl und ihrer hohen Innovationskraft handelt es sich um beispielgebende Pionierprojekte für ein neues Miteinander beim Wohnen.

Das Forschungsvorhaben zielte auf die Erfassung und Untersuchung von Wohnprojekten, die sich durch einen integrativen Ansatz auszeichnen. Diese bereits in verschiedenen Kommunen entstandenen bzw. entstehenden Wohnprojekte sollen beispielgebend für andere Städte und Gemeinden sein. Statt die Konkurrenzsituation der Wohnungssuchenden zu verschärfen, entwickeln diese Lösungsansätze, um die Kohäsion im Gemeinwesen zu stärken. Anhand dieser Projekte sollen Strategien aufgezeigt werden, wie der soziale Zusammenhalt in Wohngebieten gestärkt und wie die Krise des Wohnungsmarktes produktiv überwunden werden kann. Hierbei kommt den Integrationsleistungen von Wohnprojektes als erste Instanz der sozialräumlichen Verortung ein besonderer Stellenwert zu. Die Aktivierung enormer finanzieller Ressourcen zur Unterbringung von geflüchteten beziehungsweise zuwandernden Menschen sowie die hohe Bereitschaft bürgerschaftlicher Initiativen, den zuwandernden Menschen die Integration zu erleichtern und das Zusammenleben einer vielfältigen Gesellschaft zu gestalten, zeigt, dass in der krisenhaften Umbruchsituation Potenziale für gesellschaftlichen Zusammenhalt und Teilhabe gerade auch durch Wohnprojekte generiert werden können. Es besteht zudem die Chance, nicht nur den gesellschaftlichen Zusammenhalt zu stärken, sondern auch soziale Konkurrenzen der Wohnungssuchenden durch integrative Wohnangebote abzufedern.

→ **Mit dieser Publikation wird ein erster bundesweiter Überblick zu integrativen Wohnprojekten gegeben und eine Bewertung ihrer integrativen Wirkungen vorgenommen. Insbesondere werden Möglichkeiten der Verbreitung und Übertragbarkeit dieser neuen Modelle des sozialen Wohnens aufgezeigt.**

→ **Im Mittelpunkt der Fallstudienuntersuchung steht die Frage, wie angesichts dynamischer Wandlungsprozesse der Zusammenhalt moderner Gesellschaften gesichert werden kann. Integratives Wohnen ist eine Konzeption, die zum Gelingen beitragen kann. Sie nimmt das Wohnen als existenzielle Grundlage zum Ausgangspunkt für Integration.**

→ ***Integratives Wohnen*** **vermittelt Alltagskultur, also die ortsregionale Lebensweise, die üblichen und vertrauten Sitten und Gebräuche, die Abläufe und Rhythmen des täglichen Lebens, die Formen des Umgangs und der Kommunikation miteinander, also die Grundlagen des Zusammenhalts.**

5_Impression aus dem Forschungsprojekt | Gallery Walk bei der Abschlusstagung des Forschungsprojekts

WOHNEN ALS GRUNDLAGE
GESELLSCHAFTLICHER TEILHABE [2]

Ingrid Breckner

Wohnen und gesellschaftliche Teilhabe im Kontext von Wanderung und Zuwanderung: Diesen Zusammenhang möchte ich hier erläutern, vor allem um zu zeigen, was Wohnen mit gesellschaftlicher Teilhabe zu tun hat – und zwar für *alle* Menschen. Meine These lautet: Wir haben (wieder) eine generelle Wohnungskrise, die sich für bestimmte Menschen als besonders problematisch darstellt:

„Der Alltag von Menschen vollzieht sich nicht in linearen und standardisierten Prozessen, sondern unter verschiedenen gesellschaftlichen Rahmenbedingungen als Wanderung zwischen Tag und Nacht, zwischen Weiblichem und Männlichem, zwischen Kindsein und Erwachsensein, zwischen Gesundheit und Krankheit, zwischen Einsamkeit und Gemeinsamkeit. […] Dass das Wohnen ein Wandern ist, heißt, dass es nichts Ständiges und Sichwiederholendes [sic!] ist, sondern dass ihm eine eigene Offenheit zukommt, eine Unabgeschlossenheit, etwas immer erst und immer noch Mögliches." (Guzzoni 1999: 1)

Wohnen ist folglich keine stabile Konstruktion, sondern verändert sich in verschiedenen Lebensläufen und Lebenssituationen – darauf gehe ich im Folgenden ein.

In einem ersten Schritt wäre zu fragen, was Wohnen eigentlich bedeutet. Ist es, wie es die Stadtgeografen Benedikt Crone und Sebastian Schlüter (2015: 13) formulieren, eine „analoge Behältnisexistenz" unterschiedlicher Menschen unter Dächern, zwischen Wänden, auf mehr oder weniger Quadratmetern? Oder ist es vielmehr eine Tätigkeit? Ein Konzept? Ein Zustand? Oder doch ein sozialer, wirtschaftlicher oder kultureller Prozess eingebettet in gesellschaftlichen Wandel mit vielseitigen Bezügen zum *Rest der Welt*? Ist Wohnen ein Politikum oder eine Geldquelle? Oder eine Bühne sozialer und kultureller Repräsentation? Soziologischen Überlegungen von Bruno Latour (2010) zufolge ist es ein Produkt des Netzwerks unterschiedlicher Akteure und Aktanten.

Je nachdem, wer was unter Wohnen verstehen will, unterscheidet sich die Positionierung in diesem gesellschaftlichen Handlungsfeld: Es kann als politisch relevantes Thema wahrgenommen werden, an dem zeitnah und zielführend gearbeitet werden muss oder als eine Aufgabe, die politisch wenig Erfolg verspricht, weswegen man sie anderen Akteuren auf dem Marktplatz der Wohnungsversorgung überlassen kann. Die Geschichte der politischen Handlungsfähigkeit verweist in diesem Feld auf

2   Schriftliche Fassung des gleichnamigen Vortrages im Rahmen der Abschlusstagung „Zusammenhalt braucht Räume – Chancen und Perspektiven integrativer Wohnformen" des BMBF-Forschungsprojekts „Zusammenhalt braucht Räume – integratives Wohnen mit Zuwanderern" am 6.3.2020 in Berlin; Bearbeitung: Susanne Haar/ Christine Hannemann

Nachlässigkeit, die man nicht nur am Rücklauf des sozialen Wohnungsbaus sehen kann, sondern auch an den zögerlichen Handlungsprozessen in der Unterbringung von Geflüchteten sowie den Schwierigkeiten im Umgang mit Obdachlosigkeit.

Bekannt ist, dass in deutschen Wachstumszonen Mieten steigen und Kaufpreise für Wohnraum sowie Bodenpreise und Baukosten in dramatische Höhen geklettert sind. Es fehlt bezahlbarer Wohnraum vor allem in solchen Wachstumszonen und führt immer öfter zu wohnungspolitischem Protest.

Bekannt ist auch, dass viel zu viele Bewerber*innen um ein unzureichendes Wohnungsangebot konkurrieren, wodurch diskriminierenden Auswahlprozessen Tür und Tor geöffnet sind. Außerdem zeigen statistische Daten, dass in vielen Metropolregionen der Zuzug die Abwanderung seit mehreren Dekaden übersteigt. Gleichzeitig hat sich der Anteil an Sozialwohnungen verringert – zum einen wegen auslaufender Belegungsbindungen, aber eben auch wegen unzureichenden Neubaus. Auch ist bekannt, dass die Angst vor Wohnungsverlust aufgrund überdurchschnittlich steigender Wohnkosten immer stärker um sich greift. Ein Umzug aus Kostengründen kommt vielfach nicht in Frage, weil das passende Angebot fehlt. Obdachlosigkeit wird zunehmend sichtbar, während Boden- und Wohnraum sich zu rentierlichen Geldanlagen und Spekulationsobjekten für private *und* institutionelle Investoren aus dem In- und Ausland entwickelt haben. Infolge dieser Finanzialisierung verschärft sich die Lage auf dem Wohnungsmarkt: Der Mietpreisindex und die Preise für baureifes Land steigen in deutschen Bundesländern seit Jahren und diese Statistiken zeigen, dass die Stadt- → *Abb. 6* staaten Hamburg und Berlin Spitzenstellungen in dieser Entwicklung einnehmen.

Und dennoch müssen alle Menschen wohnen! Um sich vor Nässe, Kälte und öffentlichen Belastungen zu schützen. Um eine Privatsphäre zu erleben, die Ruhe und Rückzug erlaubt und um sich erholen, lernen und arbeiten zu können. Dieser Faktor wird besonders deutlich in Interviews mit Geflüchteten, die wir im Rahmen des Forschungsprojekts „Fluchtort Stadt" geführt haben (Arouna/u. a. 2019). Hier sagen alle: Wenn ich erstmal eine Wohnung habe, d a n n kann ich Deutsch lernen, d a n n kann ich mich damit beschäftigen, was ich beruflich machen will! Diese Menschen können sich nicht in einem Raum mit mehreren Personen, die jeweils unterschiedliche Tagesrhythmen haben, konzentrieren und Perspektiven für ihre Zukunft entwickeln.

Menschen müssen auch wohnen, um Vergangenes zu verarbeiten! Das ist aus der Forschung zu Zuwanderungsprozessen seit langem bekannt: Bei Geflüchteten und Neuzugewanderten treten gesundheitliche Belastungen erst zutage, wenn der existenzielle Überlebensmodus abgelegt wurde, weil es eine Wohnsicherheit gibt, in der man auch wieder krank sein *kann*.

Fehlende Wohnsicherheit ist existenziell verunsichernd: Sie verringert die Motivation nicht nur für persönliche Entwicklung, sondern auch für gesellschaftliches Engagement. Man kann sich erst als Teil einer Gesellschaft begreifen, wenn man eine Wohnung hat und an einen Ort und damit *dazu* gehört.

Fehlende Wohnsicherheit ist auch teuer. Wir wissen, dass die Mietbelastung prozentual vom Einkommen höher ist, je prekärer die Wohnverhältnisse sind. Hier werden zeitliche Investitionen in eine Verbesserung der Wohnsituation, etwa in ungewollte Umzüge, erzwungen. Fehlende Wohnsicherheit schränkt soziale und kulturelle Alltagspraktiken ein, weil man keinen Besuch empfangen möchte. Kinder trauen sich nicht, Freunde aus der Schule nach Hause zu bringen. Diese Behinderung der Pflege sozialer Beziehungen erstreckt sich auch in die Nachbarschaft, ins Gemeinwesen, in die Gesellschaft, wo räumliche und politische Verortung von Individuen nicht mehr gewährleistet ist und so langfristig hohe gesellschaftliche Kosten entstehen.

Eine politische Wahrnehmung dieser Kosten, beispielsweise für Transferzahlungen der Jobcenter und ergänzende Individualförderungen von Menschen, die sich keine Wohnung leisten können, ist lange überfällig und volkswirtschaftlich sicher weitaus teurer, als sich konstruktive Gedanken über Wohnungssicherheit zu machen und diese umzusetzen.

Deshalb lautet meine These: Wohnungssicherheit ist eine zentrale Voraussetzung für gesellschaftliche Teilhabe. Solange diese nicht gewährleistet ist, ist gesellschaftliche Teilhabe kaum zu verwirklichen.

Dieser Zusammenhang wird deutlich, wenn wir eingehender betrachten, *wen* unsicheres Wohnen betrifft: Das sind in verschärftem Maß Wohnungs- und Arbeitslose sowie Zugewanderte mit eingeschränkten finanziellen, kulturellen oder sozialen Ressourcen. Aber auch zuwandernde hochqualifizierte Fachkräfte sind Diskriminierung, prekären Wohnverhältnissen und sozialer Isolation ausgesetzt, wie die empirischen Ergebnisse der Dissertation von Anna Becker (2018) zu hochqualifizierten Zuwanderern aus Drittstaaten in Hamburg zeigen.

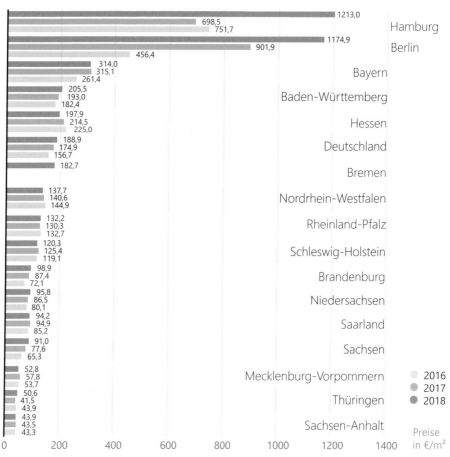

6_Preis für baureifes Land nach Bundesländern (Statista 2019 | Bearbeitung IWE-FG)

Unsicheres Wohnen betrifft auch alte Menschen mit unzureichender Alters-sicherung, die in immer stärkerem Maß unter der aktuellen Situation leiden. Kinder erweisen sich oft ebenfalls als Hindernis bei der Wohnungssuche: Es wird Lärm befürchtet und Vermieter gehen davon aus, dass insbesondere Geringver-diener mit mehreren Kindern keine sichere Mietquelle darstellen. Kinder und Er-wachsene nach Trennung und Scheidung, die keine entsprechende Absicherung haben, sehen sich ebenfalls mit Wohnunsicherheit konfrontiert. Alleinstehende oder alleinlebende Menschen gehören bei immer weiter steigenden Quadrat-meterpreisen ebenfalls zur Gruppe der unsicher Wohnenden. Hier sind ins-besondere alleinstehende Männer mit Migrationshintergrund und Geflüchtete betroffen – die Verunsicherung im Umgang mit und Diskriminierung gegen-über diesen Personen ist weiterhin sehr hoch.

Aber auch Bevölkerungsgruppen mit durchschnittlichem Einkommen sind längst von Wohnunsicherheit betroffen – so sie kein Vermögen haben. Das können Betroffene urbaner Transformationsprozesse sein, also Umbaumaß-nahmen, Stadtteilerneuerungen und Veränderungen von Nutzungsstrukturen. Denn wenn Wohnraum verschwindet, ist immer die Frage zu stellen: Wo ist der Ersatz dafür? Auszubildende und Studierende gehören schon lange zu den prekär Wohnenden: Ein Lehrforschungsprojekt an der HafenCity Uni-versität Hamburg (Grubbauer 2020) ergab, dass mittlerweile 80 Prozent der Studierenden halbtags arbeiten, um sich ihre Unterkunft finanzieren zu können, denn das Bafög reicht dafür in einer urbanen Wachstumszone wie Hamburg nicht mehr aus, und das Studierendenwerk kann nur für etwa 8 Prozent der Studierenden Wohnraum anbieten.

Unsicheres Wohnen betrifft *per definitionem* Mieter*innen mit befristeten Verträgen, weil bei erneutem Abschluss die Miete erhöht werden kann. Und unsicheres Wohnen schließt auch Menschen ein, die sich angesichts niedriger Zinsen auf das Risiko der Wohneigentumsbildung eingelassen haben, aber dann möglicherweise von Arbeitslosigkeit oder Kurzarbeit betroffen sind und nicht mehr zu Schuldentilgung in der Lage sind.

Wohnunsicherheit existiert nicht nur in sozialen Randbereichen, sondern längst auch in der Mitte der Gesellschaft. In einigen Großstädten ist schon die Hälfte der Stadtbevölkerung sozialwohnungsberechtigt, ohne dass dafür ent-sprechend Angebote zur Verfügung stünden. In Hamburg beträgt der Anteil der Sozialwohnungen heute nur noch 8 Prozent – im Jahr 1970 waren es noch 45 Prozent (FHH/BSW 2019: 28; Neumann 2018: 73).

Eine ganz persönliche Erfahrung mit unsicherem Wohnen schilderte mir ein 8-jähriges Mädchen, das ich auf einer Urlaubsreise getroffen habe. Ihre Eltern → Abb. 7 hatten sich getrennt und sie zeichnete ihren Alltag zwischen zwei Wohnsitzen, den Betreuungseinrichtungen und der Schule auf und erklärte ihren Tages-ablauf und die zugehörigen Wege ausführlich wie auch die Veränderungen im gewohnten räumlichen Umfeld. So eine Erschütterung im Lebenslauf kann einen Lernprozess darstellen, ist zuerst aber eben immer auch verunsichernd für ein Kind.

Mit der jahrzehntelangen Zuwanderung nach Deutschland sind vor allem in Städten, aber auch bundesweit kulturell vielfältige und heterogene Be-völkerungsstrukturen entstanden, die mit unterschiedlichen Wohnpraktiken einhergehen. Wenn diese auf unseren mehr oder weniger homogenen nord-europäischen Umgang mit dem Wohnen treffen, kann es zu Verständnis-schwierigkeiten kommen. Ein Beispiel dafür ist das sogenannte „Weltquartier",

7_Alltag zwischen zwei Wohnsitzen (Breckner)

ein Projekt der IBA Hamburg. Hier wohnen zu 80 Prozent Menschen mit Migrationshintergrund, deren Wohnpraxen von Studierenden in einer Abschlussarbeit an meinem Arbeitsgebiet untersucht wurden (Qhadeer/Celik 2016). Die Wohnenden mussten diverse Dinge in diesen Räumen verändern, um darin wohnen zu können und behalfen sich mit provisorischen Trennungen in den offenen Küchen, Vorhängen innerhalb der Wohnung und Verschattungen an den Balkonen, die den weiblichen Haushaltsmitgliedern Bewegungs- und Aufenthaltsmöglichkeiten boten. Es wurden Wäscheleinen an den Balkonen angebracht, weil das Aufhängen etwa von Unterwäsche an den Wäschespinnen im Hof als Verletzung der Privatsphäre empfunden wurde.

Ein Beispiel, wie mit den Bedürfnissen etwa muslimischer Mitmenschen umgegangen werden kann, begegnete mir in Helsinki. Hier hat die Stadt in ihren öffentlichen Toiletten Waschmöglichkeiten installiert, die die Hygienevorstellung keiner der Nutzergruppen verletzt und so einen guten Kompromiss darstellt.

Vielfältige Wohnpraktiken erfordern in erster Linie Kenntnisse über Hintergründe, die sich nicht automatisch erschließen, weil Wohnen eben dynamisch vonstattengeht, wenn nicht gefragt wird, *warum* sich Menschen in ihrem Wohnzusammenhang in bestimmter Weise verhalten.

Erforderlich ist außerdem Sensibilität für den Wandel des Wohnens im Lebenslauf und in unterschiedlichen Nachbarschaftsstrukturen. Es passt eben nicht gut zusammen, wenn ein Kinderspielplatz vor ein Haus mit lauter Einzimmerwohnungen platziert wird, in dem hauptsächlich alte Menschen wohnen. In Hamburg entstand im Rahmen des Projekts „Soziale Stadt" ein solcher Generationenkonflikt, der dazu führte, dass Spielgeräte wegen Anwohnerbeschwerden wieder abgebaut werden mussten (Breckner/Hermann 2002: 140).

Es bedarf der Identifikation von Schnittstellen unterschiedlicher Wohnbedürfnisse und eines für unterschiedliche Gruppen relevanten gemeinsamen Nenners. Das ist eine große Herausforderung, die nicht durch einseitige Anpassungen zu bewältigen ist. Es geht weder um ein muslimisches Haus noch eine solche Toilette! Erforderlich ist vielmehr Aufmerksamkeit für unterschiedliche Praktiken und darin angelegtes Konfliktpotenzial, das aus gegensätzlichen Erfahrungen und Interessen resultiert. Sie gilt es zu identifizieren und zu verstehen, um für alle Beteiligten tragfähige Lösungen zu finden.

Zu recherchieren bleibt zudem, wie Wohnraumversorgung kostengünstig realisiert werden kann bei gleichzeitig bedarfsgerechter Ausstattung und Grundrissgestaltung. Oftmals gibt es insbesondere in bezahlbarem Wohnraum große Flurflächen, die bezahlt werden müssen, aber kaum nutzbar sind. Gerade bei einkommensschwachen Haushalten sollte darauf geachtet werden, dass jeder Quadratmeter der Wohnqualität zugutekommt.

Anzustreben ist auch eine stärkere Einbindung von Nutzergruppen in die Planung von Wohnraum und Wohnumfeld. Denn verallgemeinerbare Konzepte können nur mit Feingefühl für Differenzen erarbeitet werden und erfordern große Offenheit und Klugheit sowohl in der Stadtpolitik als auch in der Produktion und Bewirtschaftung von Wohnraum. Solche Standards sind längst nicht realisiert, obwohl sie eine zentrale Voraussetzung für sicheres Wohnen sind. Ein kontinuierliches Monitoring der Differenzierungen von Angebot und Nachfrage auf unterschiedlichen Wohnteilmärkten wurde bis heute in keiner deutschen Großstadt verwirklicht und ist als fundierte Planungsgrundlage unverzichtbar. In Bezug auf Diskriminierungspraktiken auf Wohnungsmärkten ist die Stadt Berlin ein Vorreiter, die eine Antidiskriminierungsstelle fördert, die sich mit fairem Wohnen beschäftigt (Fair mieten 2017). Andere Großstädte sollten hier so schnell wie möglich nachziehen.

Benötigt wird auch die Ausschöpfung aller Interventionsmöglichkeiten gegen Zweckentfremdung von Grundstücken und Wohnraum. Die Wohnungsaufsicht bietet diverse Möglichkeiten hierzu, die Städte oft aus Personalmangel nicht nutzen. Außerdem bedarf es einer konsequenten Unterbindung von Boden- und Wohnraumspekulation. Das heißt: Prozesse des Kaufens und Verkaufens von Grundstücken und Gebäuden gilt es feinmaschig zu beobachten, um sich als Gemeinde rechtzeitig mit möglichen Vorkaufsrechten einschalten zu können. Dazu fehlen vielen Städte jedoch die erforderlichen finanziellen Mittel.

Schließlich gilt es, ein besonderes Augenmerk auf alle am Wohnungsmarkt am stärksten benachteiligte Haushalte zu richten. In Hamburg gibt es Menschen, die vor 20 Jahren infolge der Balkankriege nach Deutschland gekommen sind und mit ihren Familien seither in Geflüchtetenunterkünften leben. Welche Chance auf gute Bildung, auf ein selbstständiges Leben, auf gesellschaftliche Teilhabe bieten wir Kindern, die so aufwachsen?

Insbesondere die Wohnkosten von Haushalten mit niedrigem Einkommen müssen reduziert werden. Das kann durch geeignete Bauweisen, durch Förder- und Trägermodelle ermöglicht werden und darf nicht auf Kosten der Wohnqualität geschehen. In diesem Kontext spielen insbesondere energetische und andere Modernisierungsmaßnahmen eine Rolle. Je weniger Einkommen zur Verfügung steht, umso empfindlicher reagieren Haushalte selbst auf minimal steigende Wohnkosten.

Und: Es bedarf städtischer Lebensqualität in allen Quartieren. Je weniger Wohnraum man sich leisten kann, umso stärker ist man auf das Wohnumfeld und das Quartier angewiesen, um sich dort mit anderen zu treffen, seine Freizeit zu verbringen, teilzuhaben.

Zu hoffen bleibt auf neue gemeinwohlorientierte Strategien der Wohnraumversorgung! Die Neue Heimat ist zwar krachend in Spekulationsprozessen gescheitert, aber das muss sich ja in einer Neuauflage dieses Prozesses nicht zwangsläufig wiederholen.

Gemeinwohlorientierung muss wieder zum Thema werden, wenn die aktuelle, sich wiederholende Wohnungskrise anders als mit punktuellem Flickwerk bearbeitet werden soll. Denn so hat es der Philosoph Vilém Flusser treffend formuliert:

„Ohne Wohnung, ohne Schutz von Gewöhnlichem und Gewohntem ist alles, was ankommt, Geräusch, nichts ist Information, und in einer informationslosen Welt, im Chaos, kann man weder fühlen noch denken noch handeln." (Flusser 1994: 27)

FORSCHUNGEN
ZU INTEGRATIVEN WOHNPROJEKTEN

1. EXPERT*INNEN BEZIEHEN POSITION
2. SEKUNDÄRANALYSE
3. FALLSTUDIEN

Karin Hauser
Christine Hannemann

Integratives Wohnen

→ fokussiert das Zusammenwohnen von Neuzugewan-
derten und Ortsansässigen

→ bietet Begegnungsräume,
um Gemeinschaftsräume
aufzubauen und Rückzugs-
orte für Privatsphäre anzu-
bieten

→ grenzt sich durch moderiertes Zusammenwohnen mit
Aktionen und Unterstützung
im Alltag vom gemein-
schaftlichen Wohnen ab

→ fördert Teilhabe und Mitgestaltung

→ überzeugt durch hoch-
wertige Gebäude mit
längerfristigen Wohn-
perspektiven

→ vernetzt sich durch Lage
und Austausch im Quartier

Integratives Wohnen ist ein interkulturelles, moderiertes und freiwilliges Zusammenwohnen von verschiedenen sozialen Gruppen und Personen unterschiedlicher geografischer Herkunft. Im Fokus steht das Zusammenleben von Neuzugewanderten und Ortsansässigen. Als Neuzugewanderte werden Menschen bezeichnet, die in den letzten fünf Jahren aus dem Ausland nach Deutschland zugewandert sind (Geflüchtete, Asylberechtigte, Arbeitsmigrant*innen aus Drittstaaten, Zuwander*innen aus Südosteuropa usw.) und, unabhängig von ihrem Zuwanderungsgrund oder Aufenthaltsstatus, eine mittelfristige Bleibeperspektive haben. Ortsansässige sind Personen, die bereits mehr als zehn Jahre in Deutschland wohnen und mit den hiesigen kulturellen Verhaltensmustern vertraut und in der Gesellschaft verankert sind. Darüber hinaus kennzeichnet sie eine spezifische Ortskenntnis bezogen auf die jeweilige Fallstudie.

Integrative Wohnformen sind qualifiziert durch bauliche Begebenheiten zur Begegnung und auch zum Rückzug. Neben dem Ankommen von Neuzugewanderten geht es um Teilhabe und Akzeptanz in der Gemeinschaft und eine längerfristige Wohnperspektive in hochwertigen Gebäuden. Die Bewohnerschaft wird von einer Moderation durch gezielte Aktivitäten vernetzt und geleitet. Unabhängig vom Gebäudetyp kann *integratives Wohnen* in Alt- und Neubauten, als Wohngemeinschaft, in Mehrfamiliengebäuden, Gebäudekomplexen oder Quartieren verortet sein. Begünstigt durch eine Lage mit guter infrastruktureller Anbindung und eine Zusammenarbeit mit lokalen Akteuren werden Formate des Quartiersaustausches geschaffen.

Diese für Deutschland noch untypische Wohnform wurde im Rahmen des Forschungsprojekts „Zusammenhalt braucht Räume – integratives Wohnen mit Zuwanderern" mit einer empirischen Studie untersucht, die von folgenden Forschungsfragen geleitet war:

Welche Herausforderungen und kommunalen Handlungsansätze prägen die Unterbringung und Integration von neuzugewanderten Menschen?
26–29
Diese Frage wird mit Expert*innen aus den Bereichen Kommunalverwaltung, Wohnungswirtschaft, Stadtteil-/Gemeinwesenarbeit und Wissenschaft diskutiert (leitfadengestützte Expert*inneninterviews).

Welche Motive rahmen das integrative Zusammenwohnen von Neuzugewanderten und Ortsansässigen?
30–33
Beantwortet wird die Frage in einer visualisierten Gegenüberstellung von kategorisierten Aussagen über das Zusammenwohnen in *integrativen Wohnprojekten* der beiden Gruppen (Sekundäranalyse von Leitfadeninterviews des Case Mapping).

Welche Besonderheiten und Gelingensfaktoren kennzeichnen integrative Wohnprojekte?
34–161
Anhand von 6 Fallstudien werden soziale und baulich-räumliche Merkmale für *integratives Wohnen* präsentiert, die basierend auf einer intensiven Feldforschung erhoben wurden (Case Mapping: Nosing Around, Leitfadeninterview, Narrative Mapping und Beobachtung).

KOMMUNALE HANDLUNGSANSÄTZE ZUR FÖRDERUNG VON GESELLSCHAFTLICHER INTEGRATION
EXPERT*INNEN BEZIEHEN POSITION

Bettina Reimann
Julia Diringer
Gudrun Kirchhoff

Das Difu-Teilprojekt zielte auf die Erfassung des *status quo* kommunaler Handlungsstrategien für die Unterbringung, das Wohnen (einschließlich der Relevanz gemeinschaftlicher und integrativer Wohnprojekte) und die (sozialräumliche) Integration von neuzugewanderten Menschen. Eine repräsentative Kommunalumfrage, eine schriftliche Befragung von Bewohner*innen gemeinschaftlicher Wohnprojekte, leitfadengestützte Expert*inneninterviews sowie ein Workshop mit diesen Personen bildeten das empirische Fundament, unter anderem für die Frage, wie *integrative Wohnprojekte* bewertet werden und ob sie (kommunal) unterstützt werden können.

Im Folgenden liegt der Fokus auf den leitfadengestützen Expert*inneninterviews. Dazu wurden im zweiten und dritten Quartal 2019 mit 20 Personen aus den Bereichen Kommunalverwaltung (Vertreter*innen aus den Fallstudienstädten), Wohnungswirtschaft, Stadtteil-/Gemeinwesenarbeit und Wissenschaft etwa einstündige Interviews geführt, face-to-face und telefonisch. Die Gesprächspartner*innen verfügen über Expertise zu den Herausforderungen und kommunalen Handlungsansätzen für die Unterbringung und Integration von neuzugewanderten Menschen sowie der Bedeutung von Wohnen und Wohnprojekten in diesem Zusammenhang. Das Difu hat die Gespräche anhand eines Leitfadens durchgeführt, dokumentiert und thematisch ausgewertet. Im Ergebnis wurden Botschaften und Empfehlungen formuliert, die auf einem projektinternen Workshop mit dem Titel „Wohnen mit Neuzugewanderten und Geflüchteten. Kommunale Ansätze und die Rolle kommunaler Akteure" im September 2019 mit den Expert*innen diskutiert und weiterentwickelt wurden.

Die Befunde zeigen, dass in vielen Städten und Gemeinden die Erstunterbringung zwar gelingt, die anschließende eigene Wohnung jedoch keine Selbstverständlichkeit und somit Teilhabe durch Wohnen für viele anerkannte Geflüchtete und neuzugewanderte Menschen nicht ohne Weiteres realisierbar ist. Der Wohnungsmarkt erwies sich als Stellschraube für Integration. Da viele Kommunen eine angespannte Wohnungsmarktsituation haben, erhält die Frage nach dem Zugang zu bezahlbarem und bedarfsgerechtem Wohnraum besonderes Gewicht. Der Wohnungsneubau kann die bestehenden Versorgungsprobleme nicht (allein) lösen. Es sind alternative Wohnmodelle im Neubau und im Bestand gefragt, die sowohl die Versorgung Neuzugewanderter und Geflüchteter mit Wohnraum ermöglichen als auch ihre Integration in den Nachbarschaften fördern.

Welche Rolle *integrative Wohnprojekte* dabei spielen, kann nicht abschließend beantwortet werden. Dafür sind diese bislang eher als kleine Inseln auf dem Wohnungsmarkt fungierenden Wohnprojekte in ihren Wirkungen noch nicht erfasst. Dies aber könnte sich – ausgehend von den Fallstudienbefunden – lohnen. Denn die Ergebnisse der repräsentativen Kommunalbefragung des Difu (Kirchhoff 2019) weisen darauf hin, dass *integrative Wohnprojekte* zwar bislang in den Städten und Gemeinden eine Seltenheit sind, es aber gerade in Großstädten Bemühungen gibt, neue Wohnmodelle zu erproben und aufzubauen.

6 FALLSTUDIEN
siehe 41–161

Die folgenden Zitate und deren textliche Einbettung durch die Autorinnen spiegeln Meinungen und Positionen der befragten Expert*innen wider. Thematisch im Fokus stehen dabei

- die Herausforderung bei der Unterbringung und dem Wohnen von neuzugewanderten Menschen,
- die Relevanz von Nachbarschaften und Quartieren für Teilhabe,
- und die Einschätzungen zu integrativen Wohnprojekten.

Die Expert*innen sind sich weitgehend einig. Wohnen und Teilhabe stehen in einem engen Zusammenhang: Eine langfristige und eigenständige Wohnperspektive beziehungsweise die eigene Wohnung gilt als eine Grundvoraussetzung für Integration. Die Wohnung bietet Rückzugsmöglichkeiten und Privatsphäre und ist eine Voraussetzung für das Zusammenleben mit anderen Menschen. Ankommen in einem anderen Land einschließlich des Aufbaus von Routinen und einer alltäglichen Normalität – dafür bietet eine eigene Wohnung das Fundament.[3] Auf dieser Grundlage können andere Integrationsschritte (wie der Zugang zu Bildung und Arbeit) leichter gelingen. Denn: Wo und wie eine Person wohnt, beeinflusst die Möglichkeiten, das Ausmaß und die Art und Weise sozialer und nachbarschaftlicher Kontakte sowie die gesellschaftliche Anerkennung, die Erreichbarkeit und den Zugang zu Infrastrukturen (zum Beispiel Schulen, Nahverkehr, gesundheitsbezogene, soziale und kulturelle Angebote). Somit werden wesentliche Rahmenbedingungen der individuellen Existenz und gesellschaftlicher Teilhabe definiert.[4]

[3]„Die beste Integration habe ich, wenn ich wirklich meine vier Wände habe mit meiner Familie und einen ganz normalen Alltag, also ein ganz normales Leben führen kann."

Angestellte*r Kommunalverwaltung

[4]„Bevor kein Wohnraum da ist, der sicher ist, sind alle anderen Fragen relativ schwierig."

Wissenschaftler*in

ZUSAMMENLEBEN IN NACHBARSCHAFT UND QUARTIER

Teilhabe durch Wohnen umfasst damit mehr als die eigene Wohnung, diese erstreckt sich auf die engere Nachbarschaft (zum Beispiel im Haus oder dem Wohnkomplex) und das etwas weiter gefasste Wohnquartier mit seinen öffentlichen Räumen, der Nahversorgung und sozialen Angeboten. Deshalb ist es wichtig, Brücken zu schlagen zwischen der Wohnung, dem Wohngebäude, der Nachbarschaft und dem Quartier. Teilhabe ist in sozialräumlichen Zusammenhängen zu denken und zu gestalten.

Die Stimmen aus den Expert*inneninterviews spiegeln wider, dass der nachbarschaftliche Sozialraum für das Ankommen, das Zusammenleben und die Teilhabe besonders relevant ist. Dort entstehen Austausch und Begegnung. Das Nachbarschaftliche, das Tür-an-Tür-Leben[5] fördert das gegenseitige Kennenlernen – eine Voraussetzung für Akzeptanz[6] und den Abbau von Vorurteilen und Fremdheit. Dies ist keine Selbstverständlichkeit – es braucht Geduld und erfordert ein gewisses Maß an Gelassenheit, denn Zusammenleben in der Nachbarschaft bedeutet auch, Konflikte auszuhalten und einen Umgang miteinander zu finden.[7]

[5] **„Also die direkte Nachbarschaft, das Tür an Tür, das Kennenlernen und miteinander sprechen, ist total relevant."**
Angestellte*r Kommunalverwaltung

Menschen, die in Wohnquartieren leben und Nachbarschaften ausmachen, sind nicht alle gleich. Sozialstrukturelle Unterschiede innerhalb der Bevölkerung bilden sich räumlich ab – es gibt Wohnquartiere, in denen sich Armut und andere Formen der Benachteiligung konzentrieren und es gibt Quartiere, in denen mehr wohlhabende, berufstätige oder auch gut vernetzte Menschen leben. Die Frage, in welchen Quartieren Nachbarschaften stabil und stark genug sind, um Veränderungen im Zusammenhang mit Neu- und vor allem auch Armutszuwanderung auszuhalten und diese zusätzlich noch zu unterstützen, beschäftigt viele professionelle Akteure – auch die Expert*innen, mit denen wir im Forschungszusammenhang gesprochen haben. Dabei zeigt sich ein starkes Plädoyer für die Unterbringung und das Ankommen von neuzugewanderten Menschen in weniger belasteten und gutbürgerlichen Quartieren.[8] Dort, so die Hoffnung und Erwartung, sind die Kapazitäten für die Unterstützung der neuen Anwohner*innen stärker vorhanden und es würden Konzentrationsprozesse in bereits belasteten Quartieren umgangen.[9]

[6] „Die Nachbarschaft hat eine sehr hohe Bedeutung, weil es um das Thema Akzeptanz geht."
Wissenschaftler*in

[7] „Integration ist auch ein bisschen leben und leben lassen. Als Voraussetzung für eine gute Nachbarschaft."
Sozialarbeiter*in, Stadtteil- und Gemeinwesenarbeit

[8] „Wir haben Glück gehabt mit der Lage des Wohnprojekts, weil das ein relativ bürgerliches Umfeld ist, das noch nicht so belastet ist mit sozialen Problemen."
Sozialarbeiter*in, Stadtteil- und Gemeinwesenarbeit

[9] „Ich finde die Strategie sinnvoll, Unterkünfte auch dort zu platzieren, wo der Anteil migrantischer Bevölkerung relativ gering ist, um Konzentrationsprozesse nicht zu befördern."
Wissenschaftler*in

Die Stärke der Quartiere für Teilhabe hängt auch von den vorhandenen infrastrukturellen Voraussetzungen und Rahmenbedingungen ab. Das Quartier ist dann von besonderer Relevanz für die Teilhabe neuzugewanderter Menschen, wenn die zur Verfügung stehenden Angebote den Bedarfen der neuen Bewohner*innen entsprechen, also zum Beispiel eine gute Anbindung an den öffentlichen Nahverkehr besteht, ausreichend soziale und kulturelle Angebote vorhanden sind und eine gute Nahversorgung gewährleistet ist.

INTEGRATIVE WOHNPROJEKTE

Integrative Wohnprojekte sind bislang in deutschen Städten und Gemeinden wenig verbreitet. Deshalb ist es wichtig, dass in den Expert*inneninterviews unter anderem Vertreter*innen aus Kommunen, in denen es solche Projekte gibt, Position beziehen. Sowohl aus der konkreten Kenntnis[10], aber auch aus den Erwartungen[11] an solche Wohnprojekte heraus schätzen die befragten Expert*innen die Leistungen und Wirkungen von *integrativen Wohnprojekten* unterschiedlich und ambivalent ein. Bedenken[12] und Zuspruch[13] halten sich die Waage.

10   „Die gemischte Belegung ist ein Schlüssel, um ein Stück weit Normalität herzustellen." Angestellte*r Kommunalverwaltung

11   „Warum braucht es Sonderwohnformen, wenn man eigentlich möchte, dass die Menschen wie alle anderen ganz normal wohnen und leben?" Angestellte*r Kommunalverwaltung

12 **„Ich würde es ungern nur als Thema ‚Wohnen für Geflüchtete' oder ‚Integratives Wohnen' sehen, sondern es geht grundsätzlich um das bezahlbare Wohnen und darum: Wie können wir Nachbarschaften stärken?"**
Angestellte*r Kommunalverwaltung

13 **„Das sind ganz, ganz wichtige Projekte, einfach wichtige Wohnformen, um die Menschen zusammenzubringen."**
Angestellte*r Kommunalverwaltung

AUSBLICK

Die hier herausgestellten Stimmen geben *integrativen Wohnprojekten* einiges mit auf den Weg: Im Idealfall sind sie nicht als Solitäre zu denken, sondern sollten Bezüge zur Nachbarschaft und ins Quartier herstellen. Sie sind nicht nur baulich zu gestalten, sondern auch sozial anzulegen und zu begleiten. Integrative Wohnprojekte sind etwas Besonderes, in dem sie eine andere Art des Wohnens, Gemeinschaft und Teilhabe, ausprobieren und „leben". Aber sie sichern auch etwas Normales, nämlich die Versorgung von Menschen mit einer bezahlbaren und bedarfsgerechten Wohnung. Es ist daher gut, dass solche Wohnprojekte, wie die dargestellten Fallstudien, gewürdigt und bekannt gemacht werden.

Die Ambivalenzen in den Einschätzungen belegen aber auch den Bedarf für fundiertere Kenntnisse zu Aufbau, Wirkungen Wohnprojekte sowie Motivlagen der Bewohner*innen. Es ist zu wünschen, dass die im Folgenden erläuterten Erkenntnisse aus den Fallstudien und der Untersuchung der Motivlagen nicht zuletzt Kommunalverwaltungen und Kommunalpolitik die ausstehenden und erforderlichen Hinweise und Hilfestellungen für die Beurteilung integrativer Wohnprojekte geben. Erst dann sind die Voraussetzungen geschaffen, dass Kommunen integrative Wohnprojekte gezielt unterstützen können.

MOTIVE DES ZUSAMMENWOHNENS

SEKUNDÄRANALYSE

Susanne Haar
Christine Hannemann

Für die Sekundärauswertung wurden alle Interviews mit den Bewohner*innen der Fallstudienprojekte auf deren Motive des Zusammenwohnens in schrittweiser Annäherung, also iterativ, untersucht. Dazu wurden die Bewohner*innen in zwei Gruppen unterteilt: Ortsansässige und Neuzugewanderte. Die Frage lautete: Unterscheiden sich die zwei Gruppen hinsichtlich ihrer Erwartungen und Wünsche an gemeinschaftliches Wohnen und, falls ja, inwiefern? Zur Identifizierung und Messbarmachung von Motiven eignet sich eine qualitative Auswertungsform (Mayring 2016; Diekmann 2018), die Originalaussagen in Kategorien ordnet und diese dann in steter Überarbeitung abstrahiert und verdichtet.

Für diese qualitative Auswertung wurde eine Software zur computergestützten Daten- und Textanalyse – MAXQDA 2020 – verwendet (Verbi GmbH 2009). Diese ermöglicht die systematische Markierung und Sortierung der vorliegenden Interviews nach Themengebieten. Auf theoretischer Ebene werden diese als Kategorien bezeichnet, auf einer methodischen Ebene wird von Codierungen gesprochen. Diese Ausgangskategorien wurden nach subjektivem Ermessen, aber in Abhängigkeit der potenziellen Bedeutung im Gesamtzusammenhang und der Frequenz der Nennung gewählt und über mehrere Materialdurchläufe hinweg permanent überarbeitet. So wurden alle Aussagen zum Zusammenwohnen der beiden Gruppen erfasst und diese in bestehende oder neue Kategorien sortiert bzw. codiert. Es wurde hier aber beispielsweise nicht gefragt „*Wer* ist laut?", sondern „Von *wem* wurde Lärm bemängelt?". Zu Beginn wurde nah an den Interviewprotokollen gearbeitet und verallgemeinerbare Paraphrasierungen für die spezifischen Aussagen formuliert – dabei war die Zahl der Ausgangskategorien materialbedingt sehr hoch und lag bei konkret 60 Begriffsinhalten. Dabei hat sich herausgestellt, dass die Bewohner*innen zumeist entweder förderliche oder hinderliche Faktoren benannt hatten, die im Zusammenwohnen mit ortsansässigen bzw. neuzugewanderten Mitwohnenden relevant waren. So konnten erste Codierungen zusammengefasst werden: Beispielsweise wurde zum einen auf die Bedeutung privater Sanitäreinrichtungen verwiesen und zum anderen auf die Problematik mangelnder Privatsphäre für Familien. Generell sollten gleichwohl nicht nur die

Die Sekundäranalyse ist eine Forschungsstrategie, um Fragestellungen zu untersuchen, die bei der Auswertung vorliegender Daten erst im Nachgang einer Untersuchung wissenschaftlich relevant werden (Heaton 2004).

Bewertung der Bewohner*innen zu ihrer jetzigen Wohnsituation erfasst, sondern explizit *alle* Wohnerfahrungen in und zwischen den beiden Gruppen einbezogen werden, die von den Interviewten bei der Beantwortung der Leitfragen ausgesagt wurden.

Zur notwendigen Interpretation, Abstrahierung und Straffung der ermittelten Kategorien wurde dann im Team der Forschenden beraten. Im Anschluss daran wurden die Hauptkategorien erstellt und ebenfalls wiederholt gestrafft, bis für alle Originalaussagen der Bewohner*innen eine Zuordnung zu den finalen Hauptkategorien erfolgt ist. Insgesamt wurden so 17 prägnante Motive des Zusammenwohnens eruiert.   → *Abb. 9, 10*

Zur anschaulichen Darstellung der Ergebnisse wurde ein visuelles Übersetzungsinstrument – eine Wortwolke – eingesetzt, mit der Frequenz und Dichte der Motive innerhalb der beiden Gruppen der Neuzugewanderten und Ortsansässigen abgebildet worden sind. Diese Wortwolke (Viégas/Wattenberg 2008) entsteht durch die Sortierung der Begriffe entsprechend der Frequenz ihrer Nennung innerhalb einer Gruppe und der Vergabe von Schriftgrößen gemäß dieser Reihung. Je nachdem, welche Bedeutung dem jeweiligen Motiv bei Ortsansässigen und Neuzugewanderten zukam, also welchen Rang es in der jeweiligen Reihung innehatte, wurde der Begriff dann in der Wortwolke der jeweiligen Gruppe **fett** oder nicht fett gesetzt.

6 FALLSTUDIEN
siehe 41–161

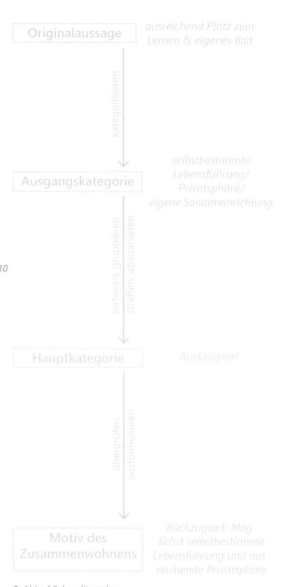

8_Ablauf Sekundäranalyse

ERGEBNISTELEGRAMM
MOTIVE DES ZUSAMMENWOHNENS

Projektstolz

Rückzugsort
Gemeinschaft gestalten

kindgerecht wohnen
alltagstaugliches Konzept

aufeinander achten
gleiche Lebenslagen
sozialer Anschluss
Deutsch(land) lernen   klare Regeln

sich sicher fühlen
beidseitige Lernbereitschaft
Wohnnormalität

Begegnungsmöglichkeiten

förderliche Lage

Ansprechperson vor Ort

gegenseitige Wertschätzung

Neuzugewanderte

9_visuelle Übersetzung der Motive des Zusammenwohnens aus Aussagen von **32 neuzugewanderten Bewohner*innen**

Ähnliche Lebenslagen: Kontakt zu Menschen in vergleichbarer Familiensituation, in gleichem Alter oder mit ähnlichen Interessen.

Alltagstaugliches Konzept: Mitmenschen und gemeinsame Situation annehmen und die gemeinschaftliche Organisation des Zusammenlebens lösungsorientiert angehen.

Ansprechperson vor Ort: Beratung, Begleitung und Moderation in verschiedenen Lebenslagen und Situationen durch Sozialarbeiter*innen, Initiator*innen oder engagierte Freiwillige.

Aufeinander achten: Gegenseitige Anteil- und Rücksichtnahme, Zuspruch und Unterstützung.

Begegnungsmöglichkeiten: Räume und Gelegenheiten, sich regelmäßig im Alltag zu begegnen – geplant, aber auch ungeplant.

Beidseitige Lernbereitschaft: Durch Aufgeschlossenheit und den Wunsch, voneinander zu lernen, profitieren beide Seiten.

Deutsch(land) lernen: Neuzugewanderte lernen durch Kontakte zu Ortsansässigen Sprache und Gepflogenheiten kennen.

Förderliche Lage: Nachbarschaft mit relevanter Infrastruktur, soziokulturellem Anschluss und aufgeschlossenen Anwohner*innen.

Rückzugsort
Projektstolz
aufeinander achten
Gemeinschaft gestalten
gleiche Lebenslagen

alltagstaugliches Konzept
sozialer Anschluss **klare Regeln**
Deutsch(land) lernen

sich sicher fühlen
beidseitige Lernbereitschaft

Wohnnormalität
Begegnungsmöglichkeiten

Ansprechperson vor Ort

förderliche Lage
gegenseitige Wertschätzung

Ortsansässige

10_visuelle Übersetzung der Motive des Zusammenwohnens aus Aussagen von **18 ortsansässigen Bewohner*innen**

Gegenseitige Wertschätzung: Respekt und Vertrauen dem jeweils Anderen gegenüber als wertvolle Persönlichkeit mit eigener Geschichte.

Gemeinschaft gestalten: Die Möglichkeit wahrnehmen, sich freiwillig und motiviert einzubringen und Demokratie und Zusammenhalt aktiv zu leben.

Kindgerecht wohnen: Raum für Kinder und Eltern – geschützt, gut nutzbar und bei Bedarf betreut.

Klare Regeln: Klar kommunizierte und erläuterte Regeln sowie eine pragmatische Umsetzung derselben im Alltag.

Projektstolz: Identifikation mit den architektonischen und sozialen Qualitäten des Wohnprojekts sowie Wissen um seine Besonderheit.

Rückzugsort: Möglichst selbstbestimmte Lebensführung und ausreichend Privatsphäre.

Sich sicher fühlen: Sicherheitsempfinden in Gebäude und Gemeinschaft – Schutz vor Gewalt und Rassismus.

Sozialer Anschluss: Neben- und Miteinander erleben.

Wohnnormalität: Gleichberechtigt, regulär und nicht separiert wohnen mit langfristiger Perspektive und Möglichkeit, sich sozialräumlich zu verwurzeln.

6 INTEGRATIVE WOHNPROJEKTE

FALLSTUDIEN

Karin Hauser
Christine Hannemann

Die Fallstudien wurden in einem mehrstufigen Auswahlprozess selektiert und in einer intensiven Feldforschung von einem Untersuchungsteam[14] analysiert. Diese 6 Fälle erklären exemplarisch, wie *integratives Wohnen* in der Praxis stattfindet und welche Gelingensfaktoren daraus ableitbar sind. →*Abb. 11, 12*

Zur Auswahl der Fallstudien wurden im ersten Schritt 35 bundesweite Wohnprojekte ermittelt. Einziges Auswahlkriterium hierfür war das gemeinschaftliche Zusammenwohnen von Neuzugewanderten und Ortsansässigen. Dabei wurden mittels eines Reputationsverfahrens 597 Anfragen an Dekanate der evangelischen und katholischen Kirche versandt. Die Dekanate fungieren als ortskundige Akteure im städtischen und ländlichen Raum und weisen eine Expertise für Gemeinschaftsformen auf. Zeitgleich wurde eine Internet- und Literaturrecherche durchgeführt. Des Weiteren wurden durch die Teilnahme an einem Workshop, der sich mit „Alltagsorten der Migration" beschäftigte, weitere Wohnprojekte ermittelt (Workshop 2018). Alle 35 Projekte wurden in einem Projektkatalog aufbereitet und nach 6 sozialen und architektonischen Kriterien bewertet. *siehe 175–177*

Im zweiten Schritt wurden gemeinsam mit dem Projektbeirat 10 Projekte ausgewählt, die sich nicht nur durch die 6 Kriterien auszeichneten, sondern auch Charakteristika aufweisen, die einen vielfältige Blickwinkel auf *integratives Wohnen* generieren sollten. Ausschlaggebend war, neben dem integrativen Charakter, eine hohe Diversität hinsichtlich der deutschlandweiten Verteilung der Standorte, der Variation an Gebäudetypen und architektonischen Maßstäben, aber auch der unterschiedlichen Bewohnerstrukturen und sozialen Konzepte. Im dritten Schritt wurden 6 fertiggestellte und bewohnte Projekte für die Untersuchung selektiert. Dazu zählen Wohnprojekte,

-    bei denen Personen verschiedener sozialer Gruppen zusammenwohnen, von denen mindestens eine Gruppe aus Neuzugewanderten besteht,
-    deren räumliche und bauliche Strukturen positive Wirkung auf den sozialen Zusammenhalt und Teilhabe haben (können/sollen),
-    in Stadt- und/oder Sozialräumen, die mit Aktivitäten zur stärkeren Vernetzung innerhalb Quartieren beitragen.

14   Die Fallstudienuntersuchungen wurden von Manal El-Shahat und Karin Hauser durchgeführt. Zeitweise waren Christine Hannemann, Bettina Reimann, Gudrun Kirchhoff und Julia Diringer beteiligt.

1. Auswahlschritt: 35 Projekte

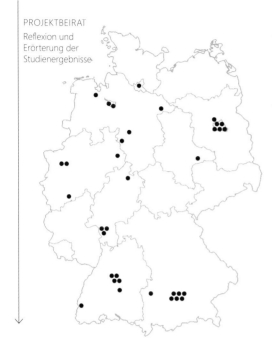

PROJEKTBEIRAT
Reflexion und
Erörterung der
Studienergebnisse

Die Durchführung der Vor-Ort-Untersuchung fiel in den 6 Fallstudien, abhängig von der Bereitschaft der Projektakteure und der Bewohner*innen, der Größe und den baulichen Begebenheiten, unterschiedlich aus. Die Fallstudien wurden jeweils durchgeführt, indem ein Untersuchungsteam von zwei bis drei Personen zwei bis drei Tage vor Ort war und Schlüsselpersonen aufsuchte, Interviews durchführte, an Aktionen teilnahm, die räumlichen Gegebenheiten erkundete und das Gemeinschaftsleben beobachtete. Die gesammelten Daten wurden anschließend digitalisiert, sortiert, die Interviews paraphrasiert und systematisiert. Das Ergebnis dieser Aufbereitung und Auswertung wird ausführlich in den folgenden Fallstudien erläutert und schließlich in 9 Merkmalen zusammengefasst. Entlang dieser Merkmale, soweit zutreffend, werden nachfolgend die Fallstudien präsentiert.

Die folgende Doppelseite verdeutlicht mit einer Grafik den Zusammenhang von Kriterien, Case Mapping, Fallstudien und Merkmalen.

2. Auswahlschritt: 10 Projekte

Kriterien prüfen
& bewerten

QUARTIER OHLENDIEKSHÖHE

INTEGRATIONSHAUS

REFUGIO

ABUNA-FRANS-HAUS

INTEGRATIVES WOHNEN
KLARISSENKLOSTER

HOFFNUNGSHAUS

35 Projekte

10 Projekte

6 Projekte

2017
2018

Pretest Hoffnungshaus
Abuna-Frans-Haus
Refugio
Integratives Wohnen am Klarissenkloster

Quartier Ohlendiekshöhe

Refugio
Integrationshaus

2018
2019

Integratives Wohnen am Klarissenkloster

2019
2020

6 Fallstudienporträts + 10 Merkmale

3. Auswahlschritt: 6 Fallstudien

11_Auswahlverfahren von 6 Wohnprojekten

12_zeitlicher Ablauf der Fallstudienuntersuchung

KRITERIEN

Entwickeln einer neuen
Untersuchungsmethode →

CASE MAPPING
INSTRUMENTE

Sekundäranalyse:

SOZIALE ZUSAMMENSETZUNG / BEWOHNERSCHAFT

Charakteristik der Sozialgruppen

NACHBARSCHAFT QUARTIERSBEZUG

interkultureller Austausch
durch gemeinsame Aktionen

Identifikation

Anknüpfungspunkte

Initiativen im Quartier

ZIVILGESELLSCHAFTICHES ENGAGEMENT

Zahl der engagierten Initiativen

Häufigkeit der Aktivitäten, die von
den Initiativen organisiert werden

Austausch/Zusammenarbeit
mit Bewohner*innen

ARCHITEKTONISCHE ERSCHEINUNGSFORM

Raumnutzung:

Rückzugsorte

Begegnungsorte

optische Gestaltungsmerkmale

bauliche Qualität

BAULICH-RÄUMLICHE TYPOLOGIE

Gebäudetyp:

Raumkonstellationen

Trennung und Verbindung
unterschiedlicher Bereiche

STÄDTEBAULICHER KONTEXT

städtebauliche Lage:

Anbindung an Einzelhandel,
öffentlichen Nahverkehr, Bildung,
Freizeiteinrichtungen

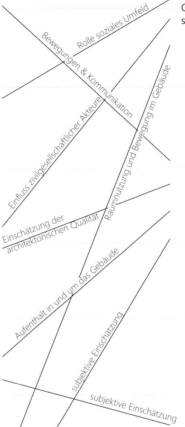

Bewohnerstruktur und Zusammenleben

Rolle soziales Umfeld

Bewegungen & Kommunikation

Raumnutzung und Bewegung im Gebäude

Einfluss zivilgesellschaftlicher Akteure

Einschätzung der architektonischen Qualität

Aufenthalt in und um das Gebäude

subjektive Einschätzung

subjektive Einschätzung

Raumnutzungen

Nutzungen des direkten Umfelds

Begehung mit Notizen und Fotografien

LEITFADENINTERVIEW
Gespräche mit Schlüsselpersonen und Bewohner*innen

BEOBACHTUNG
Miterleben der Atmosphäre
Raum- & Architekturstudien

NARRATIVE MAPPING
QUARTIER | GEBÄUDE
zeichnerische Darstellung räum
licher Aneignung

NOSING AROUND
Erkundung des Umfelds

Untersuchung  **FALLSTUDIEN**   Erhebung Besonderheiten
und Gelingensfaktoren   **MERKMALE**

Abuna-Frans-Haus
Kleingruppen-Wohngemeinschaft in
einem umgenutzten Pfarrhaus

PR PRIVATER
RÜCKZUGSRAUM

SS SYSTEMATISCHE
SELBSTBEFÄHIGUNG

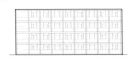

Integrationshaus
moderiertes Gemeinschaftswohnen
in einem modularen Neubau

IB INTERNE
BEGEGNUNGSMÖGLICHKEIT

Refugio
demokratisch strukturierte Etagen-
Wohngemeinschaft in einem
städtischen Heimgebäude

GQ GEPLANTE
QUARTIERSBRÜCKEN

SV SOZIALE
VERWALTUNG

Hoffnungshaus
familiäres Gemeinschaftswohnen
in vormaligen Mehrfamilienwohnhäusern in einem Kleinhausgebiet

GW GESICHERTE
WOHNPERSPEKTIVE

**Integratives Wohnprojekt
Klarissenkloster**
barrierefreies Wohnen in Gemeinschaft
in einem historischen Gebäudeensemble

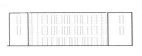

AB ARCHITEKTONISCHE
BOTSCHAFT

BV BAULICH-RÄUMLICHE
VERNETZUNG

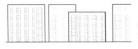

Quartier Ohlendiekshöhe
Begegnung im neuen Quartier

SI STADTRÄUMLICHE
INTEGRATION

CASE MAPPING

Case = Fallanalyse
Mapping = zeichnerische
Abbildung

4 INSTRUMENTE:
Nosing Around
Narrative Mapping
Leitfadeninterview
Beobachtung

Für das interdisziplinäre Forschungsprojekt wurde speziell die Methode des Case Mapping entwickelt, das sich aus Fallanalyse (= Case) sowie der zeichnerischen Abbildung alltäglicher Wege, Treffpunkte und Raumbewegungen (= Mapping) zusammensetzt. Im Sinne der Forschungsstrategie der Triangulation wurde für die Methodenentwicklung auf verschiedene Instrumente der empirischen Sozialforschung und der Architekturforschung zurückgegriffen, um mit den Stärken der einen Instrumente, die Schwächen der anderen auszugleichen. Insgesamt wurden vier Instrumente für das Case Mapping herangezogen.

NOSING AROUND

Das Instrument Nosing Around zielt darauf ab, im Feld zu flanieren, für Neues bereit zu sein und mögliche Vororientierungen aufzugeben. Vor diesem Hintergrund wurde sowohl das Gelände als auch das nähere Umfeld erlaufen. Im Fokus standen Gebäudetypologien, Stadtgebietsmitten, Einkaufsmöglichkeiten, ärztliche Versorgungseinrichtungen, Bildungseinrichtungen, Freizeitmöglichkeiten und die Erreichbarkeit öffentlicher Verkehrsmittel. Ergab sich zufällig die Gelegenheit eines Informationsgesprächs mit Passanten, wurde diese wahrgenommen. Die insgesamt zusammengetragenen Erkenntnisse wurden mithilfe von Fotos und Feldnotizen in der Ergebnisauswertung verarbeitet. Sie geben Aufschluss über den materiellen und immateriellen Kontext, in dem das jeweilige Case zu verorten ist.

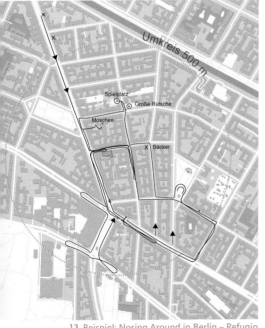

13_Beispiel: Nosing Around in Berlin – Refugio

NARRATIVE MAPPING

Durch Erzählungen und deren Übersetzung in zeichnerische Darstellungen wurde mit dem Instrument des Narrative Mapping räumliche Aneignung erhoben. Bezogen auf das Forschungsprojekt wurde dieses Instrument sowohl auf die im Gebäude wohnenden Menschen als auch auf Schlüsselpersonen angewendet. Strukturiert wurde die Erzählung des Narrative Mapping durch leitfadengestützte Interviews. Dieses Instrument wurde auf zwei Ebenen mit unterschiedlichen Zielen angewendet: auf Quartiers- und Gebäudeebene.

QUARTIERSEBENE

Auf der Quartiersebene wurden die Interviewten dazu aufgefordert, über ihre alltäglichen Wege, Treffpunkte mit Freunden und Besonderheiten im Quartier und in der Stadt zu erzählen und diese gleichzeitig im Lageplan mit dicken und bunten Stiften auf Papier abzubilden. Nach Abschluss der Erhebung aller Interviewten eines Case wurden alle Abbildungen übereinandergelegt und die Linien der ortsansässigen Bewohner*innen in violetter Farbe von den Linien der neuzugewanderten Bewohner*innen in roter Farbe abgesetzt. Insgesamt konnte aus den erhobenen Aktionsradien, Begegnungsorten und Grenzen der Stellenwert des Quartiers für das Projekt definiert werden.

GEBÄUDEEBENE

Auf der Gebäudeebene wurden die Proband*innen aufgefordert, die Interviewer erzählend und anhand von Zeichnungen im Grundriss mit dicken und bunten Stiften auf Papier durch das Gebäude zu führen. Durch das Zeichnen entstand ein Vertrauen zwischen Interviewten und Interviewerinnen, auf Basis dessen persönliche Einblicke sichtbar wurden. Diese umfassten Aspekte der alltäglichen Raumnutzung, Gruppentreffpunkte, private Rückzugsorte, aber auch die Nutzbarkeit der räumlichen Anordnung und die Bewertung der optischen Gestaltung. Auch hier wurden die Linien der ortsansässigen Bewohner*innen in violetter Farbe von den Linien neuzugewanderten Bewohner*innen in roter Farbe abgesetzt. Insgesamt konnten so Einblicke in die Bewegungen innerhalb des Gebäudes und die Raumnutzungen erlangt werden. Ablesbar wurden aber auch Unterschiede zwischen Bewegungsräumen für gewollte und spontane Treffen.

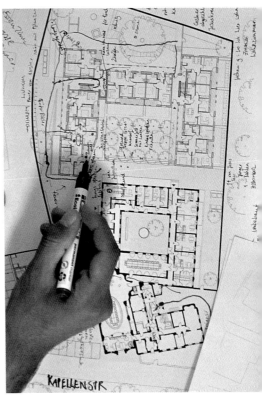

14 Beispiel: Narrative Mapping in Köln – Klarissenkloster

LEITFADENINTERVIEW

Um aktiv Erfahrungen, Handlungen, Wissen und Ereignisse rekonstruieren zu können, eignet sich das Instrument des leitfadengestützten Interviews. Es zeichnet sich durch vorformulierte Fragen oder Themen aus, die der Durchführung des Interviews zugrunde liegen. Mithilfe des Leitfadens kann zudem eine gewisse Vergleichbarkeit der Ergebnisse mit Blick auf die verschiedenen Cases gesichert werden. Im Forschungsprojekt wurde das Leitfadeninterview auf Bewohner*innen des analysierten Gebäudes und darüber hinaus auf Schlüsselpersonen angewendet. Unter Schlüsselpersonen wurden dabei diejenigen Personen verstanden, die sich durch spezifisches und relevantes Projektwissen auszeichnen, aber nicht im Projekt selbst wohnen (Architekt*innen, Initiator*innen, zivilgesellschaftliche Akteure).

Ziel des Leitfadeninterviews mit den Bewohner*innen war es, Erkenntnisse über das Zusammenleben, die derzeitige Wohnsituation im Vergleich zur vorangegangen Wohnsituation, Raumaneignungen, Besonderheiten des Wohnens und Meinungen zur Architektur zu gewinnen. Erkundet wurde zudem, an welchen Orten Integration aus Perspektive der Bewohner*innen stattfindet.

Ziel des Leitfadeninterviews mit den Schlüsselpersonen war es, Wissen über den Entstehungsprozess, die Rolle der Akteure, den Quartiersbezug, die Organisationsstruktur der Moderation, die letztlich gewählte gestalterische Konzeption und den Bauprozess zu generieren.

BEOBACHTUNGEN/ATMOSPHÄRE

Als Instrument dient die offene, unstrukturierte Beobachtung der aufmerksamen Wahrnehmung des Forschungsgegenstands. Bezogen auf das Forschungsprojekt wurde dies durch passive Teilnahmen an gemeinsamen Mahlzeiten, einem Filmnachmittag, dem Verweilen auf dem Gelände oder eines Begegnungsfests umgesetzt. Daraus lassen sich atmosphärische Stimmungen und Umgangsformen zwischen den Bewohner*innen erschließen. Ziel war es, durch eigenes Erleben Raumqualitäten zu begreifen und Gemeinschaftsstrukturen wahrzunehmen.

15_Teilnahme des Forschungsteams am Begegnungsfest

6 FALLSTUDIEN

Die 6 Fallstudien werden anhand von 9 Merkmalen vorgestellt. Dazu bitten wir Sie, das Lesezeichen auf der letzten Seite dieses Buches herauszutrennen und als Lesehilfe danebenzulegen. Die Merkmale werden jeweils in der auf dem Lesezeichen aufgeführten Reihenfolge behandelt. Nur Merkmale, die auch in dem jeweiligen Projekt ausgeprägt sind, werden beschrieben.

LESEZEICHEN
siehe 191

Eingeleitet wird jede Fallstudie mit einer Impression. Dabei handelt es sich um die Verschriftlichung von mündlichen Schilderungen zu Beobachtungen und atmosphärischen Wahrnehmungen von Manal El-Shahat, die Teil des Teams war, welches die Fallstudienuntersuchung durchführte. Aufgezeichnet wurden die Aussagen von Susanne Haar.

Bevor tiefer in die Fallstudie eingetaucht wird, zeigt eine Zusammenstellung von Aussagen der Gesprächspartner*innen zum subjektiven Verständnis von Integration, wie unterschiedlich dieser Begriff aufgefasst wird. Die Zitate wurden im Rahmen der Leitfadeninterviews gesammelt und von Lorena Stephan grafisch aufbereitet.

Im Weiteren werden die Hauptcharakteristika jedes Falls, also der Gebäudetyp, die Gemeinschaftsräume, die Bewohnerstruktur und die Transfermöglichkeiten vorgestellt. Ziel der Übersicht ist es, einen abstrakteren Blickwinkel auf die verschiedenen Projekte herzustellen und so die Übertragbarkeit der Konzepte auf andere Kontexte zu verdeutlichen: Gibt es in Ihrem Umfeld ein altes Pfarrhaus? Wird in Ihrer Stadt eine Fläche neu bebaut oder steht ein Hotel leer? Welche baulichen Möglichkeiten gibt es, diese in Gemeinschaftsräume umzuwandeln? Wie setzt sich eine erfolgreiche, integrative Bewohnerstruktur zusammen? Und auf welche vergleichbaren baulichen Ressourcen lässt sich das jeweilige *integrative Wohnkonzept* übertragen?

Die 6 Fallstudien sind zwar grundlegend unterschiedliche Fälle, zeigen in ihrer Spezifik dennoch wichtige allgemeine Merkmale auf, die zum Gelingen eines *integrativen Wohnprojektes* entscheidend beitragen. Unterschiedlichkeit sind in folgenden Aspekten vorhanden: Gebäudetyp (vom ehemaligen Kloster bis zum Neubau), architektonischer Maßstab (vom Einzelgebäude bis zum Quartier mit 22 Gebäuden), städtebauliche Lage (vom Stadtrand bis zur Innenstadt), Bewohner- und Haushaltsstruktur (vom Einpersonenhaushalt mit Rentnern über die studentische Wohngemeinschaft bis zum Familienwohnen) und soziales Konzept (moderiertes bis selbstverwaltetes Zusammenwohnen).

Die Darstellungen der Fallstudien schließen mit Motiven des Zusammenlebens, basierend auf der fallstudienspezifischen Auswertung der Interviews mittels Sekundäranalyse.

SEKUNDÄRANALYSE
30–33

42–61

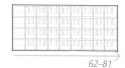
62–81

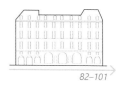
82–101

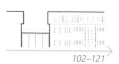
102–121

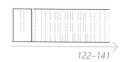
122–141

142–161

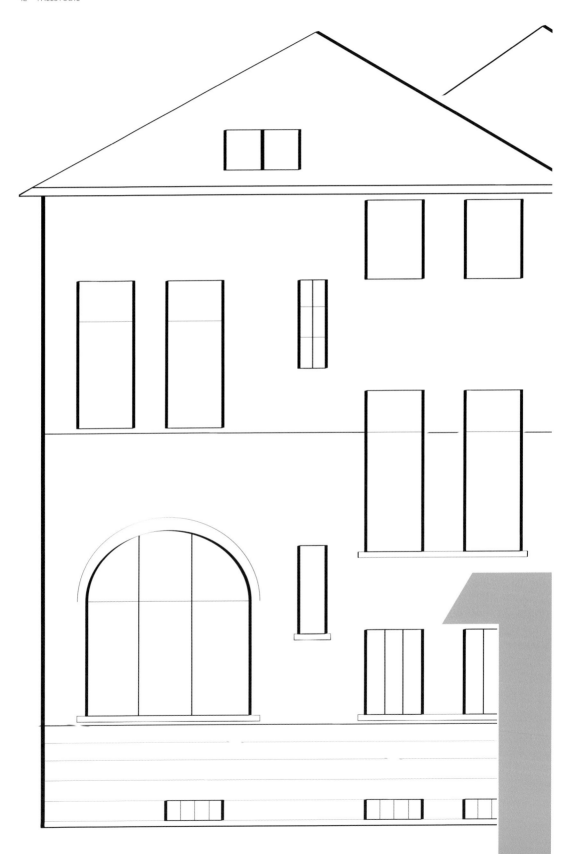

ABUNA-FRANS-HAUS

KLEINGRUPPEN-WOHNGEMEINSCHAFT IN EINEM UMGENUTZTEN PFARRHAUS

IMPRESSION

Ein wohlwollender, aber zurückhaltender Ton bestimmt den Umgang aller Bewohner, egal ob Patres oder Neuzugewanderte. Gerade für Letztgenannte ist das Haus ein Hafen: Zwischenziel und Verschnaufpause für die geflüchteten Menschen; den Blick auf eine noch nicht recht sichtbare Zukunft gerichtet. Es versorgt mit allem Nötigen, aber ist auch durch den für die neuzugewanderten Bewohner erklärt unfreiwilligen Ausschluss von Frauen ein Ort der Vorläufigkeit.

Mittendrin strahlt die Küche – das Herz des Hauses. Hier laden der beste WLAN-Empfang, die Aussicht auf die belebte Straße, Kaffeemaschine und Wasserkocher dazu ein, sich den Raum anzueignen. Hier kann auch ohne klare Aufgaben und Ziele verweilt werden.

Für einige der Bewohner ist die Hungererfahrung der Flucht noch sehr präsent. Bei den gemeinsamen Mahlzeiten, für die Patres ein Kern der Gemeinschaftsbildung, steht für sie das ungestörte und ausreichende Essen im Vordergrund. Währenddessen findet dann zwar auch Unterhaltung und Austausch statt, danach aber zieht man sich satt zur Ruhe zurück.

Die räumlichen und zwischenmenschlichen Schwellen im Haus sind zum Teil explizit durch die Stockwerksaufteilung und Unterhaltungen in französischer und arabischer Sprache beobachtbar. Zum Teil sind sie aber auch nur implizit präsent: etwa in den unterschiedlichen Nutzungen der Gemeinschaftsräume und im Bedürfnis einiger Bewohner nach kulinarisch-kultureller Distinktion.

INTEGRATION

Aussagen von Gesprächspartner*innen im Rahmen der Leitfadeninterviews zum subjektiven Verständnis des Begriffs „Integration" auf die Frage:

Wie definieren Sie Integration – spontan und persönlich?

> *„Ich definiere Integration nicht, wir leben hier Integration."*
>
> Jesuitenpater, Bewohner, ortsansässig

> *„Integration ist Assimilation der Gedanken, religiöse, sittliche und kulturelle Verschmelzung."*
>
> Bewohner, neuzugewandert

> *„Sprache ist der wichtigste Aspekt. Wenn die Menschen die Sprache beherrschen, ist die Hautfarbe zweitrangig."*
>
> Immobilienverwalterin *Bistum Essen*

> *„Deutsche haben weniger Zeit und deshalb ist es wichtig, pünktlich zu kommen."*
>
> Bewohner, neuzugewandert

> *„Jeder kann vom anderen lernen. Integration läuft nicht nur über Sprache, sondern über gemeinsames Arbeiten."*
>
> Jesuitenpater, Bewohner, ortsansässig

> *„Man muss lernen, wie die Leute hier leben."*
>
> Bewohner, neuzugewandert

> *„Sie sollten Teil des Ganzen sein. Integration braucht mehrere Generationen Zeit."*
>
> Vorstand *St. Elisabeth-Gemeinde*

„Um anzukommen, ist
dieses Haus eine wichtige
Station, da es hilft, das Ankommen zu begleiten."

Vorstand *St. Elisabeth-Gemeinde*

16_Blick vom Garten auf das Gebäude und die Terrasse

HAUPTCHARAKTERISTIKA

GEBÄUDETYP

Im Fallbeispiel *Abuna-Frans-Haus* in Essen handelt es sich um ein saniertes Wohn- und Geschäftsgebäude, das aus separaten Wohneinheiten, Gemeinschaftsbädern, einer Gemeinschaftsküche und Gemeinschaftsräumen zur Freizeitgestaltung besteht. Dabei wurden alle Räume des ehemaligen katholischen Pfarrhaushaltes neu organisiert. Das Pfarrbüro, die Gemeinde-, Schul-, Konfirmanden- und Wirtschaftsräume wurden zu Gemeinschaftsräumen umgenutzt.

GEMEINSCHAFTSRÄUME

Gemeinschaftliches Zusammenleben findet innerhalb eines Wohngebäudes statt und zeichnet sich durch die gemeinsame Nutzung der Gemeinschaftsküche und der Freizeiträume aus. Die Wohnform ist mit einer klassischen Wohngemeinschaft zu vergleichen: Die Bewohner verfügen über ein persönliches Zimmer, jedoch gibt es mehrere Badezimmer und abgetrennte Bereiche, die Teilgruppen zugewiesen sind. Neben dem zentralen Gemeinschaftsbereich aus Küche, Esszimmer und Terrasse bieten ein Aufenthaltsraum, ein Sportraum, Werkstatt und Waschküche weitere Freizeitmöglichkeiten. Alle Gemeinschaftsräume sind jederzeit frei zugänglich und werden von der Bewohnerschaft verwaltet.

BEWOHNERSTRUKTUR

Die Bewohner in dieser Fallstudie sind neben den zwei Jesuitenpatres ausschließlich alleinstehende Männer. Die Moderation der Gruppe der Neuzugewanderten wird von den Jesuitenpatres, also den Ortsansässigen, übernommen. Um Gruppenbildung und Ausgrenzung vorzubeugen, wurde bei der Bewohnerauswahl auf eine Durchmischung hinsichtlich Alter, Herkunft und Religion geachtet und diese umgesetzt.

TRANSFER

Die Umnutzung von Wohn- und Geschäftsgebäuden bietet die Chance einer integrativen Wohngemeinschaft für eine Kleingruppe. Gemeint sind hier Gebäude, die, oft in vorindustrieller Zeit, Wohnen und Arbeiten vereinten. Diese Gebäudetypen befinden sich häufig in der Ortsmitte oder sind, wie im Fall des ehemaligen Pfarrhauses dieser Fallstudie, in einem kirchlichen Ensemble eingebettet. Durch wenige Eingriffe kann die bestehende Gebäudestruktur in ein integratives Wohnprojekt umgestaltet werden.

Beispiele für diesen Gebäudetyp sind Pfarrhäuser, Bauernhäuser sowie Händler- und Bürgerhäuser des Mittelalters.

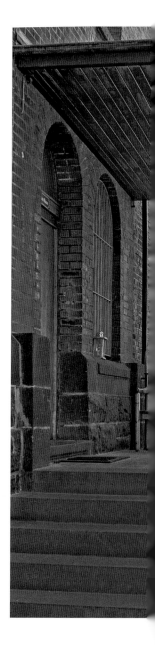

STECKBRIEF

Abuna-Frans-Haus
Essen-Frohnhausen
Nordrhein-Westfalen
Studienzeitraum: Juli 2018

www.abuna-frans-haus.org

Bewohnerstruktur
Jesuitenpatres (2) und
neuzugewanderte Männer (8)

Anzahl der Bewohner
10

Wohneinheiten
1 Pfarrhaus, 10 Einzelzimmer

Zimmergrößen
12–25 m²

Wohnperspektive
unbefristet, konzeptionelles
Übergangswohnen:
2–3 Jahre für
Neuzugewanderte

Warmmiete
345 €/Zimmer
+ 20 € für gemein-
same Lebensmittel

Moderation
Pater Lutz Müller SJ, Pater
Ludger Hillebrand SJ

Kirchlicher Bauherr
Bistum Essen
St. Elisabeth-Gemeinde

Architektur
Architekturbüro Kindermann

Fertigstellung
Frühjahr 2017

17_Eingangssituation – Zwischenraum zum Verweilen und Eintreten

Die Idee der Ausbildung eines Ankunftsortes für Neuzugewanderte entstammt dem katholischen Männerorden Gesellschaft Jesu mit Unterstützung des Bischofs von Essen.[15] Für die Umsetzung wurden zwei Jesuitenpatres, die sich bis zu diesem Zeitpunkt nicht kannten, ausgewählt. Gemeinsam entwickelten Lutz Müller SJ und Ludger Hillebrand SJ ein soziales Konzept für das integrative Zusammenwohnen und orientierten sich dabei an anderen Projektbeispielen wie *Brot und Rosen* (christliche Lebensgemeinschaft mit geflüchteten Menschen und Migrant*innen im „Haus der Gastfreundschaft").

Als materielle Ressource stand den Initiatoren das alte Pfarrhaus mit einer geringen Auslastung zur Verfügung. Die Planung und der Umbau (2016) wurden vom Architekturbüro Kindermann, das bereits zuvor Aufträge des Bistums Essen geplant hatte, ausgeführt. Bauherren waren jeweils zur Hälfte das Bistum Essen und die *St. Elisabeth-Gemeinde*, deren finanzieller Anteil durch die Mieteinnahmen abgegolten werden wird.

Besonders ist, dass sowohl die Architekturplanung als auch die Umsetzung vom Vorstand der *St. Elisabeth-Gemeinde* und den Jesuitenpatres maßgeblich beeinflusst wurden. Diese konnten so bei der Raumaufteilung und Einrichtung mitentscheiden. Die Mitglieder der

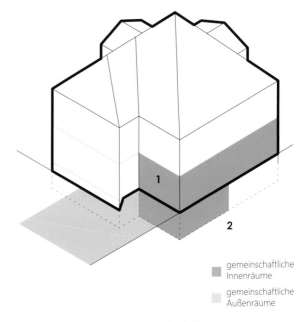

□ gemeinschaftliche Innenräume

□ gemeinschaftliche Außenräume

1 Gemeinschaftsküche und Essbereich mit Terrasse
2 Räume zur gemeinsamen Nutzung im Keller: Sportraum, Werkstatt, Waschküche

19_Axonometrie des Abuna-Frans-Hauses

abuna (arabisch) = unser Vater

Pater Frans van der Lugt SJ = niederländischer Jesuitenpater, der sich für die Verständigung verschiedener Religionen und Konfessionen in Syrien einsetzte

Kirchengemeinde standen von Anfang an hinter dem Projekt und trugen mit zahlreichen Möbelspenden maßgeblich zur Einrichtung der Wohnräume bei.

Im Mai 2017 zogen die ersten männlichen Neuzugewanderten zu den zwei Jesuitenpatres in das ehemalige Pfarrhaus. Im Studienzeitraum wohnten dort insgesamt 10 Bewohner: 2 Jesuitenpatres und 8 neuzugewanderte Bewohner aus frankophonen afrikanischen und arabofonen nahöstlichen Herkunftsländern. Die Bewohner sind im Alter von 18 bis 70 Jahren. Jeder bewohnt ein möbliertes privates Einzelzimmer.

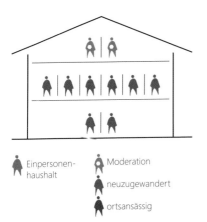

Einpersonenhaushalt

Moderation

neuzugewandert

ortsansässig

18_Haushaltsstruktur und Wohnsituation

MERKMALE

AB ARCHITEKTONISCHE BOTSCHAFT

Das Pfarrhaus aus der Gründerzeit steht in direkter Nachbarschaft der 1911 erbauten Pfarrkirche *St. Elisabeth* aus roten Ziegelsteinen und bildet mit weiteren Gemeindebauten ein Kirchenensemble. Die Kirchenbauten umfassen neben dem ehemaligen Pfarrhaus mit Pfarrgarten eine Kirche, einen Kindergarten, ein Gemeindebüro mit Bibliothek und eine Gastronomie, die von einem tunesischen Pächter geführt wird. Verbunden sind die Bauten durch einen kleinen halböffentlichen Weg.

Das zuletzt als Pfarrbüro mit Arbeits- und Besprechungszimmer genutzte Gebäude wurde zu einem Wohnhaus umgestaltet und das Dachgeschoss ausgebaut. Diese vormaligen Funktionen sind nun in die Gemeindebücherei im Nachbargebäude integriert. Nachbar*innen freuen sich über den Umbau[16] des zuletzt leer stehenden Gebäudes.

Das *Abuna-Frans-Haus* reiht sich in die Blockrandbebauung ein und nimmt die Gebäudekanten der benachbarten vier- bis fünfgeschossigen Mehrfamilienhäuser auf. Verzierungen und Farbigkeit der Fassaden deuten auf Gründerzeitbauten hin. Jedoch hebt sich das ehemalige Pfarrhaus durch den dunklen Farbton, das verwinkelte Dach und die großen Fenster im Erdgeschoss von der hellen, teils farbigen, umgebenen gründerzeitlichen Bebauung ab. Gegliedert ist die symmetrische, dunkle Ziegelsteinfassade durch einen materiell abgehobenen Sockel und markante Rundbogenfenster, die in den oberen Geschossen kleinteiliger werden. Der Ausbau des Dachgeschosses hatte zur Folge, dass kleine Balkone als Fluchtmöglichkeit angebracht wurden.

20_Straßenansicht des Abuna-Frans-Hauses

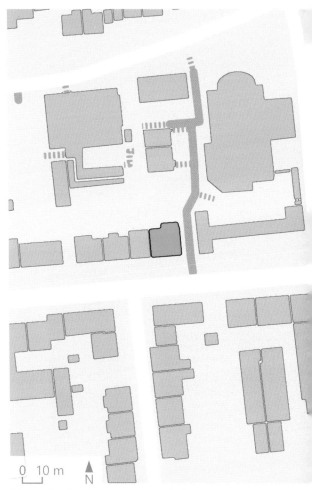

21_Lageplan des Abuna-Frans-Hauses in der Frohnhauser Straße 400, Essen

15 „Die Kirche hilft aus sozialer Verantwortung den Leuten." Immobilienverwalterin *Bistum Essen*

16 „Wir sind sehr froh, dass das alte Pfarrhaus noch mal umgebaut wurde und neu genutzt wird." Nachbar*in

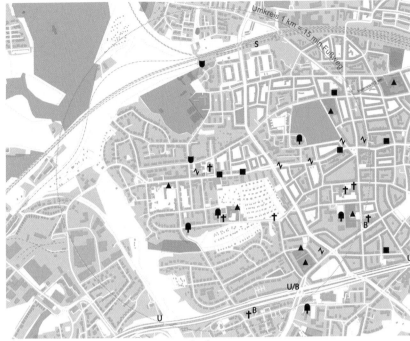

Einrichtungen für

Bildung ▲

Einzelhandel ■

Kinderbetreuung ♟

Kultur ♛

Medizin ⚡

Religion ✝

Sport/Spiel ●

öffentl. Verkehrsmittel

Bus **B**

S-Bahn **S**

U-Bahn **U**

22_fußläufig erreichbare Infrastruktur im Stadtteil

23_Nachbargebäude: katholische Kirche *St. Elisabeth*

SI STADTRÄUMLICHE INTEGRATION

Das alte Pfarrhaus befindet sich im Stadtteil Frohnhausen in Essen. Der Stadtteil ist für seinen multikulturellen Charakter[17], günstige Mieten und als dicht besiedeltes Wohngebiet bekannt. Der Straßenbahntakt und wartende Passagiere prägen das Straßenbild. Das Gebäude steht unauffällig hinter einem großen Baum, parkenden Autos und einer Fußgängerampel. Ein großes Küchenfenster verbindet Außen und Innen, und es ließ sich beobachten, dass Bewohner von hier aus das Geschehen auf der Straße verfolgen. Zu sehen sind Einkaufende, die einen der zwei nahegelegenen Supermärkte ansteuern, andere Passant*innen bleiben vor dem Kindergarten stehen und studieren die Aushänge. Ältere Damen mit Rollator neben Müttern mit Kopftuch und Kinderwagen schlendern durch das Wohngebiet mit abwechselnd schlichten und bunt verzierten Mehrfamilienhäusern.

Die Straßenbahn fährt ungefähr 20 Minuten zum Hauptbahnhof. Die gute öffentliche Anbindung ans Stadtzentrum ermöglicht es den Bewohnern, Freizeitangebote zu nutzen, Freunde im Stadtgebiet zu besuchen[18], relevante Lebensmittelläden und Restaurants aufzusuchen und ihre Arbeitsstätte zu erreichen. Die städtische Lage wirkt sich so auch auf die Erwerbsmöglichkeiten aus, da Arbeitsorte erreichbar sind. Auch Freundschaften, die in der Ausbildungs- oder Arbeitsstätte geknüpft werden oder an vorherigen Wohnorten geknüpft wurden, können so gepflegt werden. Auch Sportvereine und der Glaubensrichtung der Bewohner entsprechende religiöse Einrichtungen befinden sich in anderen Stadtvierteln. Die öffentlichen Verkehrsmittel sind besonders wichtig, da nur die Jesuitenpatres über ein Auto verfügen, der Aktivitätsradius der Bewohner sich jedoch auf das ganze Stadtgebiet ausdehnt.

Im angrenzenden Quartier wird sich mit dem Fahrrad und oder zu Fuß bewegt. Nur einer sagt aus, dass er dort gerne Spaziergänge macht.[19] Die anderen durchqueren das Viertel überwiegend auf dem Weg zu öffentlichen Verkehrsmitteln oder zum alltäglichen Einkaufen.

17 „Das Viertel ist international. In der Nachbarschaft wohnen Afrikaner, Türken, Kroaten." Nachbar*in

18 „Ich treffe Freunde am Hauptbahnhof, besuche einen Freund, trainiere im Fitnessstudio am Berliner Platz oder gehe ins Kino." Bewohner, neuzugewandert

19 „Ich gehe viel zu Fuß durch das Stadtviertel und im Park spazieren." Bewohner, neuzugewandert

24_Straßenszene

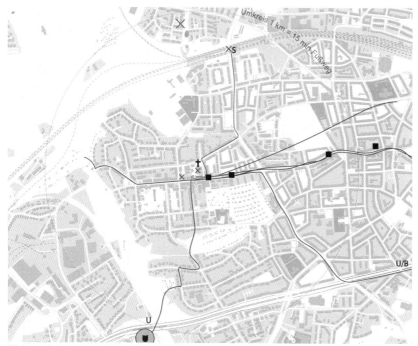

neuzugewanderte Bewohner

/ Bewegung

✕ Bezugspunkt

◯ Verweilen

↑ Blickbeziehung

ortsansässige Bewohner

/ Bewegung

✕ Bezugspunkt

◯ Verweilen

↑ Blickbeziehung

25_Narrative Mapping: alltägliche Wege der Bewohner im Quartier

BV BAULICH-RÄUMLICHE VERNETZUNG

Das Gebäude ist entlang einer vertikalen Abstufung von öffentlich zu privat strukturiert. Je weiter man die Treppe emporsteigt, umso privater werden die Räume. Das Treppenhaus ist Grenze und Zwischenraum zugleich. Hier begegnen sich die Bewohner. Abgestellte Gegenstände zeigen an, dass hier gelebt wird, und Schuhe vor der Zimmertür geben Aufschluss, wer dort wohnt. Besonders ist der großzügige Flurbereich vor den privaten Räumen im ersten Obergeschoss. Durch ein Sofa als Wohnnische gestaltet, ist ein interner Begegnungsraum für die Etagenbewohner und eine Zwischenzone zwischen Treppenhaus und Bewohnerzimmer geschaffen worden.

26_Treppenhaus ist bespielbarer Zwischenraum

Alle Gemeinschaftsbereiche sind im Erd- und im Untergeschoss angeordnet, private Bereiche befinden sich, mit Ausnahme zweier Bewohnerzimmer, im ersten und zweiten Obergeschoss. Wohl überlegt haben sich die Jesuitenpatres ihre privaten Räume im Dachgeschoss ausgesucht.[20] Das Treppenhaus bildet eine offensichtliche Grenze zwischen den Wohnbereichen der Jesuitenpatres und der Neuzugewanderten, die sorgsam geachtet wird.

Auch im Außenraum ist eine Abstufung von der öffentlichen Straße vor dem Haus über den halböffentlichen Weg zur Kirche entlang des geschützten Gartens wahrnehmbar. Durch diese Anordnung werden Begegnungen zwischen Bewohnern und Mitgliedern der Kirchengemeinde begünstigt.[21]

20   „Im Dachgeschoss sind unsere Privaträume, die sind nicht zugänglich für die anderen Bewohner." Jesuitenpater, Bewohner, ortsansässig

21   „Der Weg am Pfarrgarten ist so halböffentlich und Begegnungsort zwischen Mitgliedern der Kirchengemeinde und den Bewohnern. Die Kommunikation auf dem Weg ist von niederschwelliger Art." Vorstand St. Elisabeth-Gemeinde

27_ Wohnnische mit Sofa vor den privaten Räumen ist Begegnungsraum

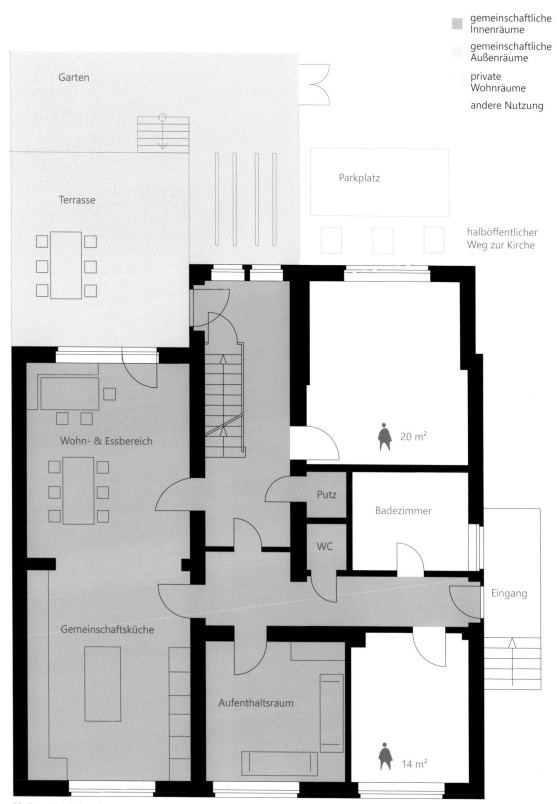

gemeinschaftliche
Innenräume

gemeinschaftliche
Außenräume

private
Wohnräume

andere Nutzung

Garten

Terrasse

Parkplatz

halböffentlicher
Weg zur Kirche

Wohn- & Essbereich

20 m²

Putz

Badezimmer

WC

Gemeinschaftsküche

Eingang

Aufenthaltsraum

14 m²

28_Grundriss Erdgeschoss

22 „Das was hier im Haus verbindet, ist dieser Wohnbereich, Küche, Terrasse. Da sieht man sich."

Jesuitenpater, Bewohner, ortsansässig

29_Gemeinschaftsküche mit Fenster zur Straße

CHARAKTERISTIKA
DER 8 INTERVIEWTEN
BEWOHNER

Geschlecht
8 × männlich

Nationalitäten
2 × Deutschland
2 × Guinea
2 × Iran
1 × Kongo
1 × Libanon

Altersstruktur
1 × 11–20 Jahre
2 × 21–30 Jahre
1 × 31–40 Jahre
1 × 41–50 Jahre
2 × 51–60 Jahre
1 × 61–70 Jahre

Beschäftigung
4 × beschäftigt
1 × studierend/auszubildend
2 × arbeitslos
1 × in Rente

In Deutschland seit
2 × immer
3 × 1–2 Jahre
3 × 3–4 Jahre

Haushaltsform
8 × Wohngemeinschaft

Vorherige Wohnsituation
3 × Mietwohnung/-haus
5 × Wohnheim

Jetzige Wohnsituation
8 × Pfarrhaus

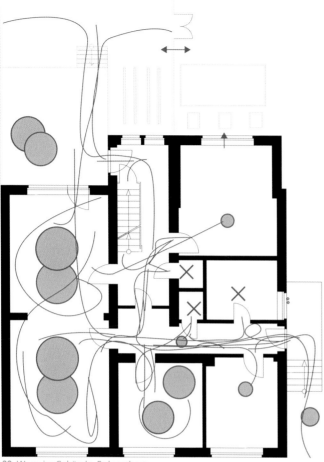

neuzugewanderte
Bewohner

／　Bewegung

✕　Bezugspunkt

●　Verweilen

↑　Blickbeziehung

ortsansässige
Bewohner

／　Bewegung

✕　Bezugspunkt

●　Verweilen

↑　Blickbeziehung

30_Wege im Gebäude, Erdgeschoss

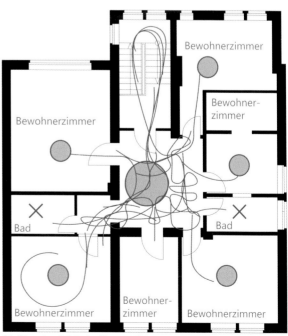

31_Wege im Gebäude, Obergeschoss

zwei Esstische

die Hälfte der Bewohner isst hier

Frühstück

Herz des Hauses

kulturelle Konflikte aufgrund von Essgewohnheiten zwischen afrikanisch- und arabischstämmigen Bewohnern

32_Visualisierung von Aussagen der 8 Bewohner zu den Gemeinschaftsräumen. Diese Abbildung dokumentiert die Beschreibungen zu Gemeinschaftsküche und Essraum, erkundet durch Narrative Mapping und Leitfadeninterviews.

gemeinschaftliche Räume

O neuzugewanderte Bewohner

O ortsansässige Bewohner

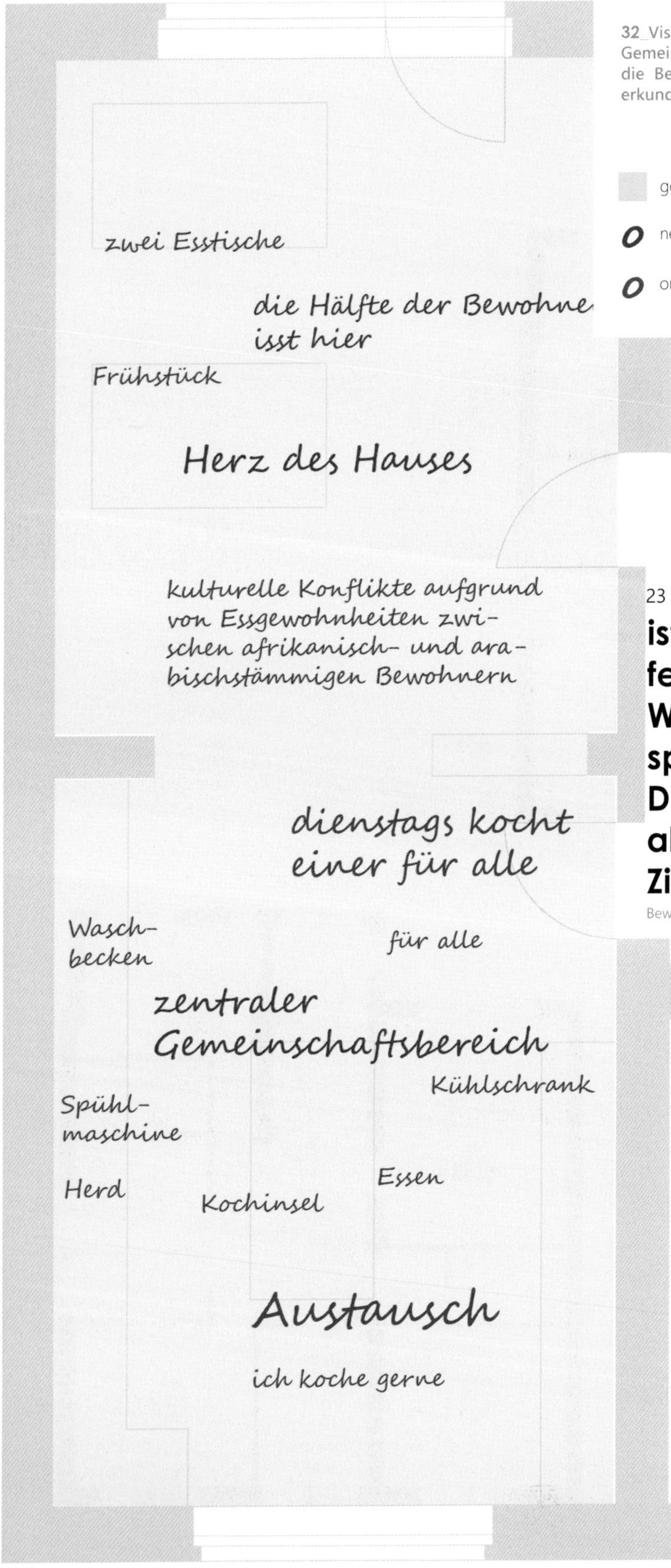

dienstags kocht einer für alle

23 „Die Wohngemeinschaft ist eine Mannschaft. Wir treffen uns einmal [in der Woche] und essen und sprechen zusammen. Davor, im Heim, war ich allein, alle sind auf ihren Zimmern geblieben."

Bewohner, neuzugewandert

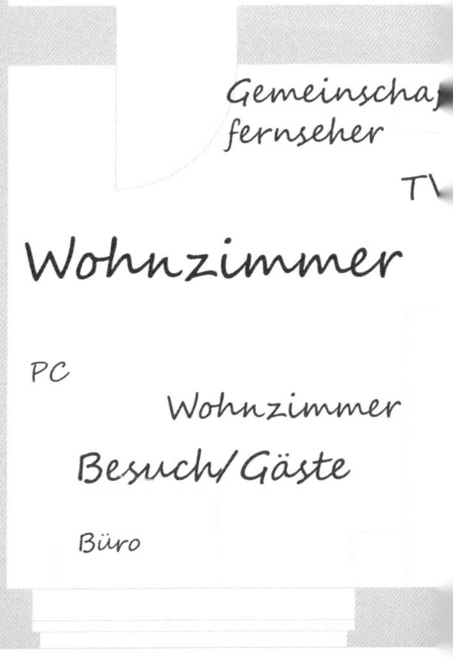

Wasch-becken

für alle

zentraler Gemeinschaftsbereich

Kühlschrank

Spühl-maschine

Herd

Kochinsel

Essen

Austausch

ich koche gerne

Gemeinschafts-fernseher

TV

Wohnzimmer

PC

Wohnzimmer

Besuch/Gäste

Büro

33_zentraler Gemeinschaftsraum: Küche, Esszimmer und Terrasse

IB INTERNE BEGEGNUNGSMÖGLICHKEIT

Das Zusammenwohnen im *Abuna-Frans-Haus* lebt von den unterschiedlichen Räumen zur gemeinsamen Nutzung. Im Erdgeschoss gibt es einen zentralen Bereich mit Gemeinschaftsküche. Außerdem ein separates Wohnzimmer mit Sofas, Regalen, Klavier, Computer und nicht zuletzt einem Fernseher mit Spielkonsole, die entscheidend zur Aneignung des Raums der Bewohner beitrug. Im Keller befindet sich ein Sportraum mit Boxsack, Tischtennisplatte und Tischkicker, der von wenigen Bewohnern zum Trainieren genutzt wird. Daneben ist ein Raum als Werkstatt eingerichtet und in einem weiteren gibt es Waschmaschinen. Die Räume im Untergeschoss verschwinden, bedingt durch ihre dezentrale Lage und der kühlen Atmosphäre im Keller, eher aus dem Blickfeld.

Besonderes Augenmerk liegt auf der offenen Gemeinschaftsküche mit Essbereich und Terrasse.[22] Diese Bereiche sind als fließender Raum zusammengefasst und bilden den Kern des Gemeinschaftslebens. In der großen Gemeinschaftsküche wird gekocht, um die Kochinsel gestanden und geredet. Jeder hat die Möglichkeit, selbstbestimmt zu kochen, allein oder gemeinsam.

Im Esszimmer findet wöchentlich ein gemeinsames Abendessen, bei dem jeweils ein Bewohner kocht, und die anschließende Besprechung mit allen Bewohnern statt.[23] An der Wand hängt ein Schwarzes Brett, das Kommunikationsplattform für aktuelle Anliegen ist.

Hinter einer Glaswand liegt die Terrasse, die besonders bei gutem Wetter Treffpunkt zum Rauchen, Reden und Kaffeetrinken ist.[24] Einige Bewohner halten sich dort am liebsten auf. Der fließende Raum ist auch der Bereich, in den Sozialarbeiter*innen, Deutschlehrer*innen, Nachbar*innen und Mitglieder der Kirchengemeinde eingeladen werden.[25]

Besonders ist auch die beste Internetanbindung in der Küche. Es ließ sich beobachten, dass sich Personen dort gerne und häufig zum Telefonieren und Surfen aufhalten.

24 „Wir treffen uns auf der Terrasse draußen oder in der Küche zum Reden und Lachen."
Bewohner, neuzugewandert

25 „Küche ist auch immer Gemeinschaft." Nachbar*in

34_gemeinsames Wohnzimmer

35_Sportraum im Keller

 PRIVATER RÜCKZUGSRAUM

Das Konzept des *Abuna-Frans-Hauses* sieht vor, dass jeder ein persönliches Zimmer bewohnt. Im Dachgeschoss liegen die Privaträume der Jesuitenpatres[26], in denen sich auch ein Besucherzimmer befindet. Im Erdgeschoss und im ersten Stock befinden sich die Bewohnerzimmer der Neuzugewanderten. Besonders arbeitende und lernende Bewohner schätzen den eigenen, abschließbaren Bereich[27], in dem sie sich aus der Gemeinschaft zurückziehen können. Dort haben sie die Möglichkeit, sich zu konzentrieren, zu lernen, sich von der Arbeit oder Schule auszuruhen[28] und ungestört innerhäuslichen Freizeitaktivitäten nachzukommen. Die Privatsphäre ermöglicht den Bewohnern, Zeit mit sich selbst zu verbringen, fremde Eindrücke zu verarbeiten und frei über ihre Freizeit zu entscheiden.

Der Umbau des alten Pfarrhauses hat zur Folge, dass die Bewohnerzimmer unterschiedliche Größen aufweisen. Die Bewohner konnten sich diese beim Einzug aussuchen. Die Bewohner mieten bei den Jesuitenpatres ein möbliertes Zimmer an und können es nach ihrem Ermessen einrichten.

26 „Wir wollen ein Einzelzimmer haben und nicht auf der gleichen Etage wie die Flüchtlinge. Und jeder Flüchtling soll ein Einzelzimmer haben. [...] Dass jeder seinen Rückzugsraum hat."
Jesuitenpater, Bewohner, ortsansässig

27 „Es ist wichtig, dass Menschen persönlichen Lebensraum haben und ankommen können." Vorstand *St. Elisabeth-Gemeinde*

28 „Mir gefällt es, dass ich hier ein eigenes Zimmer habe und in Ruhe schlafen kann." Bewohner, neuzugewandert

29 „Wir haben die Funktion eines Motors." Jesuitenpater, Bewohner, ortsansässig

30 „Die Patres sind sehr hilfsbereit und sind wie die Väter der Bewohner." Bewohner, neuzugewandert

31 „Die Patres stehen auf einer anderen Stufe wie wir. So wird keine Freundschaft entstehen." Bewohner, neuzugewandert

SOZIALE VERWALTUNG

Im *Abuna-Frans-Haus* fungieren die Jesuitenpater als Leitung des Hauses, sind aber auch selbst Bewohner. Damit unterscheidet sich dieses Wohnprojekt grundlegend von solchen, die beispielsweise von Sozialarbeiter*innen und/oder der sozialen Verwaltung in Gemeinschaftsunterkünften koordiniert werden. Die Jesuitenpatres sind der Motor des Zusammenlebens.[29] Sie organisieren Zusammenkünfte, regeln das Zusammenwohnen und bieten individuelle Unterstützung in Form von sprachlicher Beratung und Hilfe bei rechtlichen Angelegenheiten.

Regeln und Dienste gliedern das Zusammenleben der Bewohner, die aufgrund ihrer Herkunft, Alter, Kultur und Lebenssituation unterschiedliche Wohnarten gewohnt sind. Die Bewohner treffen selbstständig Absprachen über die Benutzung der Badezimmer, des Kühlschranks und der Aufenthaltsräume. Eine grundsätzliche Regel ist, dass kein Frauenbesuch über Nacht und keine Partys erlaubt sind. Nach Absprachen können Freunde zu Besuch kommen und auch die Gemeinschaftsräume nutzen. Wie in einer klassischen Wohngemeinschaft hat jeder Bewohner Aufgaben und Verantwortlichkeiten im Haus, etwa Putzdienste. Wer will, kann darüber hinaus das Zusammenleben mitgestalten. Die Regeln sind in einer Rahmensatzung über das gemeinsame Wohnen und Leben von den Jesuitenpatres formuliert.

Anfangs wurde innerhalb der Bewohnerschaft eine freundschaftliche Beziehung auf Augenhöhe durch Duzen, gleiche Aufgaben im Haus und gleicher Ausstattung der Zimmer angestrebt. Es stellte sich jedoch bald heraus, dass die Jesuitenpatres eher eine Vaterrolle für die Neuzugewanderten[30] übernahmen und von diesen mit Sie angesprochen werden. Dadurch entstand eine klare Hierarchie zwischen den beiden Gruppen.[31]

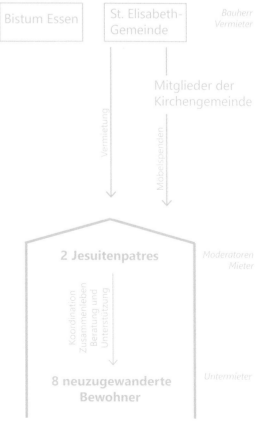

36_Akteure, Struktur und Aufgabenverteilung

37_Gemeinschaftsterrasse: Rauchen, Reden, Essen und Kaffeetrinken

GEPLANTE QUARTIERSBRÜCKEN

Am 20. April 2017 wurde ein Tag der offenen Tür veranstaltet und Nachbarschaft und Kirchengemeinde eingeladen, um diese über das Projekt zu informieren.

Das Haus ist ein Wohnort, kein Arbeitsort. Deshalb werden soziale Angebote nicht von den Jesuitenpatres, sondern von Sozialarbeiter*innen des *Caritasverbandes für das Bistum Essen e. V.* und anderen zivilgesellschaftlichen Akteur*innen übernommen. Jeder Bewohner hat eine zuständige Person, mit der er sich regelmäßig austauscht. Auch Ehrenamtliche geben Deutschunterricht für einzelne Bewohner des *Abuna-Frans-Hauses.* Die Treffen finden dann im Esszimmer statt.

Ein weiterer Bezug zu Akteuren auf Quartiersebene ist, dass die Kirchengemeinde stark in den Umbau einbezogen und informiert wurde. Viele haben Möbel gespendet und so mitgeholfen, das alte Pfarrhaus als Wohnhaus auszustatten. Besonders Engagierte waren auch am Umbau beteiligt. Es gibt einige Angebote der Kirchengemeinde und der örtlichen Jugendverbände, um die Bewohner in örtliche Strukturen im Quartier zu integrieren. Wenige Angebote werden angenommen. So helfen die Bewohner beispielsweise beim Aufbau eines Kirchenfestes, das Sommerfest der Kirchengemeinde *St. Elisabeth-Gemeinde*, die in enger Nachbarschaft liegt.[32]

Besonders ist das Notzimmer im Untergeschoss. Es bietet für Schutzsuchende eine kurzfristige Übernachtungsmöglichkeit. Die Hilfsbereitschaft der Jesuiten ist auch an anderer Stelle zu beobachten: Beispielsweise konnte einer Hilfsbedürftigen finanziell geholfen werden, als sie vorbeikam. Andere wurden mit Nahrungsmitteln unterstützt. Diese Hilfsbereitschaft spricht sich im Quartier herum.

32 „Man kann den Bewohnern nur begegnen, wenn man gemeinsame Dinge unternimmt."
Vorstand *St. Elisabeth-Gemeinde*

SEKUNDÄRANALYSE: MOTIVE DES ZUSAMMENWOHNENS

ÄHNLICHE LEBENSLAGEN:
Kontakt zu Menschen in vergleichbarer
Familiensituation, in gleichem Alter
oder mit ähnlichen Interessen.

ALLTAGSTAUGLICHES KONZEPT:
Mitmenschen und gemeinsame
Situation annehmen und die
gemeinschaftliche Organisation
des Zusammenlebens
lösungsorientiert angehen.

DEUTSCH(LAND) LERNEN:
Neuzugewanderte lernen durch
Kontakte zu Ortsansässigen Sprache
und Gepflogenheiten kennen.

GEGENSEITIGE WERTSCHÄTZUNG:
Respekt und Vertrauen den
jeweils Anderen gegenüber
als wertvolle Persönlichkeiten
mit eigener Geschichte.

KLARE REGELN:
Klar kommunizierte und erläuterte
Regeln sowie eine pragmatische
Umsetzung derselben im Alltag.

KLARE REGELN
*... ermöglichen es den
Bewohnern, sich als Gemeinschaft wahrzunehmen, weil
sich alle an die gleichen
Regeln halten müssen.*
Bewohner, ortsansässig

GEGENSEITIGE WERTSCHÄTZUNG
*Respekt voreinander und ein Wille,
Andere zu verstehen, sind wichtig.*
Bewohner, neuzugwandert

Bewohner, neuzugwandert **DEUTSCH(LAND) LERNEN**
*Man muss sich über die lokale Kultur
informieren und vor allem die Sprache lernen.*

ALLTAGSTAUGLICHES KONZEPT Bewohner, ortsansässig
Unkompliziertheit ist wichtig – etwa offenes WLAN.

O neuzugewanderte Bewohner
O ortsansässige Bewohner

Bewohner, neuzugwandert **ÄHNLICHE LEBENSLAGEN**
Menschen mit ähnlichen Lebensstilen sollten zusammenleben.

38_qualitative Auswertung der Aussagen von 8 Bewohnern des Fallbeispiels zu Motiven des Zusammenwohnens

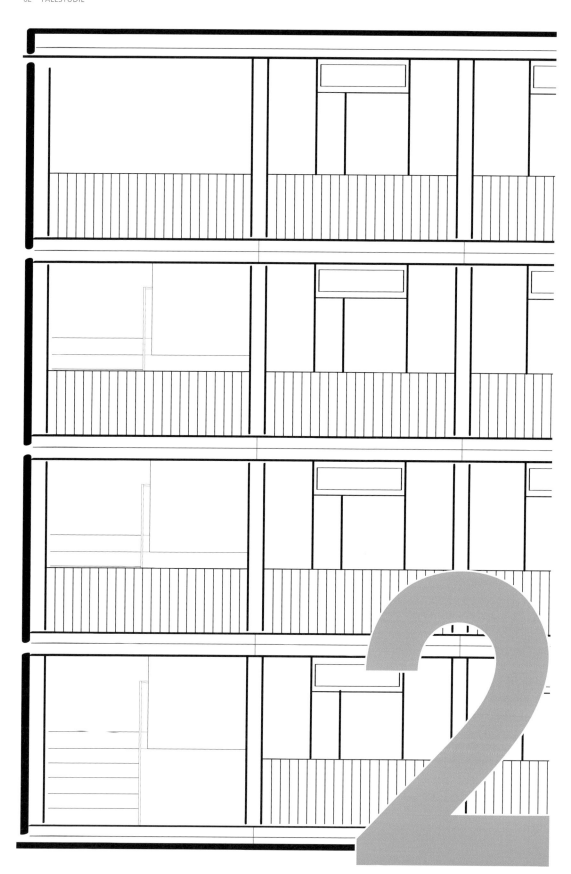

INTEGRATIONSHAUS

MODERIERTES GEMEINSCHAFTSWOHNEN
IN EINEM MODULAREN NEUBAU

IMPRESSION

Das Integrationshaus Oranienburg sticht mit seiner gleichmäßig proportionierten Fassade aus der Umgebung hervor. Dieser Eindruck von sich aneinanderreihenden und aufeinanderstapelnden Einheiten setzt sich bei näherer Betrachtung und Begehung des Hauses fort. Hier treffen zwei Perspektiven aufeinander: die des Fachpublikums, das die hochwertige und bei der Biennale ausgestellte Architektur lobt und die Perspektive einiger Passant*innen und Bewohner*innen, die sich mitunter optisch an ein Gefängnis erinnert fühlen.

Das Fehlen von geschlossener Außenhaut und Hauseingangstür stört erklärtermaßen das Sicherheitsempfinden der Bewohner*innen, die so kaum ermutigt werden, einander ihre Wohnungstüren zu öffnen oder gar offen zu lassen.

Zur Zeit der Fallstudie im Winter 2019 sind die Begegnungsmöglichkeiten der Bewohner*innen natürlich eingeschränkter. Dennoch trifft man sich, wenn auch zufällig und kältebedingt, rasch im Treppenhaus, kurz zum Rauchen auf den Laubengängen oder zu relativ festen Uhrzeiten im zeitlich eingeschränkt zugänglichen Gemeinschaftsraum. Deutlich werden die Potenziale erkennbar: beim Filmabend wird überschwänglich gescherzt, Bewohnerinnen bringen Kuchen mit, Besorgungen werden koordiniert. Ab dem Frühjahr werden die Laubengänge dann auch ihre dem architektonischen Konzept entsprechende Funktion als Balkonersatz und Gemeinschaftsfläche erfüllen können.

Wenn der Gemeinschaftsraum werktags zu den Arbeitszeiten des Sozialarbeiters geöffnet hat, nehmen ihn die Bewohner*innen ein. Die hochwertige Ausstattung weist auf die vielfältigen Nutzungsmöglichkeiten hin: Ein als Tafel geeigneter Holztisch bildet den Mittelpunkt des Raumes, an dem man sitzt und plant, isst, spielt und quatscht. Die Bewohner*innen haben Lieblingsecken, die sie regelmäßiger aufsuchen als andere und jeder hat, ganz wichtig, mindestens eine eigene Kaffeetasse in der Gemeinschaftsküche stehen. Letztendlich bleibt das Miteinander moderiert und stellenweise kontrolliert – wenn Sozialarbeiter Guido Feierabend hat, ist Schluss.

INTEGRATION

Aussagen von Gesprächspartner*innen im Rahmen der Leitfadeninterviews zum subjektiven Verständnis des Begriffs „Integration" auf die Frage:

Wie definieren Sie Integration – spontan und persönlich?

> „Jeder soll leben und wohnen, wie und wo er will [...]."
>
> Bewohner*in, neuzugewandert

> „Ein beidseitiger Lernprozess ist Voraussetzung, manche machen es freiwillig, andere nicht. Die Geflüchteten haben keine Wahl, sie müssen mitmachen."
>
> Architekt *BBP Bauconsulting mbH*

> „Integration ist, wenn Leute zusammenkommen, miteinander essen, Party machen, spielen, reden, feiern und kochen."
>
> Bewohner*in, neuzugewandert

> „Integration heißt, andere Leute zu akzeptieren, egal, woher sie stammen oder ob sie eine Behinderung haben."
>
> Bewohner*in, ortsansässig

> „Die Leute sollten trotzdem die Grenze respektieren und die Grenzen nicht überschreiten."
>
> Bewohner*in, neuzugewandert

> „Integration bedeutet Zusammenleben, Zusammenhalt, Wohnen und Gemeinschaft üben."
>
> Geschäftsführer *Wohnungsbaugesellschaft mbH Oranienburg*

> „[...] Die Regeln sind die wichtigste Sache, die muss man auch befolgen."
>
> Bewohner*in, neuzugewandert

„Es ist ein guter Schritt für die Zukunft. Dass
Deutsche und Ausländer zusammen-
wohnen, das ist eine gute Idee.“

Bewohner*in, neuzugewandert

39_horizontale Gesimsbänder, vertikale *französische Fenster*

HAUPTCHARAKTERISTIKA

GEBÄUDETYP

Das längliche, viergeschossige Gebäude der Fallstudie Integrationshaus in Oranienburg wurde als modularer Geschosswohnungsbau umgesetzt. Strukturiert wird das Gebäude durch ein strenges Stützenraster. Die Erschließung erfolgt über ein offenes Treppenhaus und Laubengänge, die als Erschließungsmöglichkeit und Balkonersatz fungieren. Die Wohnungen sind durchgesteckt, werden also über bodentiefe Fenster auf der einen Seite und über Fenster zum Laubengang auf der anderen Seite belichtet. Das Gebäude setzt sich überwiegend aus Einzimmerwohnungen, teils auch Zwei- und Dreizimmerwohnungen, die alle über eine eigene Küche und ein privates Badezimmer verfügen, zusammen.

GEMEINSCHAFTSRÄUME

Das gemeinschaftliche Wohnmodell ist gekennzeichnet durch einen Gemeinschaftsraum, der von Montag bis Freitag geöffnet ist und von einem Sozialarbeiter betreut wird. Der Raum ist am Wochenende jedoch nicht zugänglich und dient deshalb nur werktags als zusätzliches Wohnangebot zu den privaten Wohnungen.

Ein schmaler Grünstreifen vor dem Gebäude und ein dreigeteiltes Gemüsebeet hinterm Haus bilden, neben den bereits erwähnten Laubengängen, Gemeinschaftsflächen im Außenbereich.

BEWOHNERSTRUKTUR

Die Bewohnerstruktur ist aufgrund der unterschiedlichen Wohnungsgrößen divers. Es dominieren Einpersonenhaushalte. Die Bewohnerschaft setzt sich zu 30 Prozent aus Neuzugewanderten und 70 Prozent Ortsansässigen mit Wohnberechtigungsschein zusammen. Die Wohnungsbaugesellschaft hat bei der Auswahl der Bewohnerschaft bewusst auf eine Durchmischung hinsichtlich Alter, Familienstatus und Geschlecht geachtet. Der Anteil der Neuzugewanderten an der Bewohnerschaft beträgt ungefähr ein Drittel.

TRANSFER

Finanzielle Einsparungen, geringer Aufwand, Reproduzierbarkeit und Flexibilität im Umbau sind Vorteile der modularen Bauweise gegenüber konventionellen Wohnungsbauten. Voraussetzung ist ein Bauplatz in einem Wohngebiet mit städtischem Charakter, vorhandener Infrastruktur und guter Verkehrsanbindung.

STECKBRIEF

Integrationshaus
Oranienburg
Brandenburg
Studienzeitraum: Januar 2018

Bewohnerstruktur
ca. 30 % Neuzugewanderte
ca. 70 % Ortsansässige mit
Wohnberechtigungsschein

Anzahl der Bewohner
ca. 35

Wohneinheiten
22 Wohnungen

Wohnungsgrößen
1-Zimmerwohnung (11)
2-Zimmerwohnung (6)
3-Zimmerwohnung (5)

Wohnperspektive
unbefristet,
mind. 1 Jahr

Warmmiete
600 €/3-Zimmerwohnung

Moderation
Sozialarbeiter des Märkischen
Sozialvereins e. V.

Städtische Bauherrin
Wohnungsbaugesellschaft
mbH Oranienburg

Architektur
Ingenieurgesellschaft BBP
Bauconsulting mbH

Fertigstellung
Frühjahr 2018

40_offene Laubengänge und klares Stützraster

Die Idee, ein Pilotprojekt für gemeinschaftliches, *integratives Wohnen* zu initiieren, geht auf die Stadt Oranienburg, vertreten durch den damaligen Bürgermeister Hans-Joachim Laesicke, zurück. Die Intention der Stadt war die Ermöglichung langfristiger Wohnperspektiven für geflüchtete Menschen und das Vermeiden provisorischer Unterkünfte.

Die konkrete Planung des Hauses, Umsetzung und Finanzierung übernahm die städtische *Wohnungsbaugesellschaft mbH Oranienburg (Woba)*. Die *Ingenieurgesellschaft BBP Bauconsulting mbH* wurde mit der Planung eines industriell gefertigten Neubaus in enger Zusammenarbeit mit der Wohnungsbaugesellschaft beauftragt. Dank direkter Kontakte zur Stadt lief der Genehmigungsprozess verhältnismäßig schnell ab. Die Planung und der Bau der 22 Wohnungen beliefen sich für die Wohnungsbaugesellschaft auf ca. 2,6 Millionen Euro. Es sollen weitere Gebäude in diesem Stil geplant werden.

Für die Umsetzung des sozialen Konzepts ist der *Märkische Sozialverein e. V.* verantwortlich. Dieser beschäftigt einen Sozialarbeiter mit der Aufgabe, eine Hausgemeinschaft aufzubauen. Seine Rolle ist, gemeinsame Aktivitäten zu initiieren und auch die Vermittlung zwischen Bewohnerschaft und Wohnungs-

gemeinschaftliche Innenräume

gemeinschaftliche Außenräume

andere Nutzung

1 Gemeinschaftsraum mit Küche und Büro des Sozialarbeiters
2 Laubengänge

42_Axonometrie des Integrationshauses mit Laubengängen

baugesellschaft, also der Vermieterin zu moderieren. Diese Stelle ist vorerst auf zwei Jahre befristet und wird von der Wohnungsbaugesellschaft Oranienburg mit 40 000 Euro im Jahr finanziert.

Von September 2016 bis Ende 2017 wurde der Massivbau, mit seinen markanten roten Geländern entlang der Laubengänge, errichtet. An den Wohnungen Interessierte konnten sich bei der Wohnungsbaugesellschaft melden und bei einem Besichtigungstermin im Dezember 2017 kamen mehr als 200 Menschen, um sich die Wohnungen anzusehen. Im April 2018 zogen dann die ersten Bewohner*innen in das Integrationshaus in der Gartenstraße 4 ein. Wenig später nahm der Sozialarbeiter seine Tätigkeit vor Ort auf.

Zum Studienzeitpunkt lebten in den 22 Wohnungen ca. 35 Bewohner*innen, davon sind ungefähr 30 Prozent neuzugewandert und 70 Prozent ortsansässig. Geprägt wird der Bau von Ein- bis Zweipersonenhaushalten aufgrund der vielen Einzimmer- und nur wenigen Zwei- und Dreizimmerwohnungen. Die Bewohner*innen sind zwischen 18 und 70 Jahren alt und setzen sich aus vielen ortsansässigen Senioren, einigen jungen alleinstehenden Männern und wenigen Familien mit kleinen Kindern zusammen.

Einpersonenhaushalt

Zweipersonenhaushalt

Einelternfamilie

Kernfamilie

Moderation

neuzugewandert

ortsansässig

41_Haushaltsstruktur und Wohnsituation

MERKMALE

 ARCHITEKTONISCHE BOTSCHAFT

Zwischen sanierten Wohnblöcken aus der DDR-Zeit sticht das Integrationshaus als heller, schlichter Block mit roten Geländern heraus. Die Sichtbetonoptik entspricht dem aktuellen Bautrend, wird aber von Bewohner*innen und Passant*innen als „trist" und „farblos" abgewertet.[33] Die längliche Gebäudeform mit Flachdach wird durch Laubengänge mit roten Metallgeländern strukturiert. Das Rot ist nicht nur die Firmenfarbe der Wohnungsbaugesellschaft Oranienburg, sondern greift auch die Farbigkeit der umliegenden Gebäude auf. Wo im Umfeld Zäune eingrenzen, säumen hier junge Pflanzen den Rand zur Straße.

Der rechteckige Baukörper basiert auf einer klar gerasterten, einfachen und modularen Bauweise.[34] Horizontal verlaufende Gesimse, zurückversetzte Stützen und rote Geländer gliedern die Fassade. Die Modulbauweise wurde bewusst aufgrund der Reproduzierbarkeit des Gebäudes gewählt und verleiht dem Erscheinungsbild einen temporären Stil, der von den Bewohner*innen als Heimcharakter bezeichnet wird und eine Stigmatisierung begünstigt.[35]

Die Räume sind durch nicht tragende Innenwände, die einem strengen Raster von 3,25 Metern unterliegen, eingeteilt. Besonders an dieser Bauweise ist nicht nur, dass erst zu einem späten Zeitpunkt im Bauprozess die Haushaltsgrößen festgelegt werden konnten, sondern auch, dass die Leichtbauwände für zukünftige Wohnungsumbauten abgebrochen werden können.[36]

33 „Die Ansicht des Gebäudes wirkt sehr trist und es fehlt Farbe. Von außen wird das Gebäude durch Beton und Gitter als Knast wahrgenommen." Bewohner*in, ortsansässig

34 „Je einfacher ein System ist, umso einfacher versteht man es auch." Architekt

35 „Es sieht wie ein Heim [aus], und man will ja in einer richtigen Wohnung wohnen und nicht in einer, die aussieht wie ein Heim." Bewohner*in, neuzugewandert

36 „Wir haben es hier mit einer eigenen Typologie zu tun, was das Thema Flexibilität angeht. Es war der Ansatz aus der Situation heraus, dass wir nicht wussten, wer einziehen wird." Architekt

0   10 m   N

43_Lageplan des Integrationshauses in der Gartenstraße 4, Oranienburg

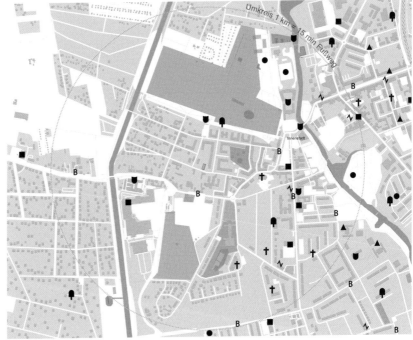

Einrichtungen für

Bildung ▲

Einzelhandel ■

Kinderbetreuung ♀

Kultur ♆

Medizin ⚕

Religion ✝

Sport/Spiel ●

öffentl. Verkehrsmittel

Bus **B**

S-Bahn **S**

U-Bahn **U**

44_fußläufig erreichbare Infrastruktur im Stadtteil

45_Blick vom Laubengang zur Stadtmitte Oranienburg

SI STADTRÄUMLICHE INTEGRATION

Infrastrukturelle Einrichtungen sind vom *Integrationshaus* fußläufig in Richtung Innenstadt erreichbar. Dort befinden sich Arztpraxen, Apotheken, Banken, Restaurants, eine Kirche und vieles mehr. Stadtauswärts gibt es ein nahegelegenes Einkaufszentrum. Mit dem Bus oder zu Fuß kann der Oranienburger Bahnhof erreicht werden, von dem eine S-Bahn in weniger als einer Stunde zum Berliner Hauptbahnhof fährt. Fehlende, für neuzugewanderte Bewohner*innen relevante Einkaufsmöglichkeiten werden mit der Nähe zu Berlin kompensiert. Neuzugewanderte versorgen sich mit arabischen Lebensmitteln beispielsweise auf der Sonnenallee in Berlin-Neukölln.

Neben den benannten infrastrukturellen Einrichtungen bietet Oranienburg unterschiedliche Freizeitmöglichkeiten unter freiem Himmel sowie kulturelle Einrichtungen. Bewohner*innen schätzen an der Lage die Nähe zum Oranienburger Schloss[37] und zum Schlosspark.[38]

Dort gibt es sowohl Möglichkeiten zum Spielen für Kinder als auch zum Ausspannen für Erwachsene und im Sommer finden allerlei Veranstaltungen statt. Viele grüne Freiflächen und Spielplätze ziehen insbesondere Familien an. Wer etwas Ruhe sucht, geht lieber am Flussufer der Havel spazieren. Junge Männer berichten, dass sie sich mit Freund*innen am Flussufer treffen oder ihre Freizeit in Berlin verbringen.[39]

37 „Am Schloss gibt es einen Park, der Eintritt kostet. Dort gehe ich gerne mit meinem Kind hin." Bewohner*in, neuzugewandert

38 „Ich bin oft im schön angelegten Schlosspark mit meiner Tochter, die dort plantschen und spielen kann." Bewohner*in, ortsansässig

39 „Im Sommer bin ich gerne am Flussufer, treffe meine Freunde, zum Angeln und Lesen oder sitze einfach und denke nach." Bewohner*in, neuzugewandert

46_Fassade des Integrationshauses und Nachbargebäude, für Ostdeutschland typische industrielle Bauweise

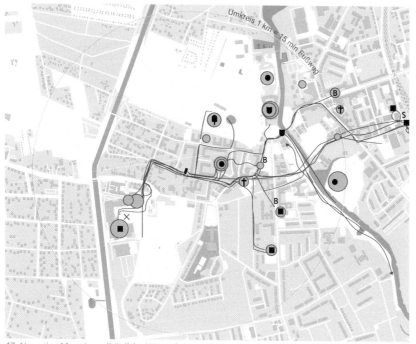

neuzugewanderte Bewohner*innen

╱ Bewegung

✕ Bezugspunkt

◯ Verweilen

⬆ Blickbeziehung

ortsansässige Bewohner*innen

╱ Bewegung

✕ Bezugspunkt

◯ Verweilen

⬆ Blickbeziehung

47_Narrative Mapping: alltägliche Wege der Bewohner*innen im Quartier

48_Laubengänge sind verhandelbare Zwischenräume

 ## BAULICH-RÄUMLICHE VERNETZUNG

Die klare Gliederung der Räume ermöglicht eine einfache Orientierung anhand definierter Grenzen und Verbindungen zwischen privaten, gemeinschaftlichen und öffentlichen Bereichen. Belagswechsel, Treppen und die vertikale Anordnung der Räume im Gebäude fungieren als Schwellen. Erschließungsflächen sind für eine flexible Nutzung konzipiert und werden situationsbedingt genutzt.

Der interne Gemeinschaftsraum liegt im Erdgeschoss und kann barrierefrei von der Straße aus erreicht werden. Durch einen Belagswechsel und einige Treppenstufen grenzt sich das Erdgeschoss zur öffentlichen Straße ab, weitere Abstufungen werden durch das offenliegende Treppenhaus und die Laubengänge erreicht. Je weiter das Gebäude in vertikaler Richtung betreten wird, desto persönlicher werden die Bereiche. Dennoch wird eine klare Grenze beim Betreten des Gebäudes in Form einer Haustüre vermisst. Diese würde das Sicherheitsempfinden der Bewohner*innen erhöhen, damit keine unerwünschten Personen vor der Wohnungstür stehen.[40]

Die Laubengänge erzeugen in den Obergeschossen in horizontaler Richtung einen räumlichen Übergang von öffentlich zu privat. Eine kaum wahrnehmbare Schwelle bildet sich zwischen Treppenhaus und Laubengang dadurch, dass sich hier nur im Haus Wohnende und deren Besucher*innen aufhalten[41]. Der Laubengang ist Raum zwischen Außen und Innen. Er ist mehr als eine Erschließung[42] und bietet zusätzliche Wohnfläche, die individuelle Interpretationen dieses Zwischenraums zulässt. Zum Studienzeitpunkt im Winter trafen sich Bewohner*innen zum Rauchen oder beim Kommen und Gehen und trockneten ihre Wäsche dort. Im Sommer nutzen einige den Laubengang als Balkon, indem sie Stühle vor die Haustür stellen[43] und den Flur mit Blumen dekorieren.[44] Das dichte Stabgeländer entlang des Gangs schafft einen gestalterischen Vorhang zwischen dem Außenraum und den persönlichen Handlungen vor den Wohnungstüren.

40   „Das soll hier eine Art Schutzhaus sein, dafür bräuchte es unten oder auf jeder Etage eine Eingangstüre. Hier leben viele Menschen mit Ängsten und deshalb ist Sicherheit und Schutz ein Thema."
Bewohner*in, ortsansässig

41   „In den oberen Stockwerken habe ich nichts zu tun. Meine Etage ist ja hier unten."
Bewohner*in, ortsansässig

42   „In den Laubengängen: Jeder trifft sich mit jedem dort und alle können von den anderen alles wissen, wann sie das Haus verlassen und/oder zurückkommen."
Bewohner*in, neuzugewandert

43   „Wenn die Sonne scheint, setze ich mich mit einem Stuhl auf den Laubengang, das macht der Nachbar auch."
Bewohner*in, ortsansässig

44   „Der Laubengang bringt nicht nur die Erschließung mit sich, sondern auch einen halb-privaten Außenraum. Man kann sich dort mit einem Tisch und Stuhl im Sommer raussetzen und das machen die Bewohner auch." Architekt

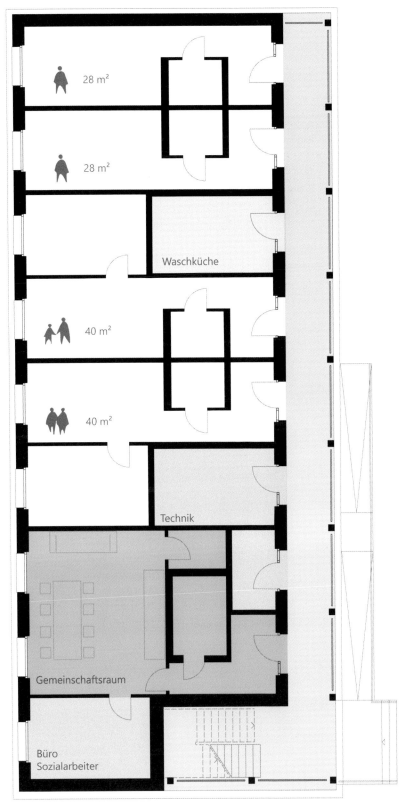

28 m²

28 m²

Waschküche

40 m²

40 m²

Technik

Gemeinschaftsraum

Büro
Sozialarbeiter

gemeinschaftliche
Innenräume

gemeinschaftliche
Außenräume

private
Wohnräume

andere Nutzung

49_Grundriss Erdgeschoss

50_offenes Treppenhaus

51_Beton dominierter interner Vorplatz

CHARAKTERISTIKA
DER 7 INTERVIEWTEN
BEWOHNER*INNEN

Geschlecht
4 × männlich
3 × weiblich

Nationalitäten
4 × Deutschland
3 × Syrien

Altersstruktur
4 × 21–30 Jahre
1 × 41–50 Jahre
1 × 51–60 Jahre
1 × 61–70 Jahre

Beschäftigung
3 × arbeitslos
2 × beschäftigt
2 × in Rente

In Deutschland seit
4 × immer
1 × 1–2 Jahre
2 × 3–4 Jahre

Haushaltsform
4 × Single
1 × Ehepaar
2 × Familie (1 × alleinerziehend

**Vorherige
Wohnsituation**
3 × Mietwohnung/-haus
4 × Wohnheim

Jetzige Wohnsituation
3 × 1-Zimmerwohnung
1 × 2-Zimmerwohnung
3 × 3-Zimmerwohnung

neuzugewanderte
Bewohner*innen

／ Bewegung

✕ Bezugspunkt

◯ Verweilen

▲ Blickbeziehung

ortsansässige
Bewohner*innen

／ Bewegung

✕ Bezugspunkt

◯ Verweilen

▲ Blickbeziehung

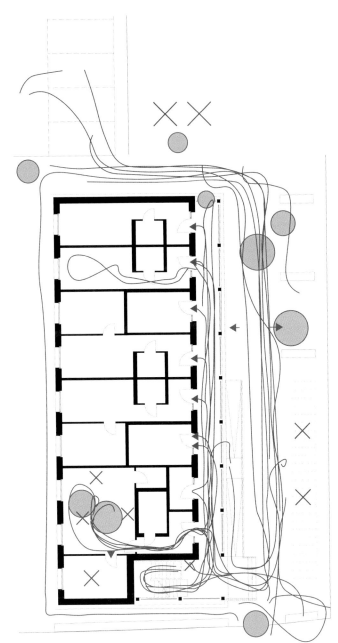

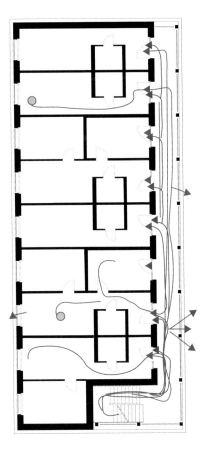

52_Wege im Gebäude, Erdgeschoss

53_Wege im Gebäude, Regelgeschoss

54_Visualisierung von Aussagen der 7 Bewohner*innen zu den Gemeinschaftsräumen. Diese Abbildung dokumentiert die Beschreibungen zum Gemeinschaftsraum, erkundet durch Narrative Mapping und Leitfadeninterviews.

gemeinschaftliche Räume

O   neuzugewanderte Bewohner*innen

O   ortsansässige Bewohner*innen

gemeinsames Essen

wichtigste
Interaktion

Ich bin hier oft
mit der Kleinen

Schade, dass nicht
alle Bewohner
sich hier treffen

3 Stunden
Häkelkurs

Gemeinschaftsraum

viele Leute treffen sich
beim Sozialarbeiter

Büro
Sozialarbeiter

Sozialarbeiter hat
zu allen Kontakt

Sozialarbeiter berät
und unterstützt

vor der
Tür
sitzen

wir treffen uns
immer
irgendwie

kleine
Kinder
spielen

auf dem Balkon
hört man Arabisch
und Russisch

55_Blick in die Gemeinschaftsküche

56_hochwertige Einrichtung im werktags geöffneten Gemeinschaftsraum

IB INTERNE BEGEGNUNGSMÖGLICHKEIT

Lieblingsort ist, so wurde in den Interviews betont, für viele der Gemeinschaftsraum, der unter der Woche täglich wie ein gemeinsames Wohnzimmer genutzt wird. Der Raum ist stufenlos zugänglich und mit einem barrierefreien Bad ausgestattet. Dies ermöglicht allen, unabhängig von ihrer körperlichen Verfassung, den Zugang. Der Raum steht in Verbindung mit dem Büro des Sozialarbeiters und wird von diesem verwaltet. Im Gemeinschaftsraum wird gekocht und gespielt, es gibt Weihnachtsessen, Filmnachmittage, Hausaufgabenbetreuung, Häkelkurse oder ärztliche Untersuchungen. Ausgestattet ist der Raum mit einer Küche, einer Spielecke, einem Sofa, einem großen Tisch, einem Fernseher und einem sichtlich kaum genutzten Bücherregal.[45]

Die Nutzung des Raumes ist ein freiwilliges Angebot. In den Interviews wird wiederholt erwähnt, dass dieser von einigen Personen täglich als zusätzliches Wohnzimmer und von anderen nur sporadisch genutzt wird.[46] Die Leute bewegen sich frei in der Küche, kochen Tee und Kaffee, bringen Snacks mit oder lagern beispielsweise ihr unvollendetes Puzzle dort und die persönliche Kaffeetasse. Diese Aktivitäten zeigen, dass Menschen sich diesen Raum aneignen, indem sie ihn regelmäßig nutzen, als wäre es ihr eigener. Die Bewohnergruppe, die den Raum täglich nutzt, besteht überwiegend aus Ortsansässigen und einigen wenigen Neuzugewanderten.[47] Grund dafür ist auch, dass letztere seltener an Aktionen teilnehmen, kein Interesse an einer Kontaktaufnahme zeigen oder keine Zeit haben. Zusätzlich spielen die Öffnungszeiten eine Rolle. Da zu dieser Zeit kaum berufstätige Personen vor Ort sind, liegt der Fokus eher auf Rentnern, Arbeitssuchenden, Kindern und Müttern in Elternzeit. Eine Spielecke im Gemeinschaftsraum und Aktionen, wie ein Besuch im Tierpark, zielen auf Kinder im Kindergarten- und frühen Grundschulalter ab, die gemeinsam mit ihren Eltern dieses Angebot nutzen.

Zusätzlich stehen ein Gemeinschaftsbeet hinter dem Haus und die kleine Rasenfläche frei zur Verfügung und werden für Gartenpflege, zum Grillen, Kaffeetrinken oder auch zum Verweilen genutzt.

**WOCHENPROGRAMM
– EIN BEISPIEL**

Montag, ab 14:00:
Spielkonsole spielen

Dienstag, ab 12:00
Tierpark Germendorf

Mittwoch, 12:30–16:30
Stricken/Häkeln und Kuchen essen

Donnerstag, 14:00
Spielen: Dart, Karten, Brettspiele …

Freitag, ab 14:00
Film ansehen

57_Bewohner*innen eignen sich den Raum an

45   „Dass es eine Bücherei im Gemeinschaftsraum gibt, ist gut, aber nicht gesellschaftsschichttypisch."
Sozialarbeiter

46   „Der Gemeinschaftsraum im EG ist eine feste Größe hier. Ich komme täglich in den Gemeinschaftsraum, der am Wochenende leider geschlossen ist und mir dann fehlt."
Bewohner*in, ortsansässig

47   „Ich bin regelmäßig im Gemeinschaftsraum und habe Kontakt mit den Personen dort: Nachbarn und dem Sozialarbeiter, aber weniger mit Ausländern."
Bewohner*in, ortsansässig

48   „Ich bewohne eine Einzimmerwohnung mit 28 Quadratmeter. Ich bin glücklich, meine eigene kleine Wohnung zu haben, und fühle mich dort wohl. Für Besuch über Nacht ist die Wohnung aber zu klein."
Bewohner*in, ortsansässig

58_Laubengang mit Fenster und
Wohnungstür mit Oberlicht

59_hochwertige Materialien und beidseitige Belichtung
wie im freifinanzierten Wohnungsbau (BBP Ingenieure)

 PRIVATER RÜCKZUGSRAUM

Der Charakter des Gebäudes ist geprägt von durchgesteckten Einzimmerwohnungen ergänzt durch Zwei- und Dreizimmerwohnungen mit durchschnittlich 18,5 Quadratmetern Wohnfläche pro Person. Einzelpersonen bewohnen eine 28 Quadratmeter große Einzimmerwohnung, die sich aus einem offenen Schlaf-, Wohn- und Kochbereich und einem separaten Badezimmer zusammensetzt.[48] In allen Wohnungen findet sich diese offene Wohn- und Essküche wieder.[49] Je nach Wohnungsgröße sind ein oder zwei weitere Zimmer angeschlossen.

Der Grad der Privatheit kann individuell durch Nutzung der persönlichen Wohnung und den Aufenthalt in Gemeinschafts- und Zwischenräumen bestimmt werden.

Optische Schnittstelle zwischen den jeweiligen privaten Wohnbereichen und dem Laubengang sind Oberlichter über den Türen. Zusätzlich haben die Zwei- und Dreizimmerwohnungen im Laubengang Fenster, die Einblicke in einige Räume gewähren und die individuelle Privatsphäre berühren.[50] Zugleich findet so ein Austausch zwischen Gemeinschaft und Individuum statt. Wie der Übergang gestalterisch ausgebildet und auf welche Weise sich der gemeinschaftliche Bereich vor der Wohnungstür angeeignet wird, ist individuell auszuhandeln. Bei Einzug sind die Wohnungen unmöbliert, ohne Kücheneinrichtung und die Bewohner*innen genießen volle Gestaltungsfreiheit. Dadurch konnten sich die Bewohner*innen den eigenen Bedürfnissen entsprechend einrichten und das Gefühl der Privatheit wurde erhöht.

[49]**„Dann war ich so geschockt über diese Wohnküche, eine offene Küche mit Stube. Also, dass kannte ich überhaupt nicht."**
Bewohner*in, ortsansässig

50 „Das Haus ist sehr offen, man fühlt sich beobachtet und bewacht von den anderen Bewohnern. Wann ich komme und gehe, wissen alle Leute im Haus."
Bewohner*in, neuzugewandert

SV SOZIALE VERWALTUNG

Basis des Konzepts des *Integrationshauses* ist die Sozialbetreuung durch den *Märkischen Sozialverein e. V.*, der dafür von der *Wohnungsbaugesellschaft mbH Oranienburg* beauftragt wird. Der Sozialarbeiter ist einerseits Moderator der Hausgemeinschaft, andererseits Vermittler zwischen der Bewohnerschaft und der Vermieterin, immer mit dem Ziel der Konfliktvermeidung. Monatlich findet ein Austausch mit der Wohnungsbaugesellschaft statt, bei dem aktuelle Anliegen und Anregungen der Bewohner*innen besprochen werden.

Der Sozialarbeiter beschreibt seine Arbeit als beratende Alltagshilfe mit dem Ziel, die Potenziale der einzelnen Personen zu fördern und dadurch Wertschätzung und Wohlbefinden zu generieren.[51] Konkret äußert sich diese Strategie in der Organisation von Aktionen und Veranstaltungen für die Gemeinschaft, basierend auf Anregungen der Bewohner*innen. Dazu zählen etwa ein Gitarrenkurs, Filmnachmittage, Puzzeln, Ausflüge in den Tierpark, Spielerunden, gemeinsames Kochen, Grillen und das Pflegen der Kräuterbeete. Bewohner*innen werden dazu angeregt, sich einzubringen und eigene Ideen umzusetzen – so wurde etwa ein Häkelkurs initiiert. Zu gemeinsamen Aktionen lädt der Sozialarbeiter jede*n ein, indem er Informationen an die Wohnungstüren oder an die Tür des Gemeinschaftsraums hängt, zuweilen klingelt er auch für eine persönliche Einladung. Eine eigenständige Vernetzung oder Selbstverwaltung der Bewohner*innen findet derzeit noch kaum statt und wird durch die fehlende Bereitstellung von Gemeinschaftsräumen zur autonomen Nutzung sogar verhindert. Dennoch kommen die Bewohner*innen, trotz des großen Altersunterschieds, bei den geleiteten Aktionen zusammen und treten in Kontakt zueinander.

Der Sozialarbeiter lebt nicht vor Ort, sodass er einen distanzierten Blickwinkel auf die persönlichen Anliegen der Bewohner*innen einnimmt. Distanz wird auch durch feste Öffnungszeiten des Sozialarbeiterbüros vermittelt.

51 „Die tatsächliche Alltagshilfe, die echte Sozialarbeit, die kann ich hier machen. Ich versuche, den Potenzialen jeder einzelnen Person Raum zu geben. Wenn die Menschen ihre Potenziale ausleben können oder dürfen oder müssen oder sollen, dann fühlen sie sich erst wohl und wertgeschätzt." Sozialarbeiter

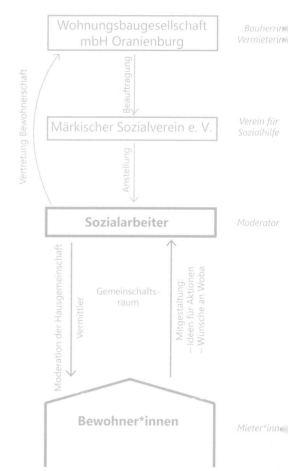

60_Akteure, Struktur und Aufgabenverteilung

SEKUNDÄRANALYSE: MOTIVE DES ZUSAMMENWOHNENS

BEGEGNUNGSMÖGLICHKEITEN:
Räume und Gelegenheiten, sich
regelmäßig im Alltag zu begegnen
– geplant, aber auch ungeplant.

BEIDSEITIGE LERNBEREITSCHAFT:
Durch Aufgeschlossenheit und
den Wunsch, voneinander zu
lernen, profitieren beide Seiten.

PROJEKTSTOLZ:
Identifikation mit den
architektonischen und sozialen
Qualitäten des Wohnprojekts sowie
Wissen um seine Besonderheit.

RÜCKZUGSORT:
Möglichst selbstbestimmte
Lebensführung und
ausreichend Privatsphäre.

SOZIALER ANSCHLUSS:
Neben- und Miteinander erleben.

WOHNNORMALITÄT:
Gleichberechtigt, regulär und nicht
separiert wohnen mit langfristiger
Perspektive und der Möglichkeit,
sich sozialräumlich zu verwurzeln.

RÜCKZUGSORT
*Eine eigene Wohnung
haben, die sauber ist.*
Bewohner*in, neuzugwandert

SOZIALER ANSCHLUSS
*Gerade wenn man allein ist, ist es
super zu wissen, dass man den Gemeinschaftsraum aufsuchen kann.* Bewohner*in, ortsansässig

PROJEKTSTOLZ
*Projekt ist deutschlandweit einzig-
artig und hat einen positiven Ruf.*
Bewohner*in, ortsansässig

BEIDSEITIGE LERNBEREITSCHAFT Bewohner*in, neuzugewandert
*Mischung von Ortsansässigen und Neuzugewan-
derten ist positiv und verbessert das Leben aller.*

Bewohner*in, ortsansässig **BEGEGNUNGSMÖGLICHKEITEN**
*Haus ist so gebaut, dass man sich auf jeden Fall
über den Weg läuft und sich so kennenlernt.*

O neuzugewanderte Bewohner*innen
O ortsansässige Bewohner*innen

61_qualitative Auswertung der Aussagen von 7 Bewohner*innen des Fallbeispiels zu Motiven des Zusammenwohnens

REFUGIO

DEMOKRATISCH STRUKTURIERTE ETAGEN-WOHNGEMEINSCHAFTEN IN EINEM STÄDTISCHEN HEIMGEBÄUDE

IMPRESSION

Das Refugio öffnet sich über ein Café im Erdgeschoss zur Straße hin. Gaststudierende, Freiwillige aus dem kirchlichen Umfeld, Cafékunden und Obdachlose kommen hier zusammen. Es wird viel Englisch gesprochen und auch wenn einige Gäste sich hier für einen Nachmittag einrichten, herrscht reges Kommen und Gehen.

Die Bewohner*innen nehmen den Caféraum eher als einen öffentlichen Geschäftsbereich, der am Wochenende geschlossenen ist, wahr, denn als durch die Hausgemeinschaft nutzbare und zu gestaltende Fläche. Zu den Öffnungszeiten des Cafés nutzen sie dann auch den Eingang im Nebengebäude, um ihre Wohneinheiten zügig und ungestört betreten und verlassen zu können. Sie halten sich, so die Gemeinschaftsterrasse auf dem Dach geschlossen ist, auch vermehrt im nur für sie zugänglichen Hinterhof des Gebäudes auf. Kinder trifft man hier nur selten an, denn die Einzimmerappartements sind zu klein für Familien.

Der im Erdgeschoss platzierte Saal wird für Gottesdienste und Kulturveranstaltungen vermietet und je nach Nutzung ist die Atmosphäre im Dunkel gestrichenen Raum mit den großen Bogenfenstern ganz unterschiedlich: sakral und besinnlich, belebt und turbulent und, wenn er leer steht und die Lichter ausgeschaltet sind, beinahe mystisch.

Durch eine Vielzahl von Initiativen im Gebäude werden die Treppenhäuser von Bewohner*innen und Mitarbeiter*innen gleichermaßen genutzt und wirken geschäftsmäßig und sachlich.

Treffpunkt der Bewohnerschaft, Wohnzimmer und Hort, ist ein verglaster Pavillon im Dachaufbau des Gebäudes, der stets frei zugänglich ist. Er steht ausschließlich der Bewohnerschaft zur Verfügung. Seine großzügige und doch behagliche Atmosphäre gibt sowohl dem wöchentlichen Hausdinner und privaten Treffen unter Freunden als auch dem persönlichen Rückzug Raum.

INTEGRATION

Aussagen von Gesprächspartner*innen im Rahmen der Leitfadeninterviews
zum subjektiven Verständnis des Begriffs „Integration" auf die Frage:

Wie definieren Sie Integration – spontan und persönlich?

> „Als Einheimischer ist man nicht besser, man ist ja nur länger
> vor Ort und genießt eine Kultur, die man mitgestaltet hat."
>
> Bewohner*in, ortsansässig

> „Integration ist nicht einseitig, also
> nicht Assimilation, sondern Austausch."
>
> Bewohner*in, ortsansässig

> „Integration heißt [...], auch sich selbst kennen-
> zulernen und zu verstehen, woher man kommt."
>
> Bewohner*in, neuzugewandert

> „Integration habe ich hier gelernt. Integration
> ist eine Bereicherung für beide Seiten."
>
> ehemaliger Leiter des Refugios

> „Integration heißt, ein normales Leben zu führen und miteinander
> zu leben. Jeder soll den anderen respektieren, den Umgang mit anderen
> suchen und nicht zu Hause bleiben."
>
> Bewohner*in, neuzugewandert

> „Es wird etwas gemeinsames Neues geschaffen zwischen
> denen, die schon da sind, und denen, die kommen."
>
> Bewohner*in, ortsansässig

> „Integration heißt, sich so zu akzeptieren, wie
> man ist, und voneinander zu lernen."
>
> Bewohner*in, neuzugewandert

„Wir haben es ‚Kloster' genannt, aber in einem modernen Sinn. Ein Ort, an dem man wirklich lebt und arbeitet. Unterschiedliche Konfessionen leben zusammen, aber man einigt sich auf Werte und Ethik."

Sharehaus-Gründer

62_knalliges Orange verweist auf den Eingang des Refugio

HAUPTCHARAKTERISTIKA

GEBÄUDETYP

Die Fallstudie *Refugio* umfasst ein fünfgeschossiges Gründer-
zeitgebäude mit Dachaufbau in innerstädtischer Lage in Berlin. Das
Gebäude war einst ein Seniorenheim, wurde dann als Studenten-
wohnheim genutzt und ist nun ein *integratives Wohnprojekt* mit Café,
Künstleretage, Büros für Initiativen und einem Veranstaltungssaal im
Erdgeschoss. Umbauten des bestehenden Gebäudes waren 2015 die
Renovierung der Einzelzimmer, die Umwidmung der großen Räume
auf jeder Etage zu Gemeinschaftsküchen, der Umbau der Eingangs-
halle zum öffentlichen Café und die neue Farbgestaltung des zu ver-
mietenden Saals.

GEMEINSCHAFTSRÄUME

Das Zusammenleben wird durch öffentliche und interne Bereiche
strukturiert. Die großen Gemeinschaftsküchen auf jeder Etage werden
von den jeweiligen Etagenbewohner*innen genutzt. Der gesamten
Hausgemeinschaft steht ein großzügiger und wohnlicher Gemeinschaftsraum – der sogenannte *Pavillon* – mit Küche im Dachgeschoss
zur Verfügung. Die Gemeinschaftsräume werden von der Bewohnerschaft verwaltet und sind jederzeit frei zugänglich. Das zentral im Erdgeschoss gelegene öffentliche Café vernetzt die Bewohnerschaft mit
dem Quartier und Besucher*innen. Im Hinterhof treffen sich Bewohner*innen mit Mitarbeiter*innen der Initiativen und Künstler*innen.

BEWOHNERSTRUKTUR

Aufgrund der baulichen Struktur mit Einzelzimmern, sind die
meisten Bewohner*innen alleinstehend, wenige bewohnen das Zimmer
mit ihren Kleinkindern oder als Ehepaar. Die Organisation des Zusammenlebens wird von engagierten Bewohner*innen freiwillig übernommen und demokratisch entschieden. Die Bewohnerschaft setzt
sich jeweils zur Hälfte aus Neuzugewanderten und Ortsansässigen zusammen.

TRANSFER

Gerade städtische Heimbauten eröffnen durch kleine Einzelzimmer
mit Waschgelegenheiten, Verbindungsgänge und mehreren nutzungs-
neutralen Räumen Möglichkeiten für *integratives Wohnen* in einer
großen Gemeinschaft. Abhängig von der vorherigen Nutzung können
die baulichen Maßnahmen sehr gering ausfallen. Größere Räume
können zu Gemeinschaftsräumen wie Café, Gemeinschaftsküche oder
Aufenthaltsräumen umgestaltet werden. Diesen kommt als ergänzende
Wohnfläche zu den kleinen, privaten Wohneinheiten eine besondere
Bedeutung zu.

Beispiele für diesen Gebäudetyp sind Heimbauten wie Pflegeheime,
Wohnheime für Studierende, Kinder- und Jugendheime, Hotels und Be-
herbergungsbetriebe, Krankenhäuser und Internate.

STECKBRIEF

Refugio
Berlin-Neukölln
Studienzeitraum: August 2018

www.refugio.berlin/
www.sharehaus.net/

Bewohnerstruktur
35–50 % Neuzugewanderte
50–65 % Ortsansässige,
davon viele Studierende

Anzahl der Bewohner
36

Wohneinheiten
30 Einzelzimmer

Zimmergrößen
18–28 m²

Wohnperspektive
unbefristet, konzeptionelles
Übergangswohnen:
15–18 Monate für Neuzuge-
wanderte

Warmmiete
350–400 €/Zimmer

Moderation
Berliner Stadtmission,
selbstverwaltete Bewohnerschaft

Kirchliche Bauherrin
Berliner Stadtmission

Architektur
Modernisierung des Veran-
staltungssaals: Sauerbruch
Hutton Architekten

Fertigstellung
Sommer 2015

63_Außenbereich des öffentlichen Cafés

Der Name *Refugio* wurde in Anlehnung an den Zufluchtsort von Ordensangehörigen bei Kriegshandlungen gewählt. Neuinterpretiert sollen hier Neuzugewanderte einen Ort zum Ankommen finden. Dahinter steckt der Gedanke des *Sharehauses*[52] als eines Ortes, an dem unterschiedliche Menschen eine Gemeinschaft bilden und vom gegenseitigen Austausch profitieren. Diese Idee wurde von dem Gründerehepaar Elke Naters und Sven Lager aus Südafrika mitgebracht. Zunächst wurde das Konzept als Ladenlokal mit Nachbarschaftstreff, Hausaufgabenbetreuung und gemeinsamen Abendessen in Kreuzberg umgesetzt. Die steigende Anzahl geflüchteter Menschen und die Nachfrage nach Wohnraum führten zur Initiierung des *Refugios*: ein Ort zum „Leben und Arbeiten mit Ankommern", wie es auf der Homepage des *Sharehauses* formuliert ist. Die Idee wurde in einem leer stehenden Seniorenwohnheim der *Berliner Stadtmission*[53] und gemeinsam mit dieser umgesetzt. Das Gründerehepaar moderierte die Hausgemeinschaft.

Zum Studienzeitpunkt wird das Gebäude von der *Berliner Stadtmission*, die mit Büros vor Ort vertreten ist und Unterstützung und Beratung für Neuzugewanderte bietet, verwaltet. Derzeit organisiert sich die Bewohnerschaft in einer demokratischen Struktur selbst.

Belebt wird das Projekt von den zahlreichen Initiativen mit ihren Büros vor Ort. Namentlich zu nennen sind: *Give Something Back To*

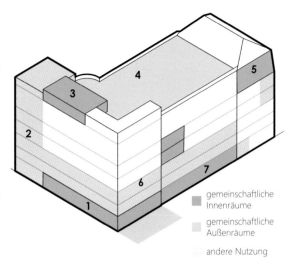

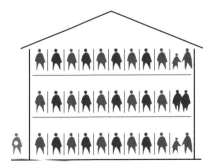

gemeinschaftliche Innenräume

gemeinschaftliche Außenräume

andere Nutzung

1 öffentliches Café
2 Büros der Initiativen:
   2. OG Give Something Back To Berlin
   3. OG Kreuzbergprojekt
   4. OG Querstadtein
3 Pavillon = interner Gemeinschaftsraum
4 Dachterrasse (derzeit geschlossen)
5 Gemeinschaftsküchen auf jeder Bewohneretage
6 Ateliers für Künstler*innen (1. OG)
7 Veranstaltungssaal

65_Axonometrie des Refugios

Berlin e. V., ein Verein, der Deutschkurse und das *Social-Cooking*, eine gemeinsame Kochveranstaltung anbietet; *querstadtein – Berlin anders sehen*, die Stadtführungen von ehemals Obdachlosen und Geflüchteten organisieren; das *Kreuzbergprojekt* mit der *Kirche im Kiez*, eine freie evangelische Gemeinde, und die Werkstatt von *Rückenwind e. V.*, in der Ortsansässige mit Geflüchteten gemeinsam Fahrräder reparieren. Ateliers in der ersten Etage des Hauses werden an Künstler*innen vermietet.

Besonders sticht der vom Architekturbüro *Sauerbruch Hutton* akustisch und beleuchtungstechnisch, mit eigens dafür entwickelten Kronleuchtern von *Zumtobel Group Deutschland GmbH*, modernisierte Raum hervor. Für die Finanzierung hat das Architekturbüro die Hälfte eines Preisgeldes (deutscher Architekturpreis 2015 – *Immanuelkirche und Gemeindezentrum in Köln*) verwendet. Der Raum des Cafés wurde von einem Architekten aus der Künstleretage gemeinsam mit den Bewohner*innen gestaltet.

Einpersonenhaushalt

Moderation

Zweipersonenhaushalt

neuzugewandert

Eineltternfamilie

ortsansässig

64_Haushaltsstruktur und Wohnsituation

Im Frühjahr 2017 öffnete das Refugio erstmalig seine Türen. Im Gebäude gibt es 30 Einzelzimmer, die überwiegend von Alleinstehenden, vereinzelt auch von Müttern mit Kleinkindern oder Paaren bewohnt werden. 50 bis 65 Prozent der Bewohner*innen sind neuzugewandert mit und ohne Fluchthintergrund und 35 bis 50 Prozent ortsansässig.[54] Die Ortsansässigen sind bewusst aufgrund des gemeinschaftlichen, interkulturellen Wohnens hier eingezogen. Darunter befinden sich überwiegend Studierende, eine Sozialarbeiterin und eine Lehrerin. Konzeptionell ist ein temporäres Wohnen von 15 bis 18 Monaten für Neuzugewanderte geplant, was jedoch wegen der Wohnungsmarktsituation nicht umgesetzt werden kann.

66_das Refugio befindet sich in einer ruhigeren Seitenstraße in Berlin

52 „Ein Sharehaus ist für uns eine Art Salon oder Co-Workingspace, aber das Thema wird immer bestimmt durch die Menschen vor Ort." *Sharehaus*-Gründer

53 selbstständiger Verein unter dem Dach der Evangelischen Kirche

54 „Es gibt drei Kernzielgruppen: Deutsche, die Lust haben auf ein Community-Projekt, Internationale, die Lust auf ein Community-Projekt haben und geflüchtete Personen." Bewohner*in, ortsansässig

MERKMALE

 ### ARCHITEKTONISCHE BOTSCHAFT

Das ca. 100 Jahre alte fünfgeschossige Gebäude mit Dachaufbau fügt sich optisch nahtlos in die gründerzeitlichen Straßenfassaden der Blockrandbebauung aus Wohngebäuden ein. Gleichwohl zieht der Eingang zum Café, eine typische Nutzung für den zunehmend gentrifizierten Straßenzug, die Aufmerksamkeit der Passant*innen auf sich. Die rote Ziegelsteinfassade zur Straße hin ist durch helle Gestaltungselemente gegliedert. Der zweigeschossige Sockel hebt sich zusätzlich durch große Bogenfenster ab. Die oberen Etagen sind durch vertikale große Fenster und gründerzeitlich typische Gesimsbänder und Balkone gegliedert. Hinter jedem Fenster verbirgt sich ein Bewohnerzimmer.

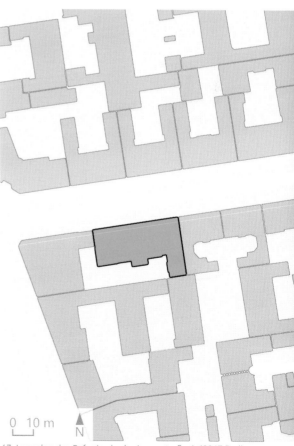

0 10 m

N

67_Lageplan des Refugios in der Lenaustraße 4, 12047 Berlin

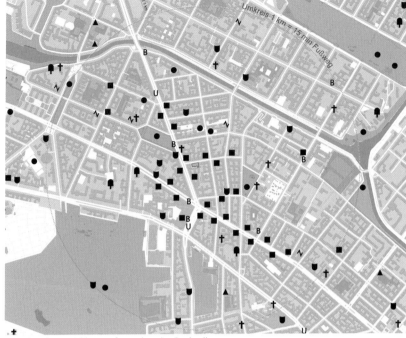

Einrichtungen für

Bildung ▲

Einzelhandel ■

Kinderbetreuung ♀

Kultur ♨

Medizin ∿

Religion †

Sport/Spiel ●

öffentl. Verkehrsmittel

Bus **B**

S-Bahn **S**

U-Bahn **U**

68_fußläufig erreichbare Infrastruktur im Stadtteil

Ⓢ⃝ STADTRÄUMLICHE INTEGRATION

Das *Refugio* befindet sich in der Nähe des Hermannplatzes in dem lebendigen Stadtteil[55] Reuterkiez, auch bekannt als *Kreuzkölln*, in Berlin-Neukölln. Die tagsüber ruhige, von hohen Bäumen gesäumte Kopfsteinpflasterstraße, in der das Wohnprojekt liegt, wird von hippen Cafés, Restaurants und Bars bespielt. Besonders ist hier die Lage im angesagten Szeneviertel. Die Beliebtheit des Quartiers wird durch die stark ansteigenden Mieten und den Wohnungsmangel einerseits und die Renovierung der Altbauten, die Ansiedlung moderner Bars, Restaurants und Cafés andererseits sichtbar.

Der multikulturelle Charakter des Viertels ist geprägt durch die Neuköllner Sonnenallee, auch *Arab Street* genannt. Arabische Supermärkte, Imbissbuden, Restaurants, Shisha-Bars, Cafés und Spätkaufe werben hier um die vornehmlich nahöstliche Kundschaft, worauf auch die Ladenschilder in arabischer und türkischer Sprache hinweisen. Zu erwähnen ist auch der Kottbusser Damm. Dieser ist seit Jahrzehnten geprägt von türkischen Nahversorgern und Einzelhändlern. Am Hermannplatz findet

69_die Sonnenallee ist Tag und Nacht belebt

täglich ein Markt statt. Kaufhäuser, Drogerien, Apotheken und Arztpraxen finden sich hier zuhauf. Jede Straße scheint einen speziellen Charakter zu haben: arabisch, türkisch, hip oder alteingesessen. Der multikulturelle Ortscharakter trägt dazu bei, dass Neuzugewanderte im Stadtbild nicht auffallen und Frauen mit Kopftuch alltäglich sind. Auch die deutsche Sprache ist hier keine Voraussetzung, um sich zu verständigen.[56]

Das Refugio ist infrastrukturell sehr gut vernetzt. Vielfältige Einkaufsmöglichkeiten sind fußläufig erreichbar. U-Bahn und Bus leisten eine gute Anbindung an die gesamte Stadt, sodass Universitäten und Ausbildungsstätten der Bewohner*innen, aber auch Freunde im gesamten Stadtgebiet optimal erreicht werden. Bildungseinrichtungen und Kindertagesstätten sind vorhanden, ebenso wie viele Freizeitmöglichkeiten. Öffentliche Plätze, kleine Parks und Grünflächen sowie Spielplätze gliedern das Stadtquartier. Weitere Freiflächen bietet das Ufer der Spree, an dem gern entlang spaziert wird.[57] Freitags ist dort am Maybachufer türkischer Markt.

Die Bewohner*innen schätzen den internationalen und jungen Charakter des Quartiers. Junge Erwachsene können fußläufig ihre Lieblingsbars und -cafés erreichen.[58] Andere sehen den Dönerimbiss oder den Spätkauf um die Ecke als Teil ihres Zuhauses.[59] Viele bewegen sich zu Fuß oder mit dem Fahrrad durchs Quartier, für Ausflüge steigen sie auf öffentliche Verkehrsmittel um, denn ein Auto haben die wenigsten.

55 **„Hier ist es dreckig, authentisch, vielfältig, irgendwie echt."**
Bewohner*in, ortsansässig

56 „Hier sind die Deutschen Ausländer, es gibt viele arabische Menschen (Sonnenallee) und der Cottbusser Damm ist wie in der Türkei."
Bewohner*in, ortsansässig

57 „Der Kanal in der Nähe ist schön, um in der Natur zu sein, sitzen und denken."
Bewohner*in, neuzugewandert

58 „Kreuzberg und Neukölln sind sehr interkulturell. Hier ist es schon hip und cool."
Bewohner*in, ortsansässig

59 „Lieblingsorte, die ein Gefühl von Zuhause vermitteln, sind der Kottbusser Damm, Späti, Burgerladen und Falafelimbiss."
Bewohner*in, ortsansässig

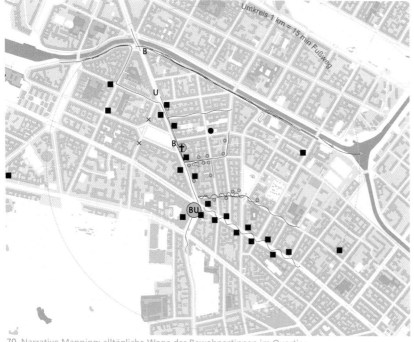

70_Narrative Mapping: alltägliche Wege der Bewohner*innen im Quartier

71_farbige Türen als klare Trennung zwischen privaten und öffentlichen Bereichen

 BAULICH-RÄUMLICHE VERNETZUNG

Eine Vielzahl unterschiedlicher Gemeinschaftsräume bietet den Bewohner*innen Begegnungsmöglichkeiten. Je nach Bedarf kann der Grad an Kontakt bzw. Interaktion durch Teilnahme an Aktionen sowie Aufenthaltsdauer und -frequenz in diesen Räumen bestimmt werden.

Das öffentliche Café bildet nicht nur den Haupteingang in das Gebäude, es ist auch eine erlebbare Schwelle[60] zwischen Quartier und Hausgemeinschaft und übernimmt die Präsentation in den Außenraum. Tagsüber gibt es hier die Option zur Begegnung, während der Raum in den Abendstunden Durchgang zu Veranstaltungen in den dahinterliegenden Räumen, etwa dem Saal, ist. Weniger exponiert werden die Bewohneretagen über einen Eingang im Nachbargebäude erreicht. Die Wahl des Weges bestimmt also hier den Öffentlichkeitsgrad.

Eine doppelflügelige Glastüre trennt das Café vom Treppenhaus und kennzeichnet, dass hier der öffentliche Bereich endet. Im Erdgeschoss wird über eine weitere Tür der geschützte Hinterhof erreicht. Über die Treppe oder den Aufzug gelangen Mitarbeiter*innen zu den Büros der Initiativen. Bunte Türen mit Schriftzügen und Logos deuten an, was sich dahinter befindet.

Zum Studienzeitpunkt konnte der *Pavillon* ausschließlich mit dem Aufzug erreicht werden. Dieser Aspekt und auch die exponierte Lage auf dem Dach verdeutlichen, dass dies ein interner Bereich ist. Durch Farbe und Schrift markieren Türen klare Grenzen zwischen gemeinschaftlichen Bereichen der gesamten Hausgemeinschaft und denen der Etagenbewohner*innen.[61] Dieser interne Bereich wird bei Hausführungen nicht betreten, um die Privatsphäre der Etagengemeinschaft zu wahren. Hinter den Türen der Bewohnerbereiche öffnet sich ein Gang, entlang dessen abschließbare private Räume angeordnet sind sowie eine Gemeinschaftsküche, Waschküche und Lagerräume.

CHARAKTERISTIKA
DER 10 INTERVIEWTEN
BEWOHNER*INNEN

Geschlecht
4 × männlich
6 × weiblich

Nationalitäten
1 × Ägypten
5 × Deutschland
1 × Eritrea
1 × Palästina
1 × Somalia
1 × Türkei

Altersstruktur
9 × 21–30 Jahre
1 × 41–50 Jahre

Beschäftigung
5 × beschäftigt
3 × studierend/auszubildend
2 × arbeitslos

In Deutschland seit
5 × immer
1 × 1–2 Jahre
4 × 3–4 Jahre

Haushaltsform
6 × Single
2 × Ehepaar
2 × Familie (1 × alleinerziehe

Vorherige Wohnsituation
8 × Mietwohnung/-haus
2 × Wohnheim

Jetzige Wohnsituation
10 × 1-Zimmer

72_etageninterne Gemeinschaftsküche und Aufenthaltsraum   73_Blick in den *Pavillon*: wohnlicher Gemeinschaftsraum als Dachaufbau

IB INTERNE BEGEGNUNGSMÖGLICHKEIT

Orte, die der gesamten Hausgemeinschaft, also Bewohner*innen, Mitarbeiter*innen und den verschiedenen Initiativen offen stehen, sind der Hinterhof, der verglaste Dachaufbau – der *Pavillon* – und die derzeit wegen Renovierung geschlossene Dachterrasse mit Gemeinschaftsgarten.[62] Dieser Garten wurde von der Hausgemeinschaft gemeinsam gepflegt. Durch diese Schließung gewann der geschützte Hinterhof im Erdgeschoss an Bedeutung. Ausgestattet mit in Kooperation mit Architekturstudierenden der *TU Berlin* gebauten Möbeln, die eigentlich die Dachterrasse bespielen, bildet dieser einen gemeinschaftlichen Außenbereich, wo sich Bewohner*innen beispielsweise zum Shisharauchen treffen.

Der *Pavillon* wird überwiegend von den Bewohner*innen genutzt und kann jederzeit betreten werden. Hier finden Geburtstagsfeiern, Hausmeetings und informelle Treffen statt, die über einen Raumkalender verwaltet werden. Jeden Freitag versammeln sich hier ca. 15 bis 20 Personen bei einem gemeinsamen Abendessen, dem *Hausdinner*. Gekocht wird von Freiwilligen und mit gespendeten Lebensmitteln umliegender Supermärkte. An einer langen Tafel werden dann verschiedene Gerichte aus den Herkunftsländern der Hausbewohner*innen geteilt.

Wie bereits erwähnt sind die großen Gemeinschaftsküchen interne Räume, die von den Bewohner*innen einer Etage gepflegt werden. Gemeinsam werden Aufgaben und Regeln aufgestellt. So hat sich eine Etage dafür entschieden, einen Putzdienst zu finanzieren, während auf anderen Etagen Putzdienste für die Gemeinschaftsküche und den Flur vergeben werden. Auch die Einrichtung der Räume ist von Etage zu Etage unterschiedlich. Mal wurden diese mit Sofas zu einem Aufenthaltsraum ausgestattet, mal befindet sich dort nur ein Esstisch mit Stühlen.

60 „Das Café ist so eine Art Schleuse."
Pastor der *Kirche im Kiez*

61 „Im Haus geht der öffentliche Bereich bis zum Treppenhaus, da fängt dann der Bewohnerbereich an."
Pastor der *Kirche im Kiez*

62 „Das Dach ist ein Traum. Ohne das gibt es zu wenig Gemeinschaftsraum."
Leiterin *Social-Cooking*

74_Visualisierung von Aussagen der 10 Bewohner*innen zu den Gemeinschaftsräumen. Diese Abbildung dokumentiert die Beschreibungen zum öffentlichen Café, erkundet durch Narrative Mapping und Leitfadeninterviews.

- gemeinschaftliche Räume
- O neuzugewanderte Bewohner*innen
- O ortsansässige Bewohner*innen

63 **„Das Café ist für mich der zentrale Ort. Es ist das Wohnzimmer, wo alle hinkommen. Wenn das nicht wäre, würde man sich seltener sehen."**

Bewohner*in, ortsansässig

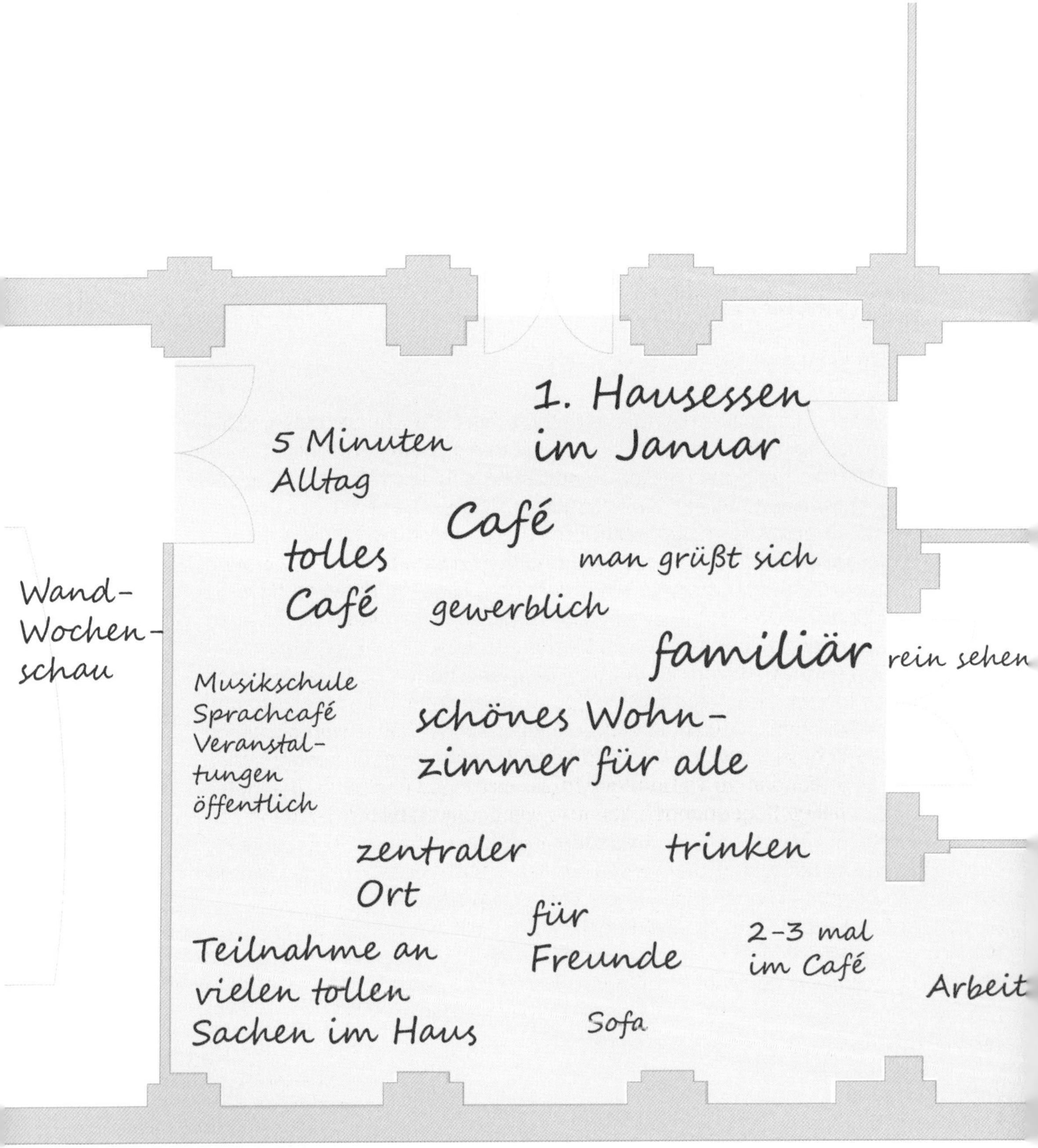

1. Hausessen im Januar

5 Minuten Alltag

Café

man grüßt sich

tolles Café

gewerblich

familiär   rein sehen

Wand-Wochen-schau

Musikschule
Sprachcafé
Veranstaltungen
öffentlich

schönes Wohn-zimmer für alle

zentraler Ort

trinken

Teilnahme an vielen tollen Sachen im Haus

für Freunde

2-3 mal im Café

Arbeit

Sofa

75_öffentliches Café im Erdgeschoss

Zentraler Ort im Gebäude ist das Café[63] im Erdgeschoss. Es ist gleichermaßen interner Begegnungsort wie öffentlicher Treffpunkt.[64] Hier vernetzt sich die interne Bewohnerschaft mit der Außenwelt.[65]

Das Café wurde von Bewohner*innen und einem Architekten aus der Künstleretage mit Möbeln in unterschiedlichem Design und einer selbstgebauten Theke in Eigenregie gestaltet. Der Betrieb wird von den Bewohner*innen und Ehrenamtlichen übernommen, die dort eine Ausbildung als *Barista* absolvieren können. Nicht nur beim Arbeiten wird sich hier begegnet, auch zum Kaffee am Morgen oder beim Arbeiten mit dem Laptop. Für viele ist der Raum ein öffentliches Wohnzimmer für alle. Wann immer die Bewohner*innen Lust haben jemanden zu treffen, gehen sie in das Café. Hier finden zufällige Begegnungen genauso wie geplante statt.

Besonders ist auch der Außenbereich vor dem Café, der durch bunte Holzmöbel ein beliebter Rauchertreff ist.[66]

zum Rauchen

Raucherecke

64 „Das Café ist der Treffpunkt intern, aber auch der wichtige öffentliche Treffpunkt." ehemaliger Hausleiter, Mitarbeiter *Refugio Lab*

65 „Das Café ist ein wichtiger Treffpunkt, weil es die innere und äußere Welt zusammenbringt. Es sind immer Bewohner hier." Leiterin *Social-Cooking*

66 „Mein Lieblingsort ist die Raucherecke vor dem Café." Bewohner*in, neuzugewandert

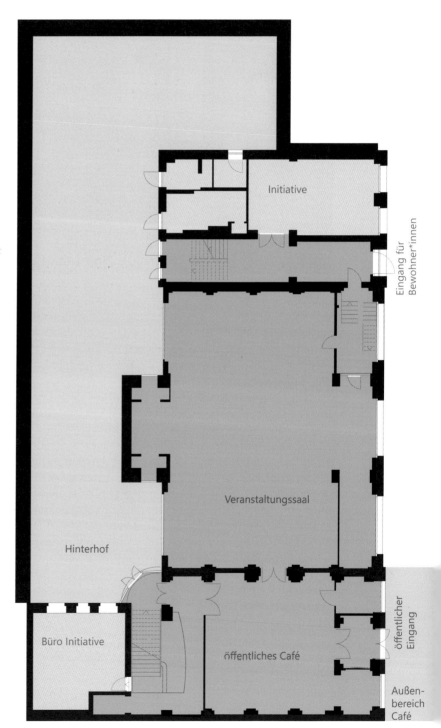

Initiative

Eingang für Bewohner*innen

Veranstaltungssaal

Hinterhof

öffentlicher Eingang

Büro Initiative

öffentliches Café

Außen-
bereich
Café

gemeinschaftliche
Innenräume

gemeinschaftliche
Außenräume

private
Wohnräume

andere Nutzung

76_Übersicht der Gemeinschaftsräume im Erdgeschoss

67 „**Man kann hier auch allein sein, aber wenn wir es nicht wollen, sind wir zusammen.**"

Bewohner*in, ortsansässig

 PRIVATER RÜCKZUGSRAUM

Jede*r bewohnt ein eigenes, abschließbares Zimmer und kann dieses nach eigenem Ermessen einrichten und nutzen. Durch die Einzelzimmer haben die Bewohner*innen Privatsphäre und die Option, an der Gemeinschaft teilzunehmen.[67] Auf den Etagen wohnen ungefähr zehn Bewohner*innen als Etagenwohngemeinschaft zusammen. Besonders ist, dass jedes Zimmer über ein eher enges Bad mit Dusche, Waschbecken und Toilette verfügt.

Die kleinteilige Zimmerstruktur mit Waschmöglichkeiten ist auf die Nutzung als Senioren- und später als Studierendenwohnheim zurückzuführen.

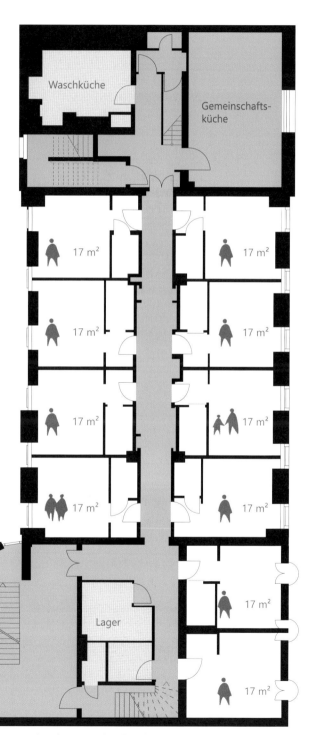

77_Übersicht der Gemeinschaftsräume Regelgeschoss am Beispiel 5. Obergeschoss

68 **„Das Herzstück des Hauses ist die Community, die hier lebt."**
ehemaliger Hausleiter, Mitarbeiter Refugio Lab

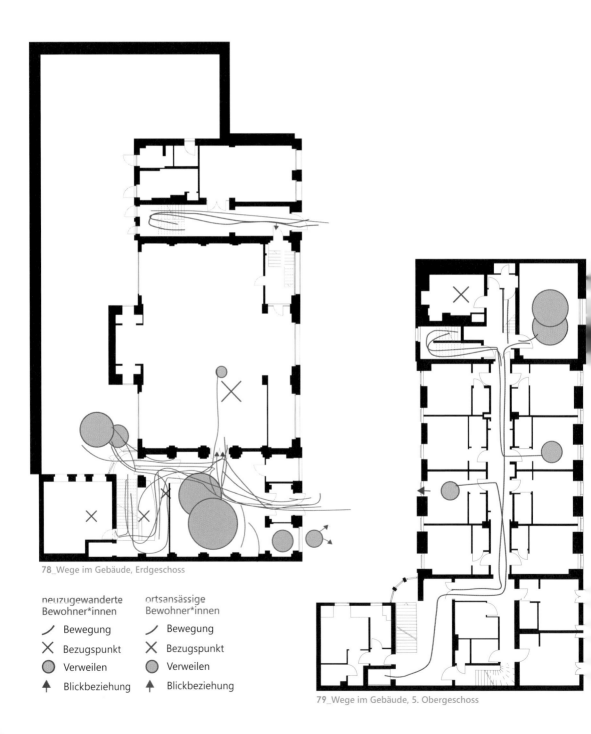

78_Wege im Gebäude, Erdgeschoss

neuzugewanderte Bewohner*innen	ortsansässige Bewohner*innen
╱ Bewegung	╱ Bewegung
✕ Bezugspunkt	✕ Bezugspunkt
⬤ Verweilen	⬤ Verweilen
⬆ Blickbeziehung	⬆ Blickbeziehung

79_Wege im Gebäude, 5. Obergeschoss

SOZIALE VERWALTUNG

Das Konzept hat das Ziel, dass die Bewohner*innen sich selbst verwalten.[68] Dies ist zurzeit im Gange und wurde anfänglich durch Hausleitungen unterstützt. Zu Beginn bildete das Gründerehepaar die Hausleitung, die auch mit im Haus wohnte. Teil der Moderation waren Workshops und Seminare, die die Bewohner*innen auf eine selbstverwaltete Gemeinschaft vorbereiteten. Die Leitung wechselte nach zwei Jahren, die zweite Leitung wurde nach einem Jahr von einer dritten und letzten für ein weiteres Jahr abgelöst. Derzeit steht den Bewohner*innen die Stadtmission Berlin unterstützend zur Seite.[69] Diese übernimmt die finanzielle Verwaltung und bürokratische Unterstützung für Geflüchtete.

SYSTEMATISCHE SELBSTBEFÄHIGUNG

Die Bewohner*innen organisieren sich selbst in einer Abstufung von Etagenrat und Hausbeirat sowie einer Konzeptgruppe. Die Organisation gemeinsamer Aktionen, das Betreiben des Cafés, die Pflege der Räume und die Auswahl neuer Bewohner*innen erfordern hohes Engagement. Deshalb werden Interessierte für die Zimmer anhand Motivationsschreiben ausgewählt.

Jede*r ist nach dem Einzug verpflichtet, sich vier Stunden pro Woche innerhalb des Projekts gemeinnützig zu engagieren. Eine Übersicht im Treppenhaus erläutert anhand von Fotos, welche Personen für welche Bereiche zuständig sind.

Optionen zur Mitarbeit umfassen die Arbeit im Café, die Durchführung von Hausführungen, die Pflege der Pflanzen auf dem Dach, die Mithilfe bei verschiedenen Veranstaltungen im Haus sowie Reinigung der Gemeinschaftsräume und Kochdienste beim *Hausdinner*. An den Haustreffen[70], die alle sechs Wochen stattfinden, nehmen Vertreter*innen der Bewohnerschaft und der Hausverwaltung teil. Dort werden aktuelle Ereignisse und Neuigkeiten besprochen. Etagentreffen werden ebenfalls alle sechs Wochen abgehalten. Hier findet ein Austausch über etagenspezifische Themen und Probleme statt und es ist ein demokratisch gewählter Etagensprecher ernannt. Zusätzlich überlegt sich eine Konzeptgruppe, die aus Bewohner*innen, Mitarbeiter*innen und der Hausleitung besteht, Lösungen und neue Ansätze, etwa dazu, wie mit den Finanzen umgegangen werden soll. Ziel dieser Treffen ist, dass alle sich einbringen[71] und die Verantwortung geteilt wird. Die hausinterne Kommunikation läuft über die Plattform *Facebook*.

80_Akteure, Struktur und Aufgabenverteilung

69   „Es ist eine Zwischenlösung zwischen selbstbestimmter Community und Verwaltung." Mitarbeiterin *Stadtmission Berlin*

70   „Hier ist es ein Zusammenwohnen, ein gemeinsames Wohnen, wo auch die Haustreffen alle 6 Wochen auf dem Dach dazugehören." Bewohner*in, ortsansässig

71   „Gemeinschaft muss man leben. Es ist die Idee von Augenhöhe, dass es keine Hierarchien gibt, sondern wir sind alle gleich. Wir kochen zusammen, wir teilen uns die gleichen Räume, das ist das Ermutigende daran. Wir sind alle Mitgestalter dieses Hauses." *Sharehaus*-Gründer

81_der Veranstaltungssaal im Erdgeschoss wird für den Gottesdienst der *Kirche im Kiez* genutzt, für ein Sprachcafé und vermietet

GEPLANTE QUARTIERSBRÜCKEN

Die Vielzahl von Initiativen, die in Büros vor Ort vertreten sind, und Künstler*innen sind maßgeblich für die Quartiersvernetzung. Denn diese veranstalten Aktionen für das Quartier und ganz Berlin und nicht nur für die Bewohner*innen, denen eine Teilnahme offensteht. Darunter fallen Theater-, Yoga- und Gitarrenkurse, aber auch Deutschkurse und eine gemeinsame Kochaktion, das *Social-Cooking*. Räumlichkeiten, die für diese Aktionen bereitstehen, sind der große Veranstaltungssaal, ein Raum im Zwischengeschoss, eine Küche im Erdgeschoss, ein kleinerer Raum im Treppenhaus im 5. Obergeschoss und der Hinterhof.

Schulungen werden im Haus in Form von Jobnavigation mit Infotisch, mobiler Bildungsberatung und Unterstützung bei der Wohnungssuche angeboten. Dreimal die Woche wird ein Sprachcafé, bei dem Ehrenamtliche mit Neuzugewanderten Deutsch lernen, veranstaltet. Mit bis zu 60 Personen wird es gut besucht, besonders von nicht im Haus Wohnenden. Speziell für Mütter gibt es freitags ein Deutschkurs mit Kinderbetreuung.

Jeden Sonntag findet im Veranstaltungssaal um 17.15 Uhr ein Gottesdienst der freien evangelischen Gemeinde des *Kreuzbergprojekts – Kirche im Kiez* statt. Mit unkonventionellen Formaten und beginnend mit Kaffee und Kuchen lädt die junge Gemeinde, der einige der ortsansässigen Bewohner*innen angehören, ein. Ein Kinderspielbereich ist auf der Empore eingerichtet, sodass Familien mit Kleinkindern teilnehmen können. Zusätzlich ist die Kirchengemeinde durch ein Büro im Haus vertreten und organisiert Veranstaltungen, wie beispielsweise einen Weihnachtsmarkt.

SEKUNDÄRANALYSE: MOTIVE DES ZUSAMMENWOHNENS

ALLTAGSTAUGLICHES KONZEPT:
Mitmenschen und gemeinsame Situation
annehmen und die gemeinschaftliche
Organisation des Zusammenlebens
lösungsorientiert angehen.

AUFEINANDER ACHTEN:
Gegenseitige Anteil- und Rücksichtnahme,
Zuspruch und Unterstützung.

BEIDSEITIGE LERNBEREITSCHAFT:
Durch Aufgeschlossenheit und den
Wunsch, voneinander zu lernen,
profitieren beide Seiten.

GEMEINSCHAFT GESTALTEN:
Die Möglichkeit wahrnehmen, sich freiwillig
und motiviert einzubringen und Demokratie
und Zusammenhalt aktiv zu leben.

KLARE REGELN:
Klar kommunizierte und erläuterte
Regeln sowie eine pragmatische
Umsetzung derselben im Alltag.

*Sich auf die Situation des
Gemeinschaftswoh-
nens und auf andere
einlassen können.* Bewohner*in, neuzugewandert
GEMEINSCHAFT GESTALTEN

ALLTAGSTAUGLICHES KONZEPT
*Flexibilität in den Regeln,
wenn es niemandem schadet.*
Bewohner*in, ortsansässig

Bewohner*in, ortsansässig **BEIDSEITIGE LERNBEREITSCHAFT**
Gemeinsam Neues schaffen, statt andere in Altem anzuleiten.

Gegenseitige Unterstützung auch in kritischen Situationen.
AUFEINANDER ACHTEN Bewohner*in, ortsansässig

Bewohner*in, ortsansässig **KLARE REGELN**
*Vermittlung und Aufstellung der
Grundregeln in Workshop.*

O neuzugewanderte Bewohner*innen
O ortsansässige Bewohner*innen

82_qualitative Auswertung der Aussagen von 10 Bewohner*innen des Fallbeispiels zu Motiven des Zusammenwohnens

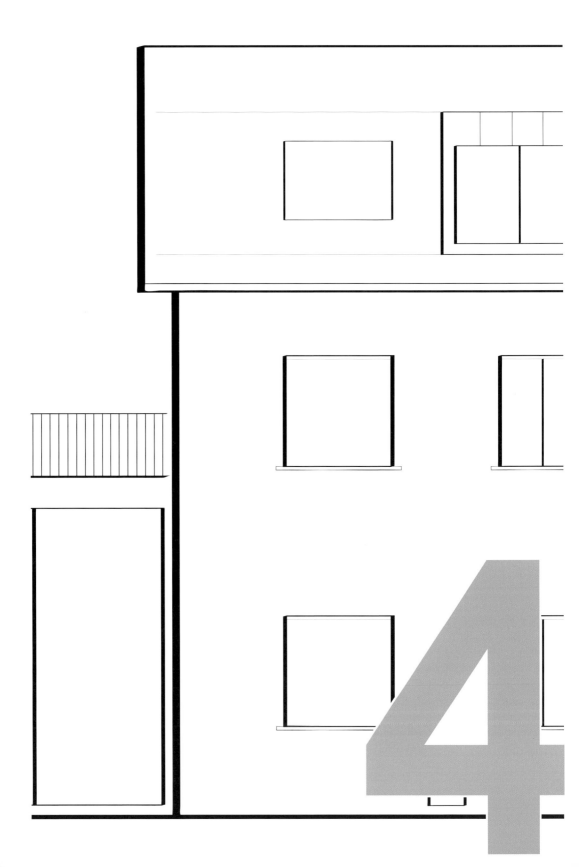

HOFFNUNGSHAUS

FAMILIÄRES GEMEINSCHAFTSWOHNEN IN VORMALIGEN MEHRFAMILIENWOHNHÄUSERN IN KLEINHAUSGEBIETEN

IMPRESSION

Das Hoffnungshaus fügt sich als umgebautes Mehrfamilienhaus optisch und rhythmisch unauffällig in das umliegende Wohngebiet. Der Bau wirkt vertraut und erfährt auch dadurch Zuspruch und erhält Zulauf – etwa zur Friday Night, die im verglasten Zwischenraum, „Fuge" getauft, stattfindet. Dieses niedrigschwellige und kostengünstige Angebot zieht die Nachbarschaft an und ist Sinnbild eines lebendigen Austauschs, der im Gebäudeinneren zwischen den Bewohner*innen der verschiedenen Wohneinheiten seine Fortsetzung findet.

Zwischen den Bewohner*innen des Hoffnungshauses scheint es kaum Grenzen zu geben – die Türen zu den Wohnungen sind selten abgeschlossen und nicht nur die Kinder bewegen sich frei durchs Haus. Dieser Eindruck verstärkt sich durch den Studienzeitraum des Projektes im Sommer – Terrasse und Garten hinterm Haus erweitern das Gemeinschaftswohnzimmer und überwinden die Schwelle zwischen Innen- und Außenraum. In beiden finden sich Betätigungsräume für Erwachsene, etwa in Form eines Gemüsebeetes, und Bewegungs- und Spielflächen für Kinder. Die Belegung unter anderem der Gartenfläche hat allerdings auch dazu geführt, dass eine Anwohnerin eines angrenzenden Hauses ihre Gartenmauer zur maximalen Sicht- und Schallabgrenzung erweiterte. Eine andere Anwohnerin hingegen entfernte ihren Zaun und nimmt nicht nur regelmäßig an Veranstaltungen teil, sondern kürzt ihren Weg zur Wohnstraße mitunter über die Zugänge des Hoffnungshauses ab.

Die topografische Lage des Gebäudes öffnet den Blick auf die Leonberger Altstadt und schafft so eine visuelle Verortung, eine Integration an diesem Ort, in dieser Stadt, in Deutschland.

INTEGRATION

Aussagen von Gesprächspartner*innen im Rahmen der Leitfadeninterviews zum subjektiven Verständnis des Begriffs „Integration" auf die Frage:

Wie definieren Sie Integration – spontan und persönlich?

> *„Integration heißt, die Sprache lernen, Tradition lernen, aber auch seine Wurzeln und Religionszugehörigkeit behalten."*
>
> Bewohner*in, neuzugewandert

> *„Integration heißt, jemanden aufzunehmen, der anders ist als der bestehende Kern oder die bestehende Gruppe."*
>
> Nachbar*in, ortsansässig

> *„Aber Integration bedeutet auch, dass Nicht-Deutsche Deutschen etwas über ihre Kultur zeigen können. Integration heißt lernen und lehren."*
>
> Nachbar*in, neuzugewandert

> *„Integration ist Inklusion, also kein linearer Prozess und keine Assimilation. Integration ist Teilhabe. Für Neuankommende genauso wie für die, die hier sind."*
>
> Sozialarbeiterin *Hoffnungsträger Stiftung*

> *„Wichtig [für die Integration] ist, Arbeit zu finden und Kontakte zu knüpfen."*
>
> Bewohner*in, neuzugewandert

> *„Integration ist etwas Freiwilliges. Wer aufgenommen wird, kommt freiwillig in die Gesellschaft."*
>
> Nachbar*in, ortsansässig

> *„Integration heißt, sich an das neue Land zu gewöhnen und neue Dinge, die zur Kultur gehören wie Sprache und Religion, kennenzulernen."*
>
> Nachbar*in, neuzugewandert

„Es ist Ziel, voneinander zu lernen und zu verstehen. [...] Wir verstehen uns als interkulturelle
und interreligiöse Gemeinschaft und wollen
das auch der Öffentlichkeit vermitteln.“

Konzeptentwicklerin und Mitarbeiterin *Hoffnungsträger Stiftung*

das Gebäudeensemble: 1. Stiftungssitz | 2. Fuge | 3. fertiggestelltes Wohngebäude mit integrativem Wohnen | 4. Wohngebäude im Umbau

HAUPTCHARAKTERISTIKA

GEBÄUDETYP

Das *Hoffnungshaus Leonberg* umfasst drei Gebäude. Eines davon ist der Stiftungssitz der *Hoffnungsträger Stiftung*. Daneben befindet sich das vormalige Mehrfamilienwohngebäude, in dem jetzt integrativ gewohnt wird und das Gegenstand der Untersuchung ist. Das dritte Gebäude wird zum Studienzeitpunkt ebenfalls zum integrativen Wohnen umgebaut.

Die länglichen Satteldachgebäude waren vormals durch Garagen zu einem Riegel verbunden. Seit dem Umbau lockert der verglaste, eingeschossige Gemeinschaftsraum mit Dachterrasse in der *Fuge* zwischen dem Wohngebäude und dem Geschäftsgebäude das Ensemble auf.

Das Gebäudeensemble liegt am Hang und wird von der Straße aus im Erdgeschoss betreten, während der Ausgang zum Garten hinterm Haus im Untergeschoss ist.

GEMEINSCHAFTSRÄUME

Unterschiedlich große Gemeinschaftsräume ergänzen die persönlichen Wohnungen. Neben dem bereits erwähnten verglasten Raum im Erdgeschoss, der für Feste und Gemeinschaftsabende genutzt wird, befinden sich im Untergeschoss ein Wohnzimmer mit Gemeinschaftsküche, ein Spielzimmer und eine Bibliothek. Durch die Hanglage sind alle Räume natürlich belichtet. Die Begegnungsorte sind jederzeit frei zugänglich und werden von der Bewohnerschaft gepflegt.

BEWOHNERSTRUKTUR

Aufgrund der großen Wohnungen mit mehreren Zimmern wird das Hoffnungshaus von vier- und fünfköpfigen Kernfamilien sowie einer multikulturellen Frauen- und einer Männerwohngemeinschaft bewohnt. Besonders ist, dass die Familie der ortsansässigen Leitung eine Wohnung angemietet hat. Die Bewohner*innen sind ungefähr jeweils zur Hälfte neuzugewandert und ortsansässig.

TRANSFER

Mehrfamilienhäuser im Bestand eröffnen bauliche Strukturen für das Zusammenwohnen von Kernfamilien und Wohngemeinschaften in Kleingruppen. Die Nutzung als Wohngebäude wird beibehalten, deshalb können, abhängig vom Zustand der Bausubstanz, schon geringe architektonische Eingriffe gemeinschaftliche Qualitäten schaffen. Die Bereitstellung von Gemeinschaftsräumen ist in Mehrfamiliengebäuden aufgrund der Wohngrundrisse jedoch eine Herausforderung. Natürlich belichtete Kellerräume und Garagenanbauten bieten dafür eine Möglichkeit.

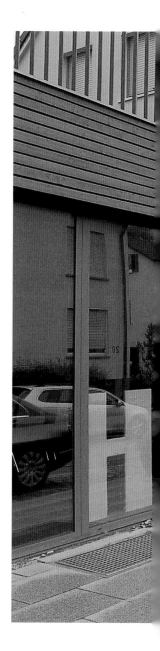

STECKBRIEF

Hoffnungshaus
Leonberg,
Baden-Württemberg
Studienzeitraum: Juni 2018

www.hoffnungstraeger.de

Bewohnerstruktur
ca. 50 % Neuzugewanderte
ca. 50 % Ortsansässige
ca. 80 % Familien (einschließlich Hausleitung)
ca. 20 % Wohngemeinschaften

Anzahl der Bewohner
ca. 37

Wohneinheiten
8 Wohnungen

Wohnungsgrößen
2- bis 4-Zimmerwohnungen

Wohnperspektive
unbefristet, konzeptionelles
Übergangswohnen: 2 bis 3
Jahre für Neuzugewanderte

Moderation
Hausleitung als Mitarbeitende
der Hoffnungsträger Stiftung

Kirchliche Bauherrin
Hoffnungsträger Stiftung

Architektur
andOFFICE Blatter Ertel Probst
Freie Architekten PartGmbB

Fertigstellung
September 2016

Preise
Integrationspreis 2019:
„Integration schafft
Zusammenhalt"

84_früher Garage – heute Gemeinschaftsraum

Das Konzept des *Hoffnungshauses* wurde von der *Hoffnungsträger Stiftung*[72] entwickelt, finanziert und umgesetzt. Die Stiftung wurde 2013 gegründet und leistet internationale Gefängnisarbeit, unter anderem in Syrien. Hieraus entstand auch die Idee eines Gemeinschaftswohnprojekts mit geflüchteten Menschen, darunter auch aus Syrien.

Voraussetzung für das Projekt war der Erwerb von zwei Wohn- und einem Geschäftsgebäude des konfessionell freien, christlichen Werks *Philadelphia-Verein e. V.* Im heutigen Bürogebäude der Hoffnungsträger Stiftung befand sich der Sitz des christlichen Werks und in den beiden Wohngebäuden ein Schwesternwohnheim. Zum Studienzeitpunkt waren das Geschäftsgebäude und ein Wohnhaus bereits umgebaut. Letzteres beherbergt das integrative Wohnen und ist Gegenstand der Untersuchung.

Die architektonische Planung und Umsetzung des Umbaus wurden von dem Stuttgarter Architekturbüro *andOffice* in einer engen Zusammenarbeit mit der Stiftung durchgeführt. Das *Hoffnungshau*s Leonberg war der Startschuss für eine bis heute andauernde Zusammenarbeit der Hoffnungsträger Stiftung und des Architekturbüros *andOffice*. An weiteren Standorten in Baden-Württemberg wurden *Hoffnungshäuser* in einer modularen, industriell gefertigten Holzbauweise mit markant geschwungenen Balkonen errichtet. Der Standort Leonberg mit dem Stiftungssitz ist bis heute Ideenwerkstatt und repräsentiert

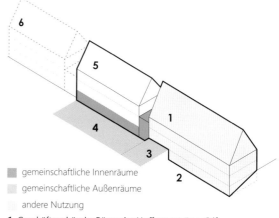

Kernfamilie

Wohnge-
meinschaft

Moderation

neuzugewandert

ortsansässig

85_Haushaltsstruktur und Wohnsituation

gemeinschaftliche Innenräume

gemeinschaftliche Außenräume

andere Nutzung

1 Geschäftsgebäude: Büros der Hoffnungsträger Stiftung
2 Kursräume vermietet an die Volkshochschule Leonberg
3 Fuge: Veranstaltungsraum
4 Gemeinschaftsräume im UG: Wohnzimmer mit Gemeinschaftsküche, Spielzimmer, Bibliothek
5 Wohngebäude
6 Wohngebäude im Umbau

86_Axonometrie der drei Gebäude des Hoffnungshauses

durch Schulungs- und Gemeinschaftsräume das soziale Konzept. Hier wird nicht nur in Gemeinschaft gewohnt, sondern sich auch mit dem Quartier und anderen integrativen Wohnformen vernetzt und ein Erfahrungsaustausch initiiert.[73] Deshalb besteht ein ständiger Austausch mit anderen integrativen Projekten wie dem *Refugio* in Berlin, aber auch mit den örtlichen Flüchtlingsunterkünften.

Im September 2016 wurde der Umbau des Wohngebäudes fertiggestellt. Besonders war, dass beim Abbau der bestehenden Baustrukturen einige geflüchtete Menschen mit eingebunden und andere an Baufirmen vermittelt wurden. Das Gebäude umfasst sechs Wohnungen für große Kernfamilien und zwei Wohnungen für Wohngemeinschaften. Die zwei Wohngemeinschaften im Dachgeschoss sind in eine für Frauen und eine für Männer gegliedert. Besonders ist an diesem gemeinschaftlichen Zusammenwohnen, dass die Familie des leitenden Ehepaars mit im Haus wohnt und gemeinsam eine Hausgemeinschaft aufgebaut wird. Die Bewohner*innen werden explizit nach ihrer Bereitschaft, sich einzubringen ausgewählt und engagieren sich 20 Stunden im Monat für das Gemeinwohl.

MERKMALE

 ARCHITEKTONISCHE BOTSCHAFT

Die drei Gebäude mit Satteldach spiegeln den Kleinhauscharakter des Quartiers mit Ein- und Mehrfamilienwohnhäusern wider. Zum Studienzeitpunkt befand sich ein Gebäude noch im Umbau. Zwei andere waren bereits fertiggestellt. Dabei handelt es sich um ein Wohn- und ein Geschäftsgebäude, die vor dem Umbau durch eine ehemalige Garage verbunden waren. Im Umbau wurden die braunen Baukörper hell verputzt und mit Glasflächen strukturiert. Eine Auflockerung der Baukörper wurde durch einen transparenten Gemeinschaftsraum anstelle der ehemaligen Garage erzielt. Der eingeschossige Bau ist beidseitig verglast und gewährt aufgrund der Hanglage Durchblicke von der Straße auf die Stadt dahinter. Durch die Freistellung der Gebäude passen diese sich besser in den bestehenden, kleinstrukturierten Kontext ein und überwinden die vorherige Wirkung eines Riegels.[74]

Das Gebäudeensemble liegt am Hang, sodass nicht nur der große verglaste Gemeinschaftsraum im Erdgeschoss, sondern auch die Räume im Untergeschoss natürlich belichtet werden und der Gemeinschaftsgarten von diesen aus ebenerdig betreten wird. Der Garten hinterm Haus bildet einen geschützten Ort, der an weitere Nachbargärten angrenzt. Die Belebung des Freibereichs führte dazu, dass eine Nachbarin ihren Gartenzaun abriss, während eine andere eine Mauer baute.

87_Gemeinschaftsgarten und private Balkone

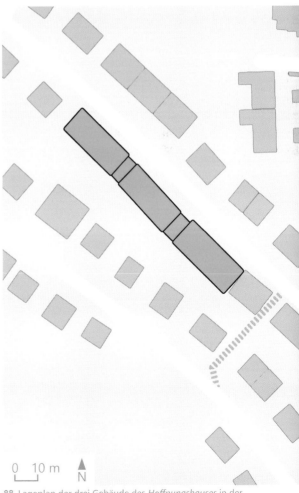

0 10 m   ▲N

88_Lageplan der drei Gebäude des *Hoffnungshauses* in der Heinrich-Längerer-Straße 27, 29, 31, Leonberg

72 Die Stiftung setzt sich für die Integration von geflüchteten Menschen und Migrant*innen ein. In Deutschland geschieht dies vor allem durch den Bau und die inhaltliche Arbeit in den Hoffnungshäusern.

73 „Leonberg ist ja quasi das Epizentrum, wo auch alle anderen Standortleitungen geschult werden, wo die inhaltliche Arbeit auch vermittelt wird – von daher haben die natürlich einen viel höheren Anteil an Gemeinschafts- und Schulungsflächen." Architekt

74 „[...] durch die verglasten Fugen wirkt das auch deutlich attraktiver und das wird auch in der Nachbarschaft so empfunden." Architekt

Einrichtungen für

Bildung ▲

Einzelhandel ■

Kinderbetreuung ♠

Kultur ♨

Medizin ⚡

Religion †

Sport/Spiel ●

öffentl. Verkehrsmittel

Bus **B**

S-Bahn **S**

U-Bahn **U**

89_fußläufig erreichbare Infrastruktur im Stadtteil

90_ortstypisch für die Region: parkende Autos vor dem Haus

STADTRÄUMLICHE INTEGRATION

Das Hoffnungshaus liegt inmitten eines ruhigen Kleinhausgebiets mit Ein- und Mehrfamilienwohnhäusern, umgeben von roten Satteldächern, Garagen und Vorgärten. Aufmerksamkeit zieht nur der verglaste Gemeinschaftsraum mit dem Schriftzug HOPE auf sich, ansonsten passen sich die Gebäude optimal in das reine Wohngebiet ein. Wie auch im restlichen Viertel stehen hier parkende Autos vor den Gebäuden. Für die Region Stuttgart ist dies ein ortstypisches Bild.

Vom Hoffnungshaus wird in 5 bis 10 Minuten Fußweg die Bushaltestelle erreicht, von der aus ein Bus in die Stadtmitte Leonbergs oder zum Bahnhof fährt, von dem aus eine S-Bahn in 30 Minuten am Stuttgarter Hauptbahnhof ist. Viele Bewohner*innen sind auf öffentliche Nahverkehrsmittel angewiesen, da sie kein Auto besitzen.

Einkaufsmöglichkeiten, medizinische Versorgung, Restaurants und Cafés befinden in der Innenstadt und Supermärkte auch am Bahnhof. Zum Kaffeetrinken, etwa mit Besucher*innen, wird gerne die Altstadt Leonbergs mit ihren

Fachwerkhäusern, Cafés am Marktplatz und dem Stadtgarten Pomeranzenpark aufgesucht.[75]

Zu verorten ist das Gebäude in Hanglage am Stadtrand Leonbergs. Dies bietet ein breites Spektrum an Freizeitmöglichkeiten in der Natur. Die Bewohner*innen schätzen die ruhige Lage, die Nähe zur Natur und das gut ausgebaute Wander- und Radwegenetz, das in direkter Nähe verläuft.[76] Auch der schöne Ausblick über die Stadt hat seinen Reiz.

Geschätzt wird auch, dass Spielplätze und eine Kindertagesstätte fußläufig im Wohngebiet erreichbar sind. Auch bietet der Gemeinschaftsgarten am Haus Spielmöglichkeiten, die Terrasse Aufenthaltsqualität und das Gemüsebeet Raum für Aktivität. Zurückzuführen ist dieser Freiraum auf das kleinstrukturierte Gebiet, in dem den Gebäuden Gärten zugeordnet sind.

91_Blick über das Kleinhausgebiet bis zur Leonberger Innenstadt

75 „Der Marktplatz ist mein Lieblingsort in der Stadt." Bewohner*in, neuzugewandert

76 „Ich gehe gerne mit meiner Familie in der Natur Fahrradfahren." Bewohner*in, ortsansässig

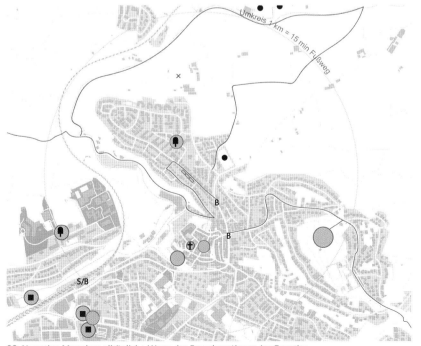

neuzugewanderte Bewohner*innen

/ Bewegung

X Bezugspunkt

◯ Verweilen

▲ Blickbeziehung

ortsansässige Bewohner*innen

/ Bewegung

X Bezugspunkt

◯ Verweilen

▲ Blickbeziehung

92_Narrative Mapping: alltägliche Wege der Bewohner*innen im Quartier

BAULICH-RÄUMLICHE VERNETZUNG

Jedes der drei Gebäude hat einen eigenen Zugang. Der öffentliche Eingang im Erdgeschoss zum Sitz der Stiftung und dem verglasten Gemeinschaftsraum ist präsent platziert und großzügig gestaltet, während jener zum Familienhaus unauffälliger wirkt. In beiden führt eine Treppe hinab in die Gemeinschafts-räume im Untergeschoss und den ebenerdigen Gemeinschaftsgarten.

Durch das Treppenhaus im Wohngebäude werden immer drei Wohnungen pro Etage erschlossen. Die Treppenhäuser werden von der Gemeinschaft mit Bildern und Informationstafeln dekoriert. Schuhe vor den Türen geben Auf-schluss darüber, wer wo wohnt. Ein visueller Austausch zwischen dem Treppen-haus und den privaten Wohnungen wird durch die transluzenten Glasfenster neben den Wohnungstüren geschaffen. Meistens sind die Wohnungstüren offen und Kinder hüpfen von einer zur anderen Wohnung.

Innerhalb der Wohnungen sind die Zimmer gleich groß. So können die Wohnungen von unterschiedlichen Haushaltstypen, Kernfamilie oder Wohn-gemeinschaft, bewohnt werden. Es wurde darauf geachtet, dass die Wohnungen mit ihrer Größe und Ausstattung die Richtlinien für geförderten Wohnungs-bau einhalten.[77] Alle Wohnungen, ob für neuzugewanderte oder ortsansässige Familien oder Wohngemeinschaften, sind gleichwertig ausgestattet. Das heißt, in den Wohnungen gibt es die gleichen Küchen. Außerdem bewohnt jede*r un-gefähr gleichviel Wohnfläche.

93_Glasfeld neben der Tür ermöglicht einen kleinen Einblick

77 „Das Wohnen hier entspricht dem So-zialwohnungsstandard in Deutschland." Konzeptentwicklerin und Mitarbeiterin der *Hoffnungsträger Stiftung*

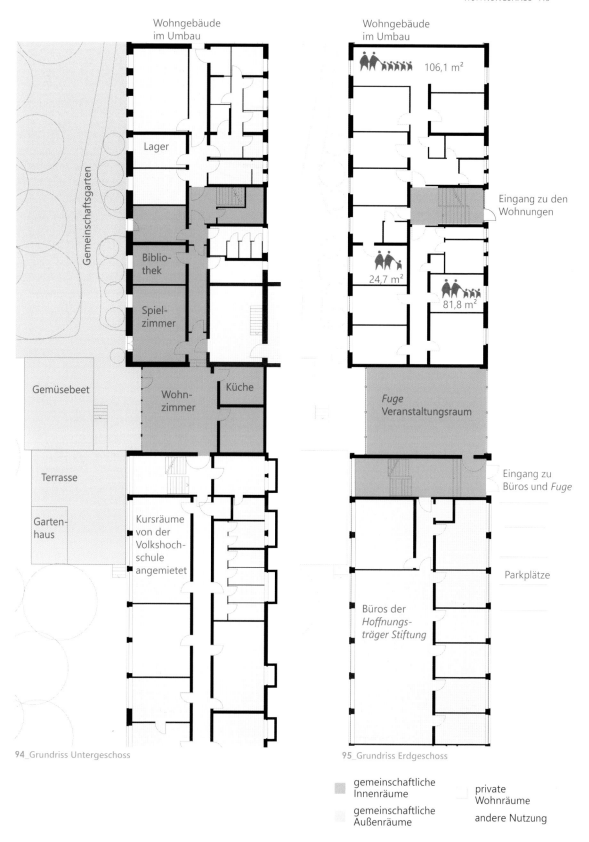

Wohngebäude
im Umbau

Lager

Gemeinschaftsgarten

Biblio-
thek

Spiel-
zimmer

Gemüsebeet

Wohn-
zimmer

Küche

Terrasse

Garten-
haus

Kursräume
von der
Volkshoch-
schule
angemietet

94_Grundriss Untergeschoss

Wohngebäude
im Umbau

106,1 m²

Eingang zu den
Wohnungen

24,7 m²

81,8 m²

Fuge
Veranstaltungsraum

Eingang zu
Büros und Fuge

Parkplätze

Büros der
Hoffnungs-
träger Stiftung

95_Grundriss Erdgeschoss

gemeinschaftliche
Innenräume

gemeinschaftliche
Außenräume

private
Wohnräume

andere Nutzung

(IB) INTERNE BEGEGNUNGSMÖGLICHKEIT

Einige Gemeinschaftsräume bieten zusätzlich zu den privaten Räumen ein weiteres Wohnraumangebot. Dabei unterscheiden sich die Gemeinschaftsräume in architektonischen Charakteristika wie Lage, Raumgröße, Materialverwendung, Beleuchtung, Orientierung und Ausstattung. Durch die Zugänglichkeit wird festgelegt, auf welche Weise und von wem die Räume genutzt werden.

Frei zugängliche Räume sind ein gemeinschaftliches Wohnzimmer, eine Gemeinschaftsküche, ein Spielzimmer und eine Bibliothek im Untergeschoss sowie die Außenbereiche hinter dem Haus. Die benannten Räume sind den Bewohner*innen und Mitarbeiter*innen der Hoffnungsträger Stiftung zugeordnet. Einmal wöchentlich treffen sich diese auf freiwilliger Basis zu einem gemeinsamen Mittagessen, das von einer syrischen Bewohnerin aus gespendeten Lebensmitteln zubereitet wird. Die Räume werden außerdem für Feste, Besuche, interne Treffen oder zum Verweilen genutzt. Im Spielzimmer vergnügen sich die Kinder und Eltern teilen sich die Kinderbetreuung. Wie die Räume bespielt werden, wird von der Stiftung und den Bewohner*innen gemeinsam beschlossen.

CHARAKTERISTIKA
DER 5 INTERVIEWTEN
BEWOHNER*INNEN

Geschlecht
2 × männlich
3 × weiblich

Nationalitäten
1 × Afghanistan
3 × Deutschland
1 × Syrien

Altersstruktur
1 × 21–30 Jahre
1 × 31–40 Jahre
3 × 41–50 Jahre

Beschäftigung
3 × beschäftigt
1 × studierend/auszubildend
1 × arbeitslos

In Deutschland seit
3 × immer
1 × 1–2 Jahre
1 × 25 Jahre

Haushaltsform
1 × Wohngemeinschaft
4 × Familie

Vorherige Wohnsituation
3 × Mietwohnung/-haus
2 × Wohnheim

Jetzige Wohnsituation
2 × 3-Zimmerwohnung
1 × 4-Zimmerwohnung
2 × 5-Zimmerwohnung

96_gemeinschaftlich genutztes Wohnzimmer im UG mit Garten

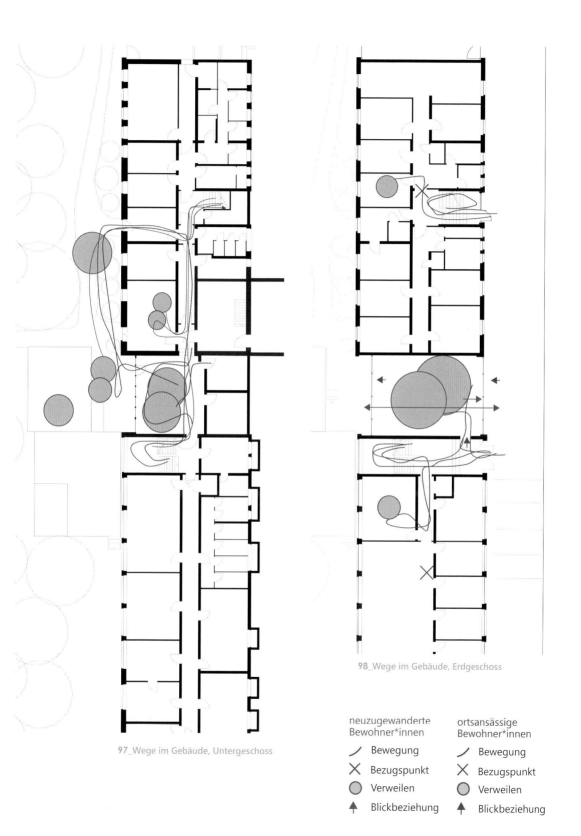

97_Wege im Gebäude, Untergeschoss

98_Wege im Gebäude, Erdgeschoss

neuzugewanderte Bewohner*innen	ortsansässige Bewohner*innen
⟋ Bewegung	⟋ Bewegung
✕ Bezugspunkt	✕ Bezugspunkt
⬤ Verweilen	⬤ Verweilen
⬆ Blickbeziehung	⬆ Blickbeziehung

99_Visualisierung von Aussagen der 5 Bewohner*innen zu den Gemeinschaftsräumen. Diese Abbildung dokumentiert die Beschreibungen zur *Fuge*, dem Gemeinschafts- und Veranstaltungsraum, erkundet durch Narrative Mapping und Leitfadeninterviews.

gemeinschaftliche Räume

O   neuzugewanderte Bewohner*innen

O   ortsansässige Bewohner*innen

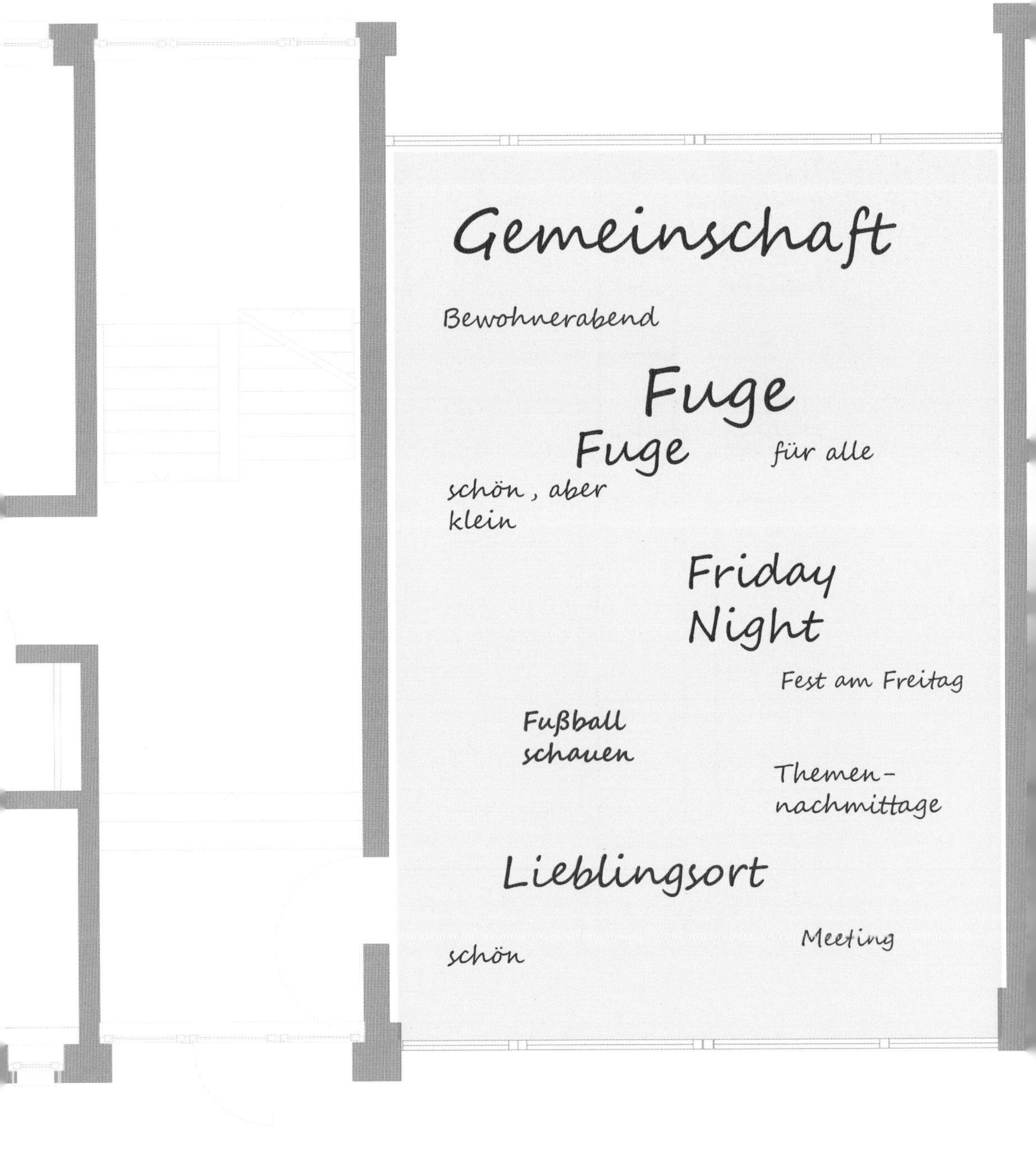

Gemeinschaft

Bewohnerabend

Fuge

Fuge   für alle

schön, aber
klein

Friday
Night

Fest am Freitag

Fußball
schauen

Themen-
nachmittage

Lieblingsort

Meeting

schön

100 Veranstaltungsraum in der *Fuge* mit Ausblick auf Leonberg und in die Natur

78 „**Am wichtigsten ist für uns diese *Fuge*. Manchmal treffen wir uns hier oben und machen viele Aktivitäten: *Friday Night* oder Bewohnerabend oder ein Fußballspiel. Manchmal treffen wir uns auch unten im Wohnzimmer, das ist sehr praktisch in der Nähe der Küche. Unten ist es praktisch und oben ist es schöner.**"

Bewohner*in, neuzugewandert

Besonders hervorzuheben ist der verglaste Gemeinschaftsraum im Erdgeschoss, von den Bewohner*innen *Fuge* genannt. Nicht nur architektonisch zieht dieser Raum die Aufmerksam auf sich, sondern hier finden gemeinschaftsbildende Aktivitäten statt wie Bewohnerabende, Feste und Filmabende. Anders als die Räume im Untergeschoss wird die *Fuge* auch für Kurse und die monatliche *Friday Night* genutzt.[78] Zu Letzteren werden neben Bewohner*innen auch geflüchtete Menschen aus dem Umfeld, Freunde, Ehrenamtliche und Nachbar*innen willkommen geheißen. Die Organisation und Verpflegung werden von der *Hoffnungsträger Stiftung* übernommen.

PRIVATER RÜCKZUGSRAUM

Die privaten Bereiche fallen je nach Haushaltstyp unterschiedlich aus. Sechs Wohnungen werden von Kernfamilien bewohnt, diesen steht es frei, die Zimmer einzurichten und aufzuteilen. Im Dachgeschoss gibt es zwei Wohngemeinschaften, in denen jede*r ein Einzelzimmer bewohnt. Alle Wohnungen sind mit einer eingerichteten Küche und einem Badezimmer ausgestattet, die gemeinsam von den dort Wohnenden genutzt werden.

Durch die eigenen Zimmer wird die Privatsphäre der Individuen gewahrt und ein persönlicher Rückzugsort bereitgestellt. Die Trennung nach Geschlechtern ermöglicht den Bewohner*innen mehr Freiheit in der eigenen Wohnung. So können sich beispielsweise muslimische Frauen ohne Kopftuch innerhalb der Wohnung frei bewegen, gemeinsam mit Mitbewohnerinnen kochen oder zusammensitzen.

101_selbstgestaltetes Spielzimmer im Untergeschoss

79 „Die Hausgemeinschaft wird bewusst gestaltet und passiert nicht irgendwie. Beispielsweise das gemeinsame Backen mit den Kindern an Weihnachten, dadurch entsteht immer Austausch. Es gibt Veranstaltungen an Weihnachten, an Ramadan und Fastenbrechen." Hausleitung

80 „Wir wollen die Bewohner dazu motivieren, dass es zu ihrem Eigenen wird letztendlich." Hausleitung

81 „Wichtig war, das Konzept von Anfang an zu erklären. Das heißt, es ist ein Haus, wo verschiedene Nationalitäten unter einem Dach wohnen. Es ist ein Haus, wo wir gemeinsam unterwegs sein wollen. Wir wollen Gemeinsamkeit fördern und gemeinsame Aktionen machen; aber auch jeder seine Privatsphäre hat. Der nicht rechtliche Projektvertrag schreibt ein aktives Teilhaben an diesem Projekt mit 20 Stunden im Monat vor." Hausleitung

82 „Wir wollten schon immer in Gemeinschaft leben und fanden das ganz schön hier." Hausleitung

83 „Manchmal machen die Hausbewohner ein Picknick im Garten. Man wird immer eingeladen. Es gibt immer ein Angebot, um gemeinsam Zeit zu verbringen, und die Leute wollen sehen, dass wir glücklich sind." Bewohner*in, neuzugewandert

SOZIALE VERWALTUNG

Das soziale Konzept der Hoffnungsträger Stiftung verfolgt die Strategie, dass die Hausleitung mit im Gebäude wohnt und die Moderation übernimmt. Diese ist rund um die Uhr Ansprechpartner für die Bewohner*innen und leitet die Gemeinschaft. Das moderierende Ehepaar gestaltet das Zusammenleben durch gemeinsame Aktionen bewusst. Dazu gehören die monatlichen Gemeinschaftsabende der Bewohnerschaft, das Feiern religiöser Feste und andere interne Aktivitäten, aber auch quartiersvernetzende Aktionen. Kontakte werden innerhalb der Bewohnerschaft beim Backen zu Weihnachten oder zum Fastenbrechen im Ramadan aufgebaut. [79]

Zwischen der Hausleitung und den Bewohner*innen herrscht ein freundschaftliches Verhältnis auf Augenhöhe, da sie sowohl Teil der Bewohnerschaft und auch Mieter im *Hoffnungshaus* als auch bei der *Hoffnungsträger Stiftung* angestellt sind.

 SYSTEMATISCHE SELBSTBEFÄHIGUNG

Das Konzept des Hoffnungshauses sieht vor, dass sich jeder mit seinen Fähigkeiten 20 Stunden pro Monat in die Gemeinschaft einbringt und dadurch Kontakte innerhalb der Bewohnergruppe entstehen. Ziel ist, dass die Bewohner*innen selbst Verantwortung übernehmen und sich dadurch das Haus aneignen.[80] Der gemeinnützige Beitrag kann eine Hausmeistertätigkeit, das Kochen für das gemeinsame Mittagessen, Pflege des Gemüsegartens oder Kinderbetreuung sein. Die Initiator*innen sprechen hier von Talentaustausch.[81]

Demnach wurden die Bewohner*innen nach Engagement und Bereitschaft, in Gemeinschaft zu leben und sich einzubringen, ausgesucht. Für einige Bewohner*innen war genau dies ein Einzugsgrund.[82]

Nach anfänglicher Unterstützung der Hausleitung wurden bereits viele Angebote von den Bewohner*innen umgesetzt. Diese sind nun etabliert und funktionieren inzwischen ohne Moderation. Dazu zählen eine Bücherei, ein Baumhaus, bei dessen Bau Kinder einer im Haus wohnenden neuzugewanderten Familie mithalfen, ein Gemüsegarten, eine geteilte Kinderbetreuung und Gitarrenunterricht. Auch sind spontane Aktionen wie ein gemeinsames Picknick im Garten keine Seltenheit.[83]

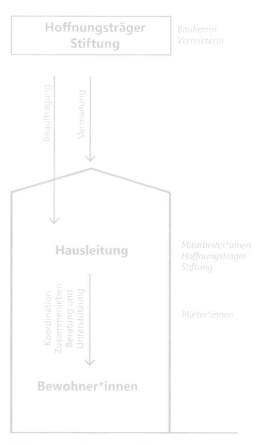

102_Akteure, Struktur und Aufgabenverteilung

[84] „**Dieses Haus ist nicht nur ein Wohnhaus für die Bewohner, sondern es bietet auch Austausch. Wir haben ein offenes Haus, in dem auch Veranstaltungen für Außen stattfinden.**"

Konzeptentwicklerin und Mitarbeiterin *Hoffnungsträger Stiftung*

 GEPLANTE QUARTIERSBRÜCKEN

Aktivitäten zur Quartiersvernetzung spielen sich überwiegend im zentral erreichbaren, verglasten Veranstaltungsraum ab. Dort findet monatlich ein öffentliches Treffen zwischen Bewohnerschaft und Nachbarschaft und Neuzugewanderten in Leonberg statt. Durch diese *Friday Night* öffnet das Begegnungshaus seine Strukturen und bietet eine neue Möglichkeit der sozialen Vernetzung von alten und neuen Nachbar*innen.[84] Die fehlenden Gelegenheiten des interkulturellen Austausches im direkten Umfeld werden durch diesen Raum kompensiert. Angenommen wird das Angebot besonders von Neuzugewanderten aus dem Haus, deren Freund*innen und Geflüchteten aus temporären Unterkünften in Leonberg.

Es gibt ein breites Angebot für Neuzugewanderte: Deutschkurse, Nähkurse und Beratungsangebote, die einerseits von der Stiftung, andererseits von der Volkshochschule Leonberg angeboten werden. Letztere mietet weitere Räume im Untergeschoss für ihr Kursprogramm an. Wichtig ist auch der Austausch mit den Geflüchtetenunterkünften in Leonberg und die Vernetzung zu ähnlichen Projekten, um voneinander zu lernen. Ehrenamtliche aus Leonberg kommen ins Hoffnungshaus und geben Sprachunterricht, helfen beim Aufbau einer Bücherei und unterstützen durch Sachspenden.

103_Büros der *Hoffnungsträger Stiftung*

SEKUNDÄRANALYSE: MOTIVE DES ZUSAMMENWOHNENS

ÄHNLICHE LEBENSLAGEN:
Kontakt zu Menschen in vergleichbarer
Familiensituation, in gleichem Alter
oder mit ähnlichen Interessen.

AUFEINANDER ACHTEN:
Gegenseitige Anteil- und
Rücksichtnahme, Zuspruch
und Unterstützung.

DEUTSCH(LAND) LERNEN:
Neuzugewanderte lernen durch
Kontakte zu Ortsansässigen Sprache
und Gepflogenheiten kennen.

GEGENSEITIGE WERTSCHÄTZUNG:
Respekt und Vertrauen den
jeweils Anderen gegenüber
als wertvolle Persönlichkeiten
mit eigener Geschichte.

WOHNNORMALITÄT:
Gleichberechtigt, regulär und nicht
separiert wohnen mit langfristiger
Perspektive und der Möglichkeit,
sich sozialräumlich zu verwurzeln.

GEGENSEITIGE WERTSCHÄTZUNG
*Den eigenen Glauben leben
und sich darüber freuen, dass
andere das auch können.*
Bewohner*in, ortsansässig

ÄHNLICHE LEBENSLAGE
*Ähnliche Lebenssituationen erleich-
tern die Kontaktaufnahme.* Bewohner*in, ortsansässig

Bewohner*in, neuzugewandert **WOHNNORMALITÄT**
Ankommen können.

DEUTSCH(LAND) LERNEN Bewohner*in, neuzugewandert
Gemeinsam mit Deutschen zu wohnen, fördert Sprachbildung.

O neuzugewanderte Bewohner*innen
O ortsansässige Bewohner*innen

Bewohner*in, ortsansässig **AUFEINANDER ACHTEN**
Sich gegenseitig im Blick haben.

104_qualitative Auswertung der Aussagen von 5 Bewohner*innen des Fallbeispiels zu Motiven des Zusammenwohnens

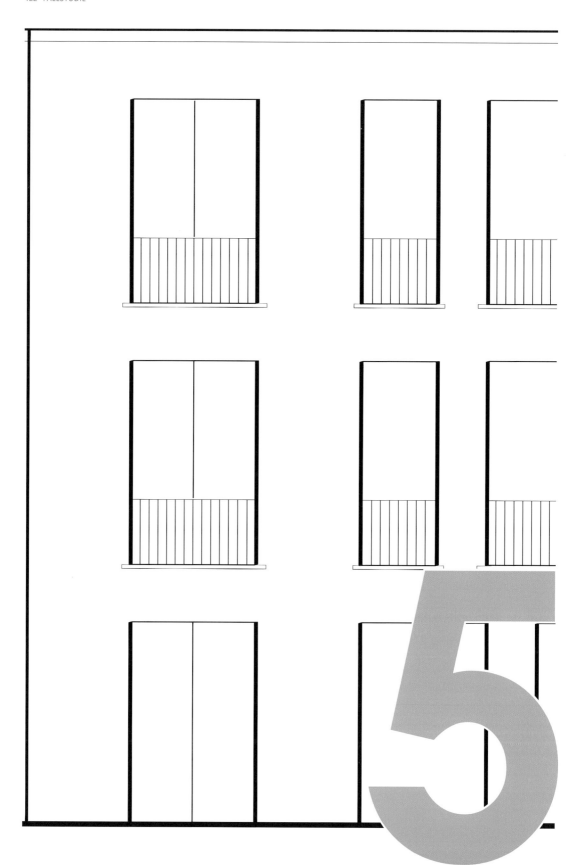

INTEGRATIVES WOHNPROJEKT KLARISSENKLOSTER

BARRIEREFREIES WOHNEN IN GEMEINSCHAFT IN EINEM HISTORISCHEN GEBÄUDEENSEMBLE

IMPRESSION

*Die Anlage ist geprägt von einer Platzabfolge, die graduelle Quali-
tätsveränderungen der Räume offenbart. Der vordere Platz weitet sich
zur Straße hin und fungiert auch als Aufenthaltsort für Quartiersbe-
wohner*innen und Besucher*innen, die das vorhandene Sitzmöbel,
eine Holzinsel unter einem großen Baum, rege annehmen und sich hier
tummeln. Der Knotenpunkt zwischen den kontrastreichen Gebäuden,
der roten Backsteinkirche auf der einen und dem hellen Neubau auf der
anderen Seite, bietet dem Verkehrsfluss neben Fahrradabstellplatz und
Müllplatz so viel Raum, dass einige Jungs hier regelmäßig Fußball spielen.
Die passierenden Bewohner*innen schlängeln sich auf ihrem Weg zu den
Briefkästen zwischen ihnen und einigen Mädchen auf Kinderfahrrädern
hindurch.*

*Der Innenhof braucht noch Zeit, um gemeinsam mit den jungen Bäum-
chen in seine Rolle als zentraler Gemeinschaftsbereich hineinzuwachsen.
Zum einen sind diese Kirschbäume noch zu klein für eine ausreichende
Verschattung, zum anderen fühlen sich manche Bewohner*innen der an
den Hof angrenzenden Wohnungen im Erdgeschoss teilweise von auf-
kommendem Lärm gestört.*

*Zum Glück gibt es einen Spielplatz hinter dem Neubau, dessen Jubel
und Trubel von einer alten Blutbuche beschirmt und von der Klostermauer
gesäumt wird und an den nur wenige Wohnungen angrenzen. An diesem
geschützten Ort hört man Kinder vornehmlich Deutsch miteinander
sprechen und der gewonnene Eindruck des Gleichklangs von Inklusivität
und Heterogenität verfestigt sich.*

INTEGRATION

Aussagen von Gesprächspartner*innen im Rahmen der Leitfadeninterviews zum subjektiven Verständnis des Begriffs „Integration" auf die Frage:

Wie definieren Sie Integration – spontan und persönlich?

> „Wir sind hier Ausländer. Wir lernen, mit anderen zu leben, wie man zum Beispiel mit den Nachbarn gut auskommt. [...] Die Kinder müssen zur Schule gehen und wir müssen eine private Wohnung finden."
>
> Bewohner*in, neuzugewandert

> „Leuten aus anderen Kulturen und Ländern die Möglichkeit geben, in natürlich gewachsene Strukturen aufgenommen zu werden. Dies funktioniert durch bauliche Gegebenheiten."
>
> Architekt *Erzbistum Köln*

> „Man muss etwas Neuem die Chance geben, gut zu werden."
>
> Bewohner*in, neuzugewandert

> „Integration bedeutet für mich nicht, das Zertifikat für ein bestimmtes erreichtes Sprachniveau im Deutschkurs zu haben oder viele Fakten über das aufnehmende Land zu kennen, sondern, dass man mit Menschen vor Ort in Kontakt tritt, sich über die verschiedenen Kulturen austauscht und Gemeinsamkeiten feststellt."
>
> Bewohner*in, ortsansässig

> „Integration heißt, zusammen reden, sich treffen und Geschichten erzählen."
>
> Bewohner*in, neuzugewandert

> „Begegnung ist das beste Mittel zur [...] Integration."
>
> Architekt *LK Architekten*

> „Integration geht nicht immer in eine Richtung, sondern in beide Richtungen."
>
> Bewohner*in, neuzugewandert

„Leute, die aus anderen Kulturen und Ländern hier-
herkommen, bekommen die Möglichkeit, in einer
ganz normalen gewachsenen Struktur zu leben und
so in der Gesellschaft anzukommen. Das ist hier
eine Art Abbildung der natürlichen Gesellschaft.
Das ist wichtig, damit es keine Gettoisierung gibt."

Architekt

105_ein U-förmiger Neubau bildet einen geschützten, gemeinschaftlichen Innenhof mit Blickbeziehung zu den private Balkonen

HAUPTCHARAKTERISTIKA

GEBÄUDETYP

Beim *Integrativen Wohnen Klarissenkloster* handelt es sich um ein Gebäudeensemble, in dem der großzügige Garten durch einen Neubau innerhalb der Klostermauern nachverdichtet wurde. Außerdem wurden das ehemalige Kloster und die Kirche der Klarissen saniert. Der Neubau ist ein U-förmiger dreigeschossiger Wohnungsbau mit Innenhof. Besonders sind die unterschiedlichen Platzformen, die durch die geraden Außenwände der Neubauten und den verspielten Außenkanten des Altbaus geformt werden. Die Wohnungen im Neubau sind alle barrierefrei und werden über Laubengänge erschlossen.

GEMEINSCHAFTSRÄUME

Der Gebäudekomplex wird ergänzt durch Gemeinschaftsräume und Außenflächen zur Begegnung. Begegnungsflächen sind die Höfe und Außenanlagen mit Spielmöglichkeiten, die sich von offen bis geschützt abstufen. Im ehemaligen Kloster gibt es einen Kursraum und ein Spielzimmer, die von der Trägerorganisation verwaltet werden. Der Kirchenraum wurde zu einem multifunktionalen Veranstaltungsraum, auch für Gottesdienste umgebaut, der für interne und externe Anlässe angemietet werden kann.

BEWOHNERSTRUKTUR

Die Bewohnerschaft setzt sich, bedingt durch die unterschiedlichen Wohnungsgrößen, aus Kernfamilien, Ein- und Zweipersonenhaushalten, studentischen Wohngemeinschaften und zusammen. Dabei besteht die eine Hälfte aus neuzugewanderten Menschen mit körperlichen Beeinträchtigungen und die andere Hälfte aus Ortsansässigen.

TRANSFER

Gärten und Freiflächen ohne klare Nutzung um historische Gebäudekomplexe bieten die Chance einer behutsamen Nachverdichtung mit integrativem Wohncharakter. Die Bestandsgebäude können mit wenigen Eingriffen zur Wohnnutzung renoviert werden. Die Einzelzimmer der vorhandenen Struktur werden als Bewohnerzimmer übernommen, die durch lange Flure verbunden sind. Bestehende Umzäunungen oder Mauern erzeugen geschützte Außenbereiche zum Spielen und Erholen. Größere Räume, im oder um das Gebäude herum, können als Gemeinschaftsräume genutzt werden.

Beispiele für diesen Gebäudetyp sind Klöster, Stifte, Burgen, Gefängnisse und Hotelanlagen.

STECKBRIEF NEUBAU

**Integratives Wohnprojekt
Klarissenkloster**
Köln-Kalk,
Nordrhein-Westfalen
Studienzeitraum: August 2018
und März 2019

Klarissenkloster@caritas-koeln.de

Bewohnerstruktur
ca. 50 % Neuzugewanderte
ca. 50 % Ortsansässige

Anzahl der Bewohner
ca. 50 im Neubau

Wohneinheiten
24 Wohnungen

Wohnungsgrößen
1–4-Zimmerwohnungen

Wohnperspektive
unbefristet

Warmmiete
8,00–8,50 €/m^2

Moderation
Caritasverband für die Stadt
Köln e. V.

Kirchlicher Bauherr
Erzbistum Köln

Architektur
LK | Architekten Regina Leipertz
und Martin Kostulski, Partner-
schaftsgesellschaft, Köln

Fertigstellung
Winter 2017

Preise
1. Preis KfW Award 2018
1. Preis Polis Award 2019
Deutscher Lichtdesign Preis 2019
Deutscher Bauherrenpreis 2020

106_Erinnerung an die Klarissen,
alte Klostermauer mit Teilen des historischen Kreuzgangs

Das *Integrative Wohnprojekt Klarissen-kloster* wurde im Rahmen der Aktion *Neue Nachbarn* der Flüchtlingshilfe des *Erzbistums Köln* und des *Caritasverbandes für die Stadt Köln e. V. (Caritas Köln)* umgesetzt. Es umfasst die Umgestaltung des Kirchenraumes, die Sanierung der bestehenden Klostergebäude zum Wohnen und die Nachverdichtung des Klostergartens durch zwei Neubauten. Planung und Ausführung wurden von dem Büro *LK Architekten* in enger Zusammenarbeit mit dem Architekten des Bauherren *Erzbistum Köln* durchgeführt. Zusätzlich wurden Kooperationen mit der *Aachener Siedlungs- und Wohnungsgesellschaft mbH*, die 1949 vom *Erzbistum Köln* mitgegründet wurde, der *Caritas Köln,* der Stiftung *Die Gute Hand* und der *Stadt Köln* eingegangen.

Die Klosteranlage in Köln-Kalk wurde von 1924 bis 1925 von der ansässigen Gemeinde der Klarissen geführt, einem weiblichen Orden der Franziskaner, der auf die heilige Klara von Assisi zurückgeht. Blickfang des Ensembles ist die Ziegelsteinkirche, die im Stile eines Stadtpalais ohne Kirchturm gestaltet wurde. Der Kirchenraum wurde nun durch mobile Möbel und einen Vorhang zu einem multifunktional nutzbaren Veranstaltungsraum ergänzt, ohne die Kirche zu entweihen. Das alte Klausurgebäude der

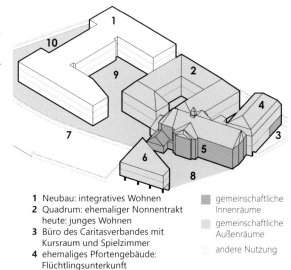

1 Neubau: integratives Wohnen
2 Quadrum: ehemaliger Nonnentrakt heute: junges Wohnen
3 Büro des Caritasverbandes mit Kursraum und Spielzimmer
4 ehemaliges Pfortengebäude: Flüchtlingsunterkunft
5 ehemalige Kirche: Veranstaltungsraum
6 Platzgebäude: junges Wohnen
7 alte Klostermauer
8 Vorplatz
9 Innenhof
10 Spielplatz

▨ gemeinschaftliche Innenräume
▨ gemeinschaftliche Außenräume
▨ andere Nutzung

108_Axonometrie des Neubaus und des Klarissenklosters

Klarissen an der Straße, auch Pfortengebäude genannt, ist seit der Auflösung des Ordens 2015 eine Unterkunft für 22 alleinstehende Neuzugewanderte. Dort befinden sich neben den persönlichen Einzelzimmern mit Waschmöglichkeit auch die Büros des *Caritas Köln* sowie eine Gemeinschaftsküche, ein Spielzimmer und ein Kursraum. Im ehemaligen Wohntrakt der Klarissen, einem quadratisch angeordneten Gebäude mit Innenhof, sind Wohngruppen mit traumatisierten Jugendlichen untergebracht. Auch das keilförmige, neue Platzgebäude im vorderen Bereich des Geländes wird als ein solches Wohngebäude genutzt, in dem sich zusätzlich im Erdgeschoss Büros der Stiftung *Die Gute Hand* befinden.

Der Fokus der Studie liegt auf dem U-förmigen Neubau im hinteren Bereich des Geländes. Es handelt sich um ein barrierefreies Gebäude mit unterschiedlich großen, privaten Mietwohnungen. 2018 zogen die ersten Kernfamilien, Alleinerziehende, Rentner*innen und Studierende in die 24 Wohnungen des Neubaus ein. Zum Studienzeitpunkt wohnten dort ca. 50 Bewohner*innen, die jeweils zur Hälfte neuzugewandert mit körperlicher Beeinträchtigung und ortsansässig waren. Alle Altersgruppen waren vertreten.

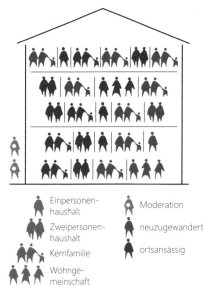

Einpersonen-haushalt

Zweipersonen-haushalt

Kernfamilie

Wohnge-meinschaft

Moderation

neuzugewandert

ortsansässig

107_Haushaltsstruktur und Wohnsituation

MERKMALE

ARCHITEKTONISCHE UND STÄDTEBAULICHE BOTSCHAFT[85]

Da das Gebäudeensemble seit 1982 als Baudenkmal eingetragen ist, musste der Umbau daran orientiert werden. Die denkmalgerechte Sanierung der bestehenden Gebäude wurde durch eine betont moderne Nachverdichtung im Klostergarten ergänzt.[86] Alle Bauten werden von der alten Klostermauer gerahmt und bilden einen geschützten Raum.[87]

Der Neubau im ehemaligen Klostergarten wurde in U-Form mit einem Innenhof gestaltet, basierend auf der Idee eines Quartiersplatzes. Der Hof wird rundum von Kirschbäumen, als Reminiszenz an den ehemaligen Obstbaumgarten, gesäumt und vom gepflasterten Hof mit Stufen abgegrenzt.[88] Durch die natürliche Senke im Gelände konnte das Gebäude dreigeschossig gebaut werden und trotzdem die Höhen der bestehenden Bebauung aufnehmen.

Der helle Putz und die großen vertikalen Fenster stehen im Kontrast zu den dunklen Ziegelsteingebäuden mit kleinen Fenstern der Kirche und des ehemaligen Klosters. Diese wurden renoviert und ertüchtigt. Neue Ergänzungen wie Fenster oder Fliesen wurden in Anlehnung an die ursprüngliche Gestaltung ausgewählt. Explizit wurden an vereinzelten Stellen bauliche Elemente wie Fenstergitter, Türgriffe und der Beichtstuhl als Zeitdokumente erhalten und dadurch die Geschichte der Klarissen erzählt.

Im Entwurf des Neubaus wurde besonderer Wert auf die Fassadengestaltung und Materialauswahl gelegt. Außergewöhnlich für einen geförderten Wohnungsbau ist hier die Verwendung von nachhaltigen Baustoffen wie porosierten Ziegeln anstatt des oft kostengünstigeren, aber umweltbelastenden Wärmedämmverbundsystems. Des Weiteren wurden besondere Gestaltungselemente zur Strukturierung der Fassade eingesetzt, um eine Stigmatisierung zu verhindern. Zu nennen sind der unüblichen Kalk-Kratzputz, der ein plastisches Muster produziert, die tieferen Betonfensterbänke, auf denen

große Blumenkästen Platz finden, und die speziell angefertigten Metallklappläden an den Fenstern, die keine Wartung benötigen. Ermöglicht wurden diese architektonischen Konzepte nur durch die enge Zusammenarbeit mit dem kirchlichen Bauherrn, dessen Offenheit für unkonventionelle Planung und die Freiheit, Standards zu umgehen. Diese Hochwertigkeit im Bau wird von den Bewohner*innen geschätzt und befördert einen pfleglichen Umgang mit dem Gebäude.[89]

---

85 Da es sich in diesem Fall um ein Quartier handelt, wurde dieses Merkmal um den städtebaulichen Aspekt erweitert.

86 „Die ursprüngliche Planung sah vor, das Quadrum des Klosters abzubrechen und stattdessen zwei konventionelle Wohnriegel zu bauen. Diese Planung ist dann an der Denkmalschutzbehörde gescheitert." Architekt

87 „Der Komplex ist von der alten Mauer umfasst und ist deshalb wie eine ‚Oase'. Er bietet Ruhe, ist aber nicht abgeschottet." Architekt

88 „Alles, was wieder gepflanzt wurde, außer Magnolien und Tulpenbaum, sind Obstbäume. Damit wird wieder hingebracht, was hier einmal war." Architekt Erzbistum Köln

89 „Das Gebäude ist gut, ist neu, riecht auch gut, die Böden und die Küche sind gut. Die Wände sind sauber." Bewohner*in, neuzugewandert

90 „Hier wohnen viele Ausländer und viele aus niedrigeren Schichten. Aber ich fühle mich wohl hier." Bewohner*in, ortsansässig

0 10 m   N

109_Lageplan des Klarissenklosters in der Kapellenstr. 53, Köln

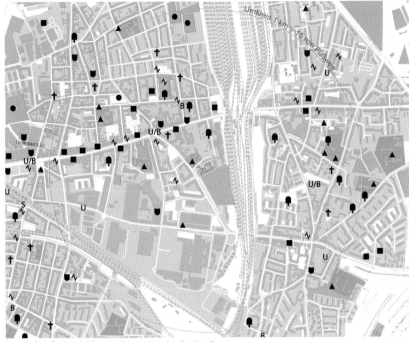

Einrichtungen für

Bildung ▲

Einzelhandel ■

Kinderbetreuung ⚲

Kultur ♨

Medizin ⚕

Religion ✝

Sport/Spiel ●

öffentl. Verkehrsmittel

Bus **B**

S-Bahn **S**

U-Bahn **U**

110_fußläufig erreichbare Infrastruktur im Stadtteil

Ⓢ STADTRÄUMLICHE INTEGRATION

Das Gebäudeensemble grenzt sich durch die alte Klostermauer von der Umgebung ab und ist ein besonderer Stadtbaustein zwischen Mehrfamiliengebäuden und Industriebauten. Geprägt wird der Standort durch die Nähe zum Stadtteilzentrum, der nach Süden hin auslaufenden Bebauung von großstrukturierten Fabrikgebäuden und im Osten den Bahngleisen, die eine städtebauliche Barriere bilden. So führen die alltäglichen Wege der Bewohner*innen in das ungefähr 10 Minuten zu Fuß entfernte Zentrum, das von dem architektonisch markanten Bezirksrathaus zusammen mit einer Kirche und der Kalker Hauptstraße gebildet wird. Einkaufsmöglichkeiten, Spielplätze, Bildungseinrichtungen und medizinische Versorgung befinden sich hier. Mehrsprachige Ladenschilder, Imbissmöglichkeiten, Eiscafés und Kölsch ausschenkende Biergärten entlang der belebten Hauptstraße spiegeln die heterogene Anwohnerstruktur wider.[90] Unterschiedliche Sprachen und Kleidungsstile unterstützen diesen Eindruck und zeigen,

111_stadtauswärts prägen Industrieanlagen das Bild

dass Frauen mit Kopftuch hier nicht auffallen. Die Bebauung und Art der Einkaufsmöglichkeiten ist gekennzeichnet durch Discountsupermärkte und günstige Kosmetikangebote.[91]

Die U-Bahn fährt vom Stadtteilzentrum in 15 Minuten zum Hauptbahnhof. Dadurch erreichen die Bewohner*innen, die meist kein Auto besitzen, schnell Fortbildungseinrichtungen oder Freunde im Stadtgebiet.

Öffentliche Freiräume wie Parks und Spielplätze können zu Fuß oder mit öffentlichen Verkehrsmitteln erreicht werden. Direkt hinter den Klostermauern grenzt ein ehemaliger Friedhof an, der heute als Park überwiegend von Spaziergänger*innen mit Hunden genutzt wird. Obgleich auf dem Gelände Spielmöglichkeiten geboten werden, gehen Eltern mit ihren Kindern gerne auf die Spielplätze im Quartier, um dort andere Familien zu treffen.[92]

91 „Mit dem Stadtteil Kalk verbindet man Unsicherheit, Prügelei, Schießerei, hohen Ausländeranteil, niedriges Bildungsniveau, Müll auf dem Boden, kein Deutsch." Bewohner*in, ortsansässig

92 „Freunde treffe ich in einem Eiscafé oder auf einem Spielplatz im Quartier." Bewohner*in, neuzugewandert

112_ethnisch geprägte Ladenstruktur in der Kalker Hauptstraße

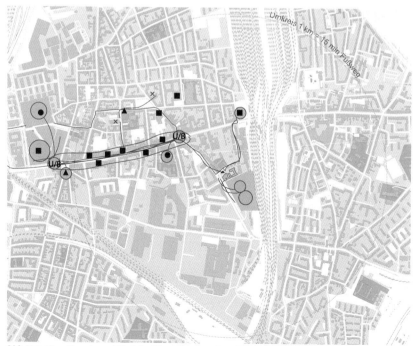

neuzugewanderte
Bewohner*innen

╱ Bewegung

✕ Bezugspunkt

◯ Verweilen

▲ Blickbeziehung

ortsansässige
Bewohner*innen

╱ Bewegung

✕ Bezugspunkt

◯ Verweilen

▲ Blickbeziehung

113_Narrative Mapping: alltägliche Wege der Bewohner*innen im Quartier

BV BAULICH-RÄUMLICHE VER-NETZUNG IM GEBÄUDEENSEMBLE

93 **„Das macht das Quartier so aus, dass es etwas Altstädtisches hat. Es gibt schöne Stadträume. Es gibt schöne Blickbeziehungen. Es gibt gefasste Räume. Der Autoverkehr bleibt draußen."**
Architekt

Die bewusste, an einer altstädtischen Struktur orientierte Anordnung der Gebäude generiert Enge und Weite, unterschiedliche Platzformen und Blickbeziehungen.[93] Die Platzabfolge von öffentlich bis geschützt, ermöglicht den Nutzer*innnen, selbst den Grad der Öffentlichkeit ihrer Handlungen zu wählen. Ein zur Straße hin auslaufender Platz hat einen öffentlichen Charakter und lädt mit einer Sitzinsel mit Baum Anwohner*innen, Besucher*innen und Bewohner*innen zum Verweilen ein. Je weiter das Gelände betreten wird, desto persönlicher wird die Raumatmosphäre. Denn die Gebäudekante der Kirche bricht den Blick von der Straße aus. Dahinter liegt der Neubau mit zum Innenhof gewandten Balkonen. Diese sind individuell gestaltbare Schwellen zwischen den privaten Wohnungen und gemeinschaftlich genutztem Außenraum. Vielfältigkeit soll besonders nachts erstrahlen, wenn jede*r den Balkon beleuchtet, deshalb wurde auf elektrische Leuchten verzichtet. Im Sommer findet ein reger Austausch von Balkon zu Balkon oder zum Innenhof statt.[94]

Der Neubau ist barrierefrei über einen Aufzug zugänglich, von dem aus Laubengänge zu den privaten Wohnungen führen. So konnten nicht nur Baukosten eingespart werden, sondern es ergaben sich mehr spontane Begegnungen beim Kommen und Verlassen der Wohnungen, aber auch gewollte oder unerwünschte Blickbeziehungen in die privaten Räume. Gleichwohl scheint die Erschließung für unkundige Besucher*innen als ein Netz aus Treppenhäusern, innenliegenden Fluren und außenliegenden durchgehenden Balkonen.[95] Die hellen, mit Zitaten von Franz von Assisi versehenen, explizit breiten Treppenräume sind Kommunikationsorte.

94 „Durch die U-Form sieht man sich gegenseitig und kann über die Balkone reden." Bewohner*in, ortsansässig

95 „Es gibt viele unpraktische Momente: es hat einen Labyrinth-Charakter." Mitarbeiterin *Caritas Köln*

114_Blick auf den Neubau vom öffentlichen Platz an der Straße aus

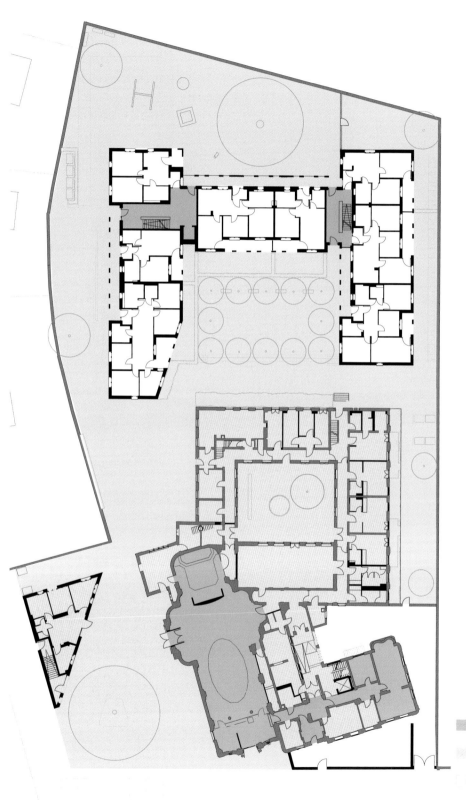

gemeinschaftliche
Innenräume

gemeinschaftliche
Außenräume

private
Wohnräume

andere Nutzung

115_Grundriss Erdgeschoss des Gebäudeensembles

CHARAKTERISTIKA DER 8 INTERVIEWTEN BEWOHNER*INNEN

Geschlecht
6 × männlich
2 × weiblich

Nationalitäten
1 × Albanien
3 × Deutschland
1 × Guinea
2 × Irak
1 × Syrien

Altersstruktur
1 × 11–20 Jahre
4 × 21–30 Jahre
2 × 31–40 Jahre
1 × 41–50 Jahre

Beschäftigung
4 × beschäftigt
3 × studierend/auszubildend
1 × arbeitslos

In Deutschland seit
2 × immer
1 × 1–2 Jahre
4 × 3–4 Jahre
1 × 5–6 Jahre

Haushaltsform
2 × Single
2 × Wohngemeinschaft
4 × Familie

Vorherige Wohnsituation
5 × Mietwohnung/-haus
3 × Wohnheim

Jetzige Wohnsituation
1 × 1-Zimmerwohung
2 × 2-Zimmerwohung
2 × 3-Zimmerwohung
3 × 5-Zimmerwohung

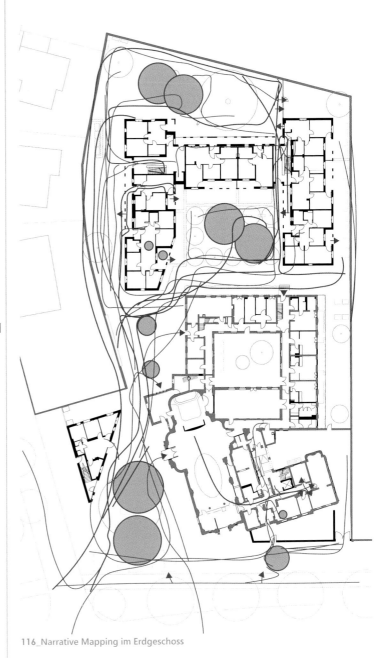

116_Narrative Mapping im Erdgeschoss

118_geschützter Spielplatz hinterm Haus mit altem Baum

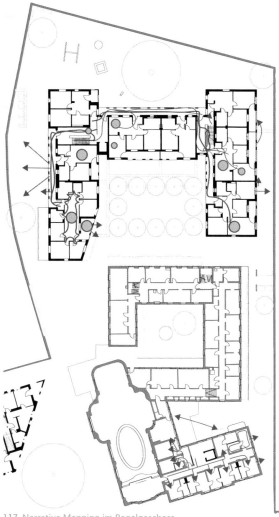

117_Narrative Mapping im Regelgeschoss

Besonders geschützt ist der Spielplatz hinter dem Neubau, der nur für Ortskundige zu finden ist.[96] Mädchen im Grundschulalter veranstalten ein Picknick oder Eltern mit Kleinkindern treffen sich. Geborgenheit wird nicht nur durch die, hier am stärksten wahrnehmbare, ehemalige Klostermauer geschaffen, sondern auch durch den Schatten spendenden Baum, eine alte Blutbuche.

Fahrradfahrende oder rennende Kinder prägen die Zwischenräume und sind der Tatsache zu verdanken, dass Autos entlang der Straße abgestellt werden.[97]

neuzugewanderte Bewohner*innen	ortsansässige Bewohner*innen
╱ Bewegung	╱ Bewegung
✕ Bezugspunkt	✕ Bezugspunkt
◯ Verweilen	◯ Verweilen
▲ Blickbeziehung	▲ Blickbeziehung

96 „Im Komplex ist es immer laut und lebendig. In den Sommerferien kann man nachts nicht mit offenem Fenster schlafen, wegen der Lautstärke."
Bewohner*in, ortsansässig

97 „Die Kinder spielen den ganzen Tag und gehen raus und rein."
Bewohner*in, neuzugewandert

119_Visualisierung von Aussagen der 8 Bewohner*innen zu den Gemeinschaftsräumen. Diese Abbildung dokumentiert die Beschreibungen zum Innenhof im U-förmigen Neubau, erkundet durch Narrative Mapping und Leitfadeninterviews.

gemeinschaftliche Räume

O neuzugewanderte Bewohner*innen

O ortsansässige Bewohner*innen

Eingang

Sand-kasten

Innenhof Pflanzen

blühende Wildkirsch-bäume

deutsch

Sitzbank

Kinder reden untereinander deutsch

keine Rampe

Balkone

Ruhe/ sitzen

Kinder spielen

Neubau

Sommer-fest im Innenhof

Kinder

Garten

schön

Sitzbank

zentraler Platz

sitzt mit Freund auf Treppe

Terrassen + Garten

Sicht auf Spielplatz

Blickkontakt von Balkonen

120_Innenhof mit jungen Kirschbäumen, Sitzgelegenheiten und Sandkasten

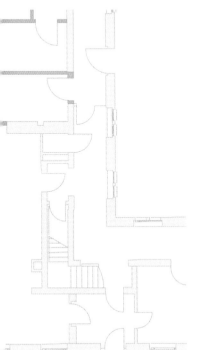

IB INTERNE BEGEGNUNGSMÖGLICHKEIT

Treffpunkt für die Bewohner*innen des Neubaus ist der Innenhof. Gesäumt von Kirschbäumen und Sitzbänken lädt er zum Verweilen ein. Besonders ist die Sichtbeziehung zu den Balkonen. Kommunikation kann von Balkon zu Balkon stattfinden oder von Balkon zum Innenhof. So können spielende Kinder auf dem Kiesplatz oder im Sandkasten von ihren Eltern vom privaten Freibereich aus beaufsichtigt werden. Dass dieser Ort zentraler Treffpunkt ist, zeigt auch, dass er für ein eigeninitiiertes Sommerfest gewählt wurde.

PRIVATER RÜCKZUGSRAUM

Der U-förmige Neubau entspricht dem Gebäudetyp üblicher Mehrfamilienwohnhäuser. Private Wohnungen in unterschiedlichen Größen bieten persönlichen Rückzugsraum für familiäre und freundschaftlich verbundene Wohngemeinschaften, Paare und Alleinstehende.

In den Wohnungen der Ortsansässigen ist bereits eine Küchenzeile vorhanden, ansonsten haben die Bewohner*innen Gestaltungsfreiheit bei der Ausstattung. Neuzugewanderte können eine teilmöblierte Wohnung beziehen, in der ein Tisch, Kleiderschränke, Waschmaschine, Trockner, 2 Küchenschränke, Kühlschrank und Betten vorhanden sind. Jedoch sind, zum Unmut der Bewohner*innen, jegliche baulichen Veränderungen untersagt – etwa auch die Befestigung von Wandregalen und Oberschränken.

Im Hinblick auf körperlich beeinträchtigte Bewohner*innen sind besonders die eigenen, barrierefreien Badezimmer wesentliche Elemente zur Gewährleistung der Privatsphäre im Alltag.[98]

Die Wohnungen sind so konzipiert, dass diese sowohl Familienwohnen als auch Wohngemeinschaften zulassen. Die nahezu gleichgroßen Räume sind um einen zentralen Ess-/Wohnbereich angeordnet, der in eine Küche übergeht. Besonders ist, dass jeder Wohnung ein persönlicher Balkon zugeordnet ist. Erschlossen werden die Wohnungen über Laubengänge, die einerseits die Kommunikation durch alltägliche Begegnungen fördern, andererseits durch das Fenster zur Küche einen optischen Austausch und dadurch einen Eingriff in die Privatsphäre bilden.[99]

121_die Bewohner*innen wertschätzende Gestaltung des Eingangsbereichs

 GESICHERTE WOHNPERSPEKTIVE

Das Wohnen im Neubau ist sowohl für Neuzugewanderte als auch für Ortsansässige vertraglich unbefristet geregelt. Die Wohnungen des Neubaus werden für Neuzugewanderte von der Stadt Köln vermietet, die für Ortsansässige von der *Aachener Siedlungs- und Wohnungsgesellschaft mbH*. Die langfristige Wohnperspektive zielt darauf ab, dass die Menschen sich den neuen Wohnort aneignen.

122_Foodsharing-Schrank

SOZIALE VERWALTUNG

Die *Caritas Köln* wird durch eine Sozialarbeiterin vertreten, die werktags zur Unterstützung und Beratung für Neuzugewanderte in einem Büro im Pfortengebäude an der Straße ist.[100] Sie leitet hauptsächlich die Unterkunft für Geflüchtete in diesem Gebäude, ist aber auch Ansprechpartnerin für Neuzugewanderte aus dem Neubau und verwaltet ein Spielzimmer, einen Kursraum und eine Gemeinschaftsküche. Dort finden themenspezifische Veranstaltungen, Kundenbetreuung oder Deutschkurse statt. Gezielt werden Veranstaltungen für die Bewohner*innen wie ein Begegnungsfest oder christliche und muslimische Feiern organisiert. Dazu wird auch der Kirchenraum genutzt, der in Absprache mit dem *Erzbistum Köln* zur Verfügung steht.

Besonders ist auch, dass die Sozialarbeiterin jeden Tag Bewohner*innen aufsucht, mit ihnen ins Gespräch kommt und sie so unterstützt.[101] Kommuniziert wird über Plakate in Hauseingängen und vor dem Büro der Sozialarbeiterin.

 SYSTEMATISCHE SELBSTBEFÄHIGUNG

Der erste Schritt zur Begegnung wird erfahrungsgemäß von der Moderation oder ortsansässigen Bewohner*innen geleitet. Deshalb wird beim Bewerben ein Motivationsschreiben gefordert und Engagierte bevorzugt. Besonders eine Gruppe ortsansässiger Studierender übernimmt die Rolle der Moderation, indem sie auf Neuzugewanderte zugehen, ihnen Hilfe beim Deutschlernen im Gespräch oder bei den Hausaufgaben anbieten. Eine Studentin ist aktiv im Foodsharing, das heißt, sie sammelt zu entsorgende Lebensmittel von Läden und verwertet oder verteilt diese weiter. Ihr Engagement führte dazu, dass ein Lebensmittelschrank im Treppenhaus zum Tauschen aufgestellt werden konnte. Als Dank schenken andere der Studierenden-Wohngemeinschaft Selbstgebackenes.[102] Im Sommer veranstalteten die Studierenden im Innenhof für die Bewohner*innen des Neubaus ein internes Fest, auf dem sich alle kennenlernen konnten.

Einige Neuzugewanderte bringen sich durch Hausmeistertätigkeiten auf Ein-Euro-Job-Basis ein und übernehmen somit Verantwortung für die Pflege des Gebäudekomplexes.

123_Akteure, Struktur und Aufgabenverteilung

98 „In der vorherigen Wohnung waren die Toiletten nicht barrierefrei, das war sehr schlimm für meinen körperlich behinderten Vater."
Bewohner*in, neuzugewandert

99 „Alle können [in die Küche] reinschauen, da unsere Fenster in den Flur zeigen."
Bewohner*in, neuzugewandert

100 „Eine Mitarbeiterin ist hier jeden Tag da und hilft uns." Bewohner*in, neuzugewandert

101 „Die [Bewohner*innen] sehen das gerne, wenn ich mir die Mühe mache [...], und ich stehe dann bei ihnen vor der Tür. Da sind die superhappy und laden mich ein und bereiten Kaffee vor."
Mitarbeiterin *Caritas Köln*

102 „Zu den regulären Mietern habe ich wenig Kontakt [...]. Mehr Kontakt habe ich zu den zugewanderten Familien, da ich Foodsharing mache, also ihnen Nahrungsmittel bringe. Dafür backen die Nachbarn öfters etwas für die WG."
Bewohner*in, ortsansässig

GO GEPLANTE QUARTIERSBRÜCKEN

Das religiöse Konzept der Lebensgemeinschaft Klarissen bleibt durch die Gebäude und Nutzungen lebendig: Trotz ihres relativ abgeschiedenen Alltags hinter den Klostermauern, hatten die Nonnen eine große Bedeutung für den Stadtteil. Sie versorgten etwa Bedürftige mit Arznei und Lebensmitteln. Da sie, den Ordensregeln entsprechend, keinen Kontakt zur Außenwelt aufnehmen sollten, wurden spezielle bauliche Vorrichtungen vorgenommen. So gibt es beispielsweise eine Vorrichtung aus Holz, in der Gegenstände von einer auf die andere Seite kontaktlos getauscht werden konnten. Viele dieser Vorrichtungen wurden erhalten und sind historische Zeugnisse und bauliche Besonderheiten.[103]

Hinsichtlich des Bauvorhabens und der Renovierung wurde von Anfang an die Nachbarschaft informiert und einbezogen. Zu Beginn des Projekts gab es einen Einweihungsgottesdienst des Friedhofs des Klarissenordens, die Grundsteinlegung des integrativen Projekts und das Richtfest des Neubaus. Es wurde unter anderem eine Führung über das Gelände angeboten, damit sich die Nachbarschaft selbst ein Bild machen konnte. Dadurch wurde Kritik bezüglich der neuen Nutzung abgemildert und erfolgreiche Überzeugungsarbeit geleistet.

Die zeitweilige Umnutzung der Kirche zum Kulturzentrum und der öffentliche Platz davor zielen darauf ab, der Nachbarschaft etwas zurückzugeben, das Quartier zu beleben und den Austausch zu fördern. Hier soll ein neues kulturelles Stadtteilzentrum entstehen.[104] Jedoch steht die Finanzierung durch Mieteinnahmen im Vordergrund.[105]

Der Arbeit der ehrenamtlichen Flüchtlingshelfer*innen werden Räumlichkeiten für Nachhilfe und Sprachkurse im Altbau bereitgestellt. Jedoch gibt es im Stadtteil Köln-Kalk nur wenig zivilgesellschaftliches Engagement.[106]

124_durch flexible Einbauten kann der Sakralraum in einen Veranstaltungsraum transformiert werden

103 „Wir wollten, dass die Geschichte sichtbar ist. Es wird dadurch ein besonderer Ort." Architekt *Erzbistum Köln*

104 „Diese Idee der Öffnung als Kulturraum für den Stadtteil soll das wiederaufnehmen. Dass dies wieder ein Zentrum für diesen Stadtteil wird. Es ist nicht nur die Kirche, sondern auch der Platz davor mit der Sitzbank und dem Baum."
Architekt *Erzbistum Köln*

105 „Und das Ziel ist natürlich, dass man im nächsten Schritt noch mehr Veranstaltungen schafft, Begegnungsräume schafft – für alle, die hier wohnen, aber themenspezifisch auch für Menschen von außerhalb." Mitarbeiter*in *Caritas Köln*

106 „Köln-Kalk ist nicht die richtige Umgebung für ehrenamtliches Engagement, das würde in anderen Stadtteilen besser funktionieren." Mitarbeiterin *Caritas Köln*

SEKUNDÄRANALYSE: MOTIVE DES ZUSAMMENWOHNENS

BEIDSEITIGE LERNBEREITSCHAFT:
Durch Aufgeschlossenheit und
den Wunsch, voneinander zu
lernen, profitieren beide Seiten.

RÜCKZUGSORT:
Möglichst selbstbestimmte
Lebensführung und
ausreichend Privatsphäre.

SOZIALER ANSCHLUSS:
Neben- und Miteinander erleben.

WOHNNORMALITÄT:
Gleichberechtigt, regulär und nicht
separiert wohnen mit langfristiger
Perspektive und der Möglichkeit,
sich sozialräumlich zu verwurzeln.

BEIDSEITIGE LERNBEREITSCHAFT
*Je mehr man über andere weiß,
desto besser kann man mit
ihnen zusammenleben und man
erfährt Dinge eben im Alltag.*
Bewohner*in, ortsansässig

SOZIALER ANSCHLUSS Bewohner*in, ortsansässig
*Erklärt integratives Wohnen erleichtert Kon-
taktaufnahme zu anderen Bewohner*innen.*

RÜCKZUGSORT Bewohner*in, neuzugewandert
Ausreichend Platz zum Lernen und eigenes Bad.

Bewohner*in, neuzugewandert **WOHNNORMALITÄT**
*Normale Wohnsituation gibt geflüchteten Bewohner*innen
ihre Menschlichkeit zurück. Mensch unter Menschen sein.*

O neuzugewanderte Bewohner*innen
O ortsansässige Bewohner*innen

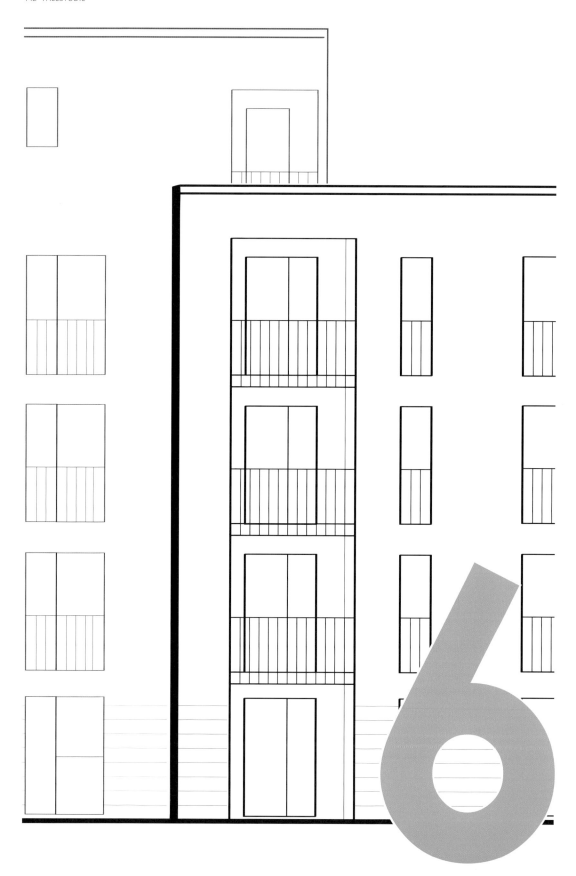

QUARTIER OHLENDIEKSHÖHE

BEGEGNUNG IM NEUEN QUARTIER

IMPRESSION

Das Quartier Ohlendiekshöhe ist geprägt von breiten Sichtachsen, die bei näherer Betrachtung als echte Sozialräume erkennbar werden. Dieser ausreichend große, offen gestaltete und dennoch geschützte Raum zwischen den Gebäuden ermöglicht eine auffallende Bewegungsfreiheit für Fußgänger*innen. Die Bewohner*innen des Quartiers begegnen sich dort geplant wie ungeplant, der Raum ist öffentlich zugänglich und weder optisch noch materiell reguliert. Die Spielplätze sind ebenso belebt wie die Bänke und die grünen Hauseingangsbereiche, wo Passant*innen verweilen. Eine Frauengruppe schlendert raumgreifend die breite Fußgängermeile entlang. In der kleinen Prozession tragen einige Kopftuch, einige schieben Kinderwagen, alle hört man lebhaft sprechen und scherzen. Im offenen Sozialraum gibt es eine größere Freiheit der Interaktion und mehr Zwischentöne als in Küchen oder auf Sportplätzen.

Markant ist ein zentrales Haus, das Haus 9, an dem man sich trifft, und in diesem Gebäude haben die Sozialarbeiter*innen der Trägerorganisation ihre Büros. Diese sind für die Bewohner*innen des Quartiers in jeder Lebenssituation zentrale Anlaufstelle und bieten Ansprache, Beratung und Unterstützung. Auch die meisten ehrenamtlichen Initiativen und gemeinschaftlich orientierten Projekte der Bewohner*innen selbst haben in diesem Gebäude einen Raum. Davor herrscht reges Kommen und Gehen und der zugehörige Spielplatz ist wohl der belebteste Ort des Viertels. Die Spielfläche ist von überallher rasch zu erreichen, geschützt und dennoch gut einsehbar, und zieht Kinder aus dem ganzen Viertel an.

Auf den Rutschen und Schaukeln wird Deutsch gesprochen – rund um die Bänke aller Spielplätze die jeweiligen Muttersprachen der (neu-)zugewanderten Eltern beispielsweise Tigrinya, Arabisch, Dari, Paschto oder Urdu.

Am Rand des Quartiers befindet sich der nichtgeschützte Übergang vom Quartier zur Straße Poppenbütteler Berg und zur Nahverkehrsanbindung. Die Geschwindigkeit und Lautstärke der vielbefahrenen Landstraße richtet die Bewohner*innen zwangsläufig in Richtung des Quartiersinneren aus – viele Kinder des Viertels etwa müssen diese Hürde auf dem Weg zum Schulbus ohne sicheren Überweg meistern.

INTEGRATION

Aussagen von Gesprächspartner*innen im Rahmen der Leitfadeninterviews zum subjektiven Verständnis des Begriffs „Integration" auf die Frage:

Wie definieren Sie Integration – spontan und persönlich?

„Integration ist auch das Gefühl, hier Platz und Chancen zu haben, seine Kinder langfristig großzuziehen und eine Möglichkeit auf Bildung und Arbeit zu haben."

Quartiersmanager*in *BIG Städtebau GmbH*

„Integration bedeutet, nebeneinander zu leben. Es bedeutet, etwas über mich selbst und etwas über dich zu lernen."

Bewohner*in, neuzugewandert

„Integration ist ein Antibegriff. Inklusion ist besser: man bringt Neues ein."

Bewohner*in, ortsansässig

„Integration bedeutet, einander zu besuchen, sich zum Essen einzuladen, gemeinsam etwas zu machen."

Bewohner*in, neuzugewandert

„Integration beginnt im Quartier vor Ort untereinander und entwickelt sich dann in die Nachbarschaft."

Vereinsvorstand *Gemeinsam in Poppenbüttel e. V.*

„Integration bedeutet Kommunikation und der Austausch von Traditionen."

Bewohner*in, neuzugewandert

„Integration bedeutet Regeln transportieren, Konfliktpotenziul senken, friedliche Koexistenz, buntes Leben, Frieden transportieren, lernen, Vermischung und eine Nationalität Mensch."

Sozialarbeiter*in *f & w fördern und wohnen AöR*

„Wir wollen hier eine gesunde Mischung
an Menschen hinbekommen, die
wissen, auf was sie sich einlassen.“

Mitarbeiter*in Bezirksamt Wandsbek

126_Fußgängerachse mit Sitzbänken zwischen den roten Klinkerfassaden – zum Studienzeitpunkt prägen noch Bauzäune das Bild

HAUPTCHARAKTERISTIKA

GEBÄUDETYP

Im Fall des *Quartiers Ohlendiekshöhe* wurde eine ehemals landwirt-schaftlich genutzte Fläche zu Bauland für ein Wohngebiet mit 21 Mehr-familienwohnhäusern erschlossen. Durch gleiche Klinkerfassaden wurde ein einheitliches Erscheinungsbild geschaffen, obwohl die Trägerschaft der Wohnungen wie folgt unterteilt ist: 38 Prozent *Unterkunft mit der Perspektive Wohnen (UPW)* – ein Hamburger Konzept zur Schaffung von Wohnraum für geflüchtete Menschen, der nach einer Frist geförderter Wohnraum wird –, 43 Prozent geförderte Wohnungen und 19 Prozent frei finanzierter Wohnungsbau. Innerhalb der Baukörper sind Grundriss-konstellationen, Wohnungsgrößen und Bauqualitäten nahezu identisch.

GEMEINSCHAFTSRÄUME

Die zentralen Gemeinschaftsräume befinden sich in einem mittig im Gebiet liegenden Wohngebäude, in dem auch die Büros der Träger-organisation untergebracht sind. Weitere kleinere Kursräume sind in anderen Wohngebäuden zu finden. Alle gemeinschaftlichen Aufent-halts- und Kursräume werden von der Trägerorganisation betrieben und können nur in Absprache mit deren Mitarbeiter*innen genutzt werden. Zusätzlich errichten der Bauträger in gemeinschaftlicher Produktion mit Bewohner*innen und Nachbar*innen ein Begegnungshaus zur künftigen gemeinsamen Nutzung.

Frei zugängliche Außenräume, wie beispielsweise Spielplätze, gewinnen aufgrund des geringen Angebots an Gemeinschaftsräumen im Verhältnis zur Bewohnerzahl an Bedeutung.

BEWOHNERSTRUKTUR

Variationen in den Grundrissgrößen führen zu einer Mischung ver-schiedener Haushaltsformen: vom Einpersonenhaushalt bis hin zu Mehrfamilienhaushalten wie Wohngemeinschaft oder Kernfamilie mit mehreren Kindern. Die Dreiteilung des Quartiers ergibt eine Bewohner-schaft aus Neuzugewanderten, Menschen mit Wohnungsberechtigungs-schein und Personen, die im frei finanzierten Wohnungsbau wohnen.

TRANSFER

Wichtig ist hierbei die Schaffung von Wohnraum mit dem Ziel, eine soziale Mischung innerhalb eines Wohngebiets zu erzeugen. Wenngleich die Umwidmung ehemaliger Agrarflächen in neue Siedlungsflächen an Stadträndern bei vielen Städten und Gemeinden zu beobachten ist, steht hier der konzeptionelle Gedanke im Vordergrund. Nämlich Wohn-raum für geflüchtete Menschen bereitzustellen und gleichzeitig den städtischen Wohnungsmarkt durch den Neubau von geförderten und frei finanzierten Wohnungen zu entlasten.

STECKBRIEF

127_private und doch öffentliche Terrasse, Balkon als Zwischenraum

Quartier Ohlendiekshöhe
Hamburg-Poppenbüttel
Studienzeitraum: Nov. 2018

www.ohlendiekshoehe.de

Bewohnerstruktur
ca. 55 % Neuzugewanderte
ca. 35 % Ortsansässige mit Wohnberechtigungsschein und
ca. 10 % ohne Transferleistungen

Wohneinheiten (WE)
ca. 118 WE Unterkunft mit
der Perspektive Wohnen (UPW),
ca. 137 geförderte WE
ca. 61 frei finanzierte WE

Wohnungsgrößen
1–4- Zimmerwohnungen

Wohnperspektive
unbefristet (geförderte
und frei finanzierte WE)
jederzeit kündbar (Unterkunft mit
der Perspektive Wohnen)

Warmmiete
15,32–17,70 €/m²
(frei finanzierter Wohnungsbau)
9,50 €/m² und 11,60 €/m²
(geförderter Wohnungsbau)

Moderation
f & w fördern und wohnen AöR

Städtische Bauherrin
f & w fördern und wohnen AöR

Architektur
Trabitzsch Dittrich Architekten
GmbH

Fertigstellung
2016 (UPW)
2018 (geförderter Wohnungsbau)
im Bau (frei finanzierter
Wohnungsbau)

Das *Quartier Ohlendiekshöhe* ist das Ergebnis eines hürdenreichen Planungsprozesses: Eine Geflüchtetenunterkunft für 1300 Personen sollte im gutbürgerlichen Stadtteil Poppenbüttel errichtet werden. Daraufhin formierte sich eine Protestbewegung mit dem Ergebnis eines Bürgervertrags zwischen der *Hansestadt Hamburg,* vertreten durch das *Bezirksamt Wandsbek,* und der Bauherrin, Vermieterin und Trägerorganisation *f & w fördern und wohnen AöR*[107] (*f & w*) und *Gemeinsam in Poppenbüttel e. V.,* dem Verein der Bewegung. Besonders ist die soziale Durchmischung durch die Errichtung von geförderten und frei finanzierten Wohnungsbauten gleichermaßen sowie temporäre Unterkünfte für geflüchtete Menschen. Letztere werden *Unterkunft mit der Perspektive Wohnen (UPW)* genannt und unterscheiden sich von Behelfsunterkünften. Denn diese sind nach den Standards des geförderten Wohnungsbaus errichtet. Für eine begrenzte Zeit werden die Wohnungen nach den Regeln einer öffentlich-rechtlichen Unterbringung, also einer Geflüchtetenunterkunft, belegt. Danach sollen diese renoviert, teilweise umgebaut und als geförderte Wohnungen vermietet werden. Durch die auf Lang-

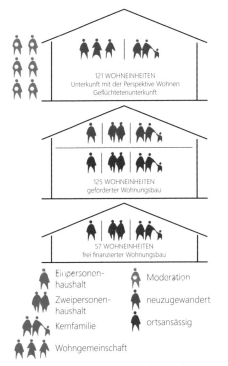

1 frei finanzierte Wohnungen
2 öffentlich geförderte Wohnungen
3 UPW
4 Kindertagesstätte (im Bau)
5 Haus 9: Gemeinschaftsräume
  verwaltet von f & w
6 kleine Kursräume in den Wohngebäuden
7 Spielplätze
8 Haus 9: Büros der Sozialarbeiter*innen von f & w
9 AWO/Aqtivus, Sozialberatung
10 Kindertagesstätte
11 Begegnungshaus (im Bau)

◼ gemeinschaftliche
  Innenräume
◼ gemeinschaftliche
  Außenräume
  andere Nutzungen

129_Axonometrie des Quartiers Ohlendiekshöhe

fristigkeit ausgelegte und im ganzen Wohngebiet gleichgestaltete Architektur wird die Akzeptanz des Wohnraums für geflüchtete Menschen erhöht.

Beratung und Unterstützung erhalten die Neuzugewanderten von Sozialarbeiter*innen von *f & w.* Diese werden bei der Umsetzung integrativer Maßnahmen wie Deutschkurse, Nähnachmittage, Kleiderspenden und Aktionen für Kinder und Erwachsene vom Verein *Poppenbüttel hilft e. V.* unterstützt. Mit *AWO/Aqtivus* findet sich eine weitere Organisation vor Ort, die Sozialberatung vorwiegend für Neuzugewanderte bedient.

Die 21 zwei- bis viergeschossigen Wohngebäude wurden zwischen 2016 und 2019 errichtet. 2018 zogen die ersten Bewohner*innen ein. 60 Prozent der Bewohner*innen leben in Kernfamilien, die größte Familie ist fünfköpfig. Wenige Wohnungen werden von Rentnern und Studierenden bewohnt. Zum Studienzeitpunkt lebten ca. 500 geflüchtete Menschen im Quartier, deren Anzahl 2020 auf 300 begrenzt werden soll.

121 WOHNEINHEITEN
Unterkunft mit der Perspektive Wohnen
Geflüchtetenunterkunft

125 WOHNEINHEITEN
geförderter Wohnungsbau

57 WOHNEINHEITEN
frei finanzierter Wohnungsbau

Einpersonen-haushalt
Zweipersonen-haushalt
Kernfamilie
Wohngemeinschaft

Moderation
neuzugewandert
ortsansässig

128_Haushaltsstruktur und Wohnsituation

MERKMALE

AB ARCHITEKTONISCHE UND STÄDTEBAULICHE BOTSCHAFT[108]

Ein beruhigendes Wechselspiel aus rotem Klinker, metallischen Stabgeländern und vertikalen Fenstern zieht sich als konsequente Gestaltungsrichtlinie durch das neue Wohngebiet.[109] Im Lageplan ist abzulesen, was die inszenierte Gleichheit versucht zu verdecken: Eine Abstufung der Art der Wohnungsbauten beginnend mit der *Unterkunft mit der Perspektive Wohnen* entlang der lauten Landstraße, die das Gebiet eingrenzt, geschützt dahinter geförderter Wohnungsbau und schließlich, entlang des ruhigen Grünstreifens mit Bach hin zur kleinteilig bestehenden Wohnbebauung, der frei finanzierte Wohnungsbau. Angehalten werden Bewohner*innen, ihre Balkone nicht zu verkleiden; wer es trotzdem wagt, bringt eine persönliche Note in den Außenraum und Spiel in die Fassade.

Diese ästhetische Klarheit findet sich auch in der städtebaulichen Anordnung der Gebäudeblöcke wieder. Die Gebäudehöhen und Baufluchten orientieren sich am benachbarten Komplex aus den 1990er Jahren. Parallel zur Landstraße verläuft eine breite Hauptachse, die als Kaltluftschneise für das Stadtklima von Bedeutung ist. Nur hier sind fahrende und parkende Autos zu beobachten, ansonsten finden Bewegungen zu Fuß oder mit dem Fahrrad statt.

Materialität und Typologie lehnen sich an die typische Hamburger Bautradition an. Die roten Klinkerfassaden greifen auf, dass seit Beginn des 20. Jahrhunderts aufgrund des lokalen Klimas vermehrt Ziegelsteinbauten in Hamburg errichtet wurden. In Anlehnung an die Blockrandbebauung der Hamburger Innenstadt wurden offene Baublöcke mit Durchwegungen umgesetzt. Zu erkennen sind Innenhöfe, die von jeweils 4 Gebäudetypologien eingefasst werden: ein Punktgebäude, ein kurzes und ein langes Zeilengebäude und ein winkelförmiges Gebäude.

Vermutlich fällt es den Bewohner*innen und Passant*innen leichter, das neue Quartier zu akzeptieren, da es vertraute Gestaltungselemente aufgreift.[110]

107 AöR – Anstalt des öffentlichen Rechts (Sozialunternehmen der Freien und Hansestadt Hamburg)

108 Da es sich in diesem Fall um ein Quartier handelt, wurde dieses Merkmal um den städtebaulichen Aspekt erweitert.

109 „Gleichheit durch ein gleiches Erscheinungsbild schaffen. Wie eine Schuluniform." Architekt

110 „Das Projekt ist baulich gut gelungen, es wurde alles bedacht." Bewohner*in, ortsansässig

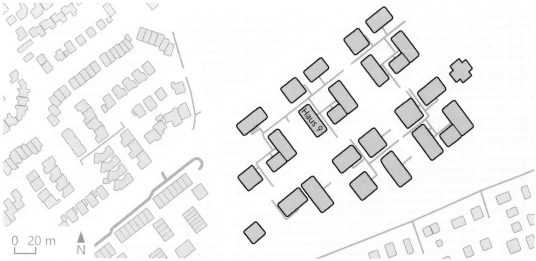

130_Lageplan des Quartiers Ohlendiekshöhe in Hamburg-Poppenbüttel

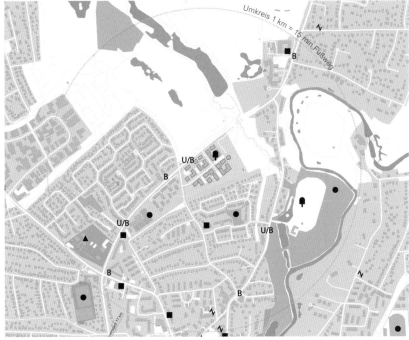

Einrichtungen für

Bildung ▲

Einzelhandel ■

Kinderbetreuung 👤

Kultur 🍦

Medizin ∿

Religion †

Sport/Spiel ●

öffentl. Verkehrsmittel

Bus **B**

S-Bahn **S**

U-Bahn **U**

131_fußläufig erreichbare Infrastruktur im Stadtteil

132_Ausschnitt Wohngebiet aus den 1990er Jahren

SI STADTRÄUMLICHE INTEGRATION

Das Neubaugebiet liegt in Poppenbüttel, einem Stadtteil im Norden Hamburgs. Die Umgebung besteht aus einer kleinteiligen Wohnbebauung mit Kleinhäusern, angrenzenden viergeschossigen Wohngebäuden aus den 1990er Jahren und einem Golfplatz jenseits der Landstraße. Das Gebiet grenzt außerdem an den Alsterradweg und das bewaldete Naherholungsgebiet[111] Dort gibt es Spazierwege, ein Fahrradwegenetz, Grillplätze und einen See.[112] Kinder können sich auf Spielplätzen und in der umliegenden Natur mit zahlreichen Spielmöglichkeiten austoben. Einrichtungen des örtlichen Sportvereins sind fußläufig erreichbar.

Der Bus, der direkt am Rand des Quartiers hält, fährt zur S-Bahn, mit welcher der Hauptbahnhof Hamburg erreicht wird. Insgesamt beläuft sich die Fahrt auf eine Stunde. Der Weg zum Bus ist für die meisten Bewohner*innen eine vertraute, weil regelmäßig genutzte, Route. Zur Schule, zum großen Einkaufszentrum oder zu Freunden in der Stadt ist der Bus die einzige Anbindung für die überwiegende Zahl der Bewohner*innen ohne

Auto, die auf öffentliche Verkehrsmittel angewiesen sind. Doch um an die Bushaltestelle zu gelangen, muss eine vielbefahrene Verkehrsstraße überquert werden.[113] Diese ist eine städtebauliche Barriere und grenzt das Gebiet nach Norden hin ab. Nachdem der Quartiersbeirat 2019 schon eine Erhöhung der Frequenz der Buslinien aufgrund der steigenden Fahrgastzahlen durchgesetzt hat, soll nun auch ein Überweg mit Zebrastreifen oder Ampel folgen.

Einkaufsmöglichkeiten, Cafés und Restaurants in Poppenbüttel werden von den Bewohner*innen fußläufig erreicht und viel genutzt. Im dortigen Stadtteilzentrum findet auch ein Wochenmarkt statt. Für die Neuzugewanderten relevante Lebensmittelläden befinden sich nicht in nächster Nähe.[114]

111 „Die Wohnsituation bedeutet Ruhe, Natur, Landschaft, Einflugschneise." Bewohner*in, ortsansässig

112 „Im Süden kann man spazieren und grillen. Es gibt einen Bach und eine Brücke, danach einen See. Da gehen wir gerne hin." Bewohner*in, neuzugewandert

113 „Die Straße ist gefährlich. Kinder rennen zum Bus und achten nicht auf den Verkehr." Bewohner*in, neuzugewandert

114 „Das Quartier liegt nicht zentral; die Wege, um Lebensmittel (halal) einzukaufen, sind weit, man muss zum Steindamm fahren." Bewohner*in, neuzugewandert

133_der Bus verkehrt nun häufiger zum Bahnhof Poppenbüttel

neuzugewanderte Bewohner*innen

╱ Bewegung

✕ Bezugspunkt

◯ Verweilen

⬆ Blickbeziehung

ortsansässige Bewohner*innen

╱ Bewegung

✕ Bezugspunkt

◯ Verweilen

⬆ Blickbeziehung

134_Narrative Mapping: alltägliche Wege der Bewohner*innen im Quartier und Stadtteil

135_Übergang vom öffentlichen Fußweg zur privaten Terrasse

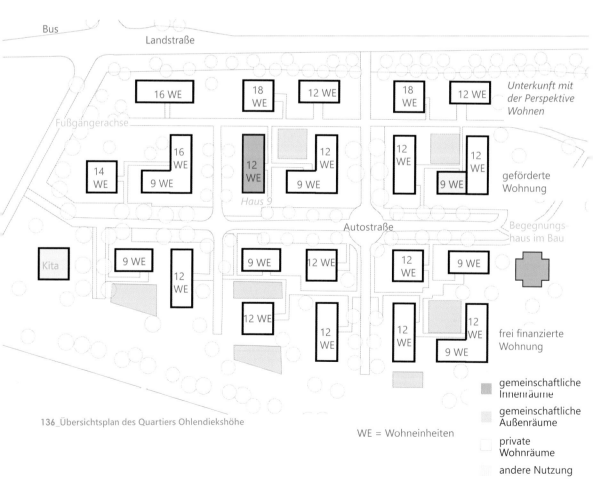

Bus

Landstraße

Fußgängerachse

Unterkunft mit
der Perspektive
Wohnen

| 16 WE | 18 WE | 12 WE | 18 WE | 12 WE |

| 14 WE | 16 WE | 12 WE | 12 WE | 12 WE |
| | 9 WE | 9 WE | 9 WE | |

Haus 9

geförderte
Wohnung

Autostraße

Begegnungs-
haus im Bau

Kita

9 WE	9 WE	12 WE	12 WE	9 WE
12 WE				
12 WE	12 WE	12 WE	12 WE	
			9 WE	

frei finanzierte
Wohnung

136_Übersichtsplan des Quartiers Ohlendiekshöhe

WE = Wohneinheiten

▪ gemeinschaftliche Innenräume

▫ gemeinschaftliche Außenräume

▫ private Wohnräume

▫ andere Nutzung

🅑🅥 BAULICH-RÄUMLICHE VERNETZUNG (IM QUARTIER)

Der Bodenbelag fungiert durch Material und Ausprägung als Schwelle zwischen öffentlichen und privaten Bereichen. Bewusst wurde der Außenraum als fließender Raum ohne Zäune und Mauern gestaltet. So existieren im Erdgeschoss keine Sichtbarrieren und der Blick wird auf Handlungen und individuelle Einrichtungsgegenstände auf den Terrassen freigegeben. Dennoch bilden die baulichen Einschnitte überdachte und dadurch geschütztere, den Wohnungen zugeordnete Zwischenräume, die das Öffentliche vom Privaten trennen. Ein Grasstreifen als Pufferzone verbindet diesen Raum mit dem öffentlichen Fußweg. In den oberen Geschossen fungiert das Metallgeländer als Vorhang.

Gepflasterte Fußwege heben sich von der breiten von Parkplätzen gesäumten, geteerten Autostraße ab. Sitzbänke in Ausbuchtungen gliedern die Fußgängerachse und entschleunigen Passant*innen. Die Gebäude werden über kleinere Fußwege, die durch die Innenhöfe führen, erschlossen. Hier soll die soziale Durchmischung stattfinden. Denn den Innenhöfen sind immer zwei unterschiedliche Arten von Wohnungsbauten zugeordnet, beispielsweise zwei Gebäude der *UPW* und zwei geförderte Wohnungsbauten. Gewünschte Begegnungen finden so spontan beim Kommen und Verlassen der Wohnungen statt.

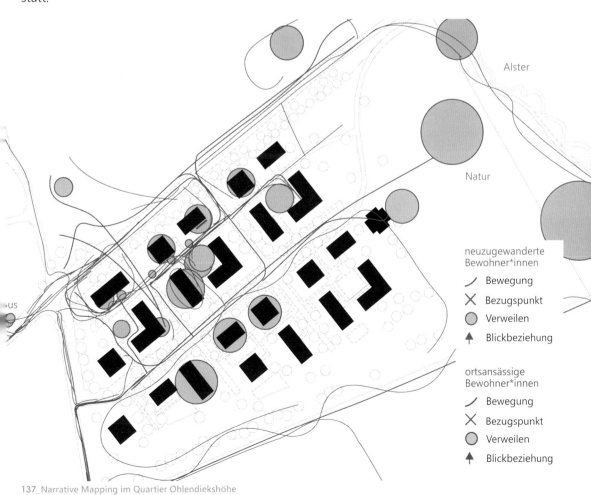

138_Visualisierung von Aussagen der 13 Bewohner*innen zu den Gemeinschaftsräumen. Diese Abbildung dokumentiert die Beschreibungen zum Hof vor Haus 9, also den Büros der Sozialarbeiter*innen und dem Veranstaltungsraum, erkundet durch Narrative Mapping und Leitfadeninterviews.

- gemeinschaftliche Räume
- **O** neuzugewanderte Bewohner*innen
- **O** ortsansässige Bewohner*innen

südländisches Flair

Sommer = Fahrrad/ spazieren

oft, jeden zweiten Tag Schmutziges gesammelt

sehr nett

langweilig

Fußgängerstraße, alles nicht fertig

Sitzbank

Musik

Asylanten

sozial

grüßen

neue Spielgeräte

Kinder sprechen arabisch und kurdisch

neuer Weg

Spielplatz

Fahrrad

im Sommer schön

Spielplatz

Innenhof Spielplatz

Kinder spielen Fußball

Hundeweg

Kinder

neu

Hunde Katze

Kinder

Poppenbüttel hilft e. V.

immer aktiv

Haus 9

139_zentraler Begegnungsort: Spielplatz vor Haus 9

IB INTERNE BEGEGNUNGSMÖGLICHKEIT

Innenräume zur gemeinschaftlichen Nutzung der Bewohner*innen sind auf dem Gelände des neuen Quartiers begrenzt verfügbar und nur in Absprache mit der Trägerorganisation *f & w* nutzbar. Zu nennen sind zwei größere Kursräume und eine Gemeinschaftsküche im zentral platzierten *Haus 9*. Hier finden Aktionen der Trägerorganisation und von anderen Vereinen wie beispielsweise *Poppenbüttel hilft e. V.* statt. Außerdem gibt es weitere kleine Gruppenräume für Einzelnachhilfe in den Wohngebäuden, die für die Belange des Standortes unentgeltlich überlassen werden.

Besondere Bedeutung kommt den Außenanlagen zu. Jeweils ein Baublock, bestehend aus vier Gebäuden, rahmt einen Freibereich, der mit Spielmöglichkeiten und Sitzgelegenheiten den Bewohner*innen der jeweiligen Gebäude zugeordnet ist. Die konzipierte soziale Durchmischung findet dort statt, indem die Blockbebauung sich aus einem Zeilengebäude der *UPW* und den winkelförmigen Gebäuden des geförderten Wohnungsbaus zusammensetzt. Zur Stärkung dieses umschlossenen Raumes sind die Hauseingänge zum Innenhof ausgerichtet – so begegnen sich Bewohner*innen beim Kommen und Gehen. Spontane Begegnungen werden aufgrund der fehlenden Flächen innerhalb des Gebäudes in den Außenraum transferiert.[115]

Zentraler Begegnungsort ist für Kinder wie Erwachsene der Spielplatz vor *Haus 9*.[116] Dieser ist an warmen Tagen stark frequentiert.[117] Zurückzuführen ist dies auf die mittige Lage im Quartier und die Nähe zu den verwalteten Gemeinschaftsräumen und den Büros der Trägerorganisation. Auch die angrenzende Fußgängermeile zwischen erster und zweiter Häuserzeile ist an sonnigen Tagen Spazierweg – besonders für nichterwerbstätige Frauen.

Zusätzlich gibt es bereits viele Angebote für Kinder im Quartier. Darunter fallen mobile Spielanlagen wie das Angebot von SpielTiger e. V. und das Stadtteilmobil. Diese Aktionen werden von der Stadt Hamburg finanziert und wöchentlich vor Ort aufgebaut.

115 „Die meisten Bewohner verbringen Zeit draußen in den öffentlichen Räumen zwischen den Gebäuden." Mitarbeiter*in *f & w*

116 „Der Spielplatz bei Haus 9 ist immer voll und laut." Bewohner*in, neuzugewandert

117 „Im Sommer findet das Leben draußen statt." Bewohner*in, ortsansässig

140_Besprechungs- und Kursraum in *Haus 9*

CHARAKTERISTIKA DER 13 INTERVIEWTEN BEWOHNER*INNEN

Geschlecht
7 × männlich
6 × weiblich

Nationalitäten
3 × Deutschland
5 × Syrien
2 × Afghanistan
1 × Eritrea
1 × Irak
1 × Somalia

Altersstruktur
6 × 21–30 Jahre
5 × 31–40 Jahre
1 × 41–50 Jahre
1 × 51–60 Jahre

Beschäftigung
4 × beschäftigt
1 × studierend/auszubildend
7 × arbeitslos
1 × in Rente

In Deutschland seit
4 × immer
3 × 1–2 Jahre
6 × 3–4 Jahre

Haushaltsform
3 × Single
3 × Wohngemeinschaft
7 × Familie (1 × allein-
erziehend)

Vorherige Wohnsituation
4 × Mietwohnung/-haus
8 × Wohnheim
1 × Eigentum

Jetzige Wohnsituation
1 × 1-Zimmerwohnung
5 × 2-Zimmerwohnung
5 × 3-Zimmerwohnung
2 × 4-Zimmerwohnung

PRIVATER RÜCKZUGSRAUM

Die Wohnungsgrundrisse setzen sich aus gleichgroßen Räumen zusammen, die von einer Kernfamilie oder Eineltern familie ebenso wie von einer Wohngemeinschaft bewohnt werden können. Die Räume sind zwischen 12,5 und 15 Quadratmetern groß.

Die Privatsphäre innerhalb der Wohnungen ist in den unterschiedlichen Wohnungstypen ambivalent. In den geförderten und frei finanzierten Wohnungen ist der individuelle Rückzugsraum mit einem Mietvertrag geregelt. In der *Unterkunft mit der Perspektive Wohnen* jedoch ist der private Raum nur für Familien gegeben. Alleinstehende bewohnen zu zweit ein Zimmer und meist zu sechst eine Wohnung mit Gemeinschaftsküche mit Essbereich und zwei Bädern. Ein Stück Privatheit sieht das architektonische Konzept vor, indem die Zimmer nicht nur Platz für zwei Betten, einen Tisch und zwei Stühle bieten, sondern wahlweise auch ein Kühlschrank reingestellt werden kann.

Besonders ist, dass fast jeder Wohneinheit ein persönlicher Freisitz, also ein Balkon oder eine überdachte Terrasse zugeordnet ist. Hinsichtlich der beengten Wohnverhältnisse für geflüchtete Menschen, bietet dieser zusätzliche gemeinsame Aufenthaltsfläche oder Stauraum.

141_Blick in eine Küche in einer Erdgeschosswohnung

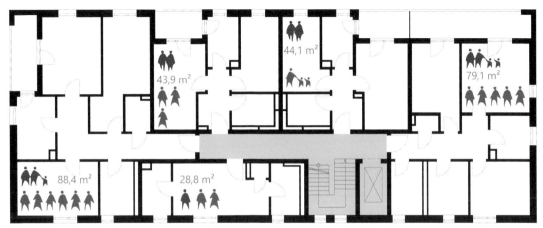

142_Grundriss Regelgeschoss eines Zeilenbaus mit zwei Belegungsbeispielen: einmal als **geförderter Wohnungsbau (lila)** und einmal als **Geflüchtetenunterkunft (rot)**

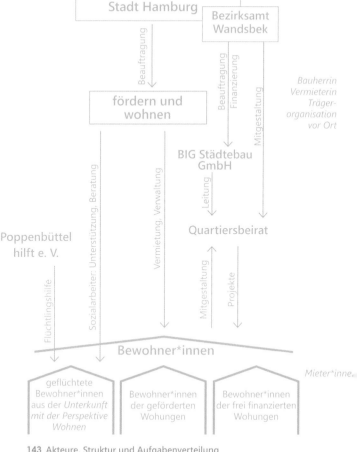

143_Akteure, Struktur und Aufgabenverteilung

ⓈⓋ SOZIALE VERWALTUNG

F & w ist Eigentümerin aller Immobilien des Quartiers, verwaltet und vermietet die Wohnungen und betreibt einen Teil der Wohnungen als Unterkunft für geflüchtete Menschen. Das städtische Sozialunternehmen bietet den Neuzugewanderten vor Ort eine Sozialberatung an. Das Sozialmanagement besteht aus einem Team aus sechs Sozialarbeiter*innen. Je eine*r unterstützt die Bewohner*innen von jeweils einem Gebäude in administrativen und sozialen Anliegen. Im Erdgeschoss von *Haus 9* sind dafür Büroräume mit regelmäßigen Öffnungszeiten eingerichtet. Unterstützt wird die Anstalt bei der Hilfe für Geflüchtete von dem Verein *Poppenbüttel hilft e. V.*

Die Auswahl der Bewohner*innen wird von der Trägerorganisation vorgenommen, wobei gezielt auf eine demografische, kulturelle und soziale Mischung geachtet wird. Welche Mitgestaltungsmöglichkeiten diese haben, wird im nächsten Merkmal erklärt.

Zentrale Anlaufstelle für die Personen aus den geförderten und frei finanzierten Wohnungen ist das Vermieterbüro vor Ort.

Dort findet die Vergabe der Wohnungen statt und dort befindet sich das Büro des Gebäudemanagements. Später, wenn alle Wohnungen vermietet sein werden, wird die zurzeit ganzwöchige Tätigkeit auf zwei bis drei Sprechstunden in der Woche reduziert.

Die Kommunikation von Aktionen im Quartier läuft über Informationen per E-Mail oder Aushang im Schaukasten im Eingangsbereich von *Haus 9*. Angeboten werden Kurse zur Sprachförderung, Eingliederungshilfe oder Mülltrennung, gemeinsamer Sport, Ausflüge und ein Sommerfest. Die Aktionen zielen überwiegend auf Neuzugewanderte ab. Beim Einzug erhält jede*r einen Begrüßungsordner mit Informationen zu Versicherungen, Kitas, Sportvereinen, Schulen, Anmeldeformularen, Feuerwehr, Telefonnummern, Sozialamt und weiteren infrastrukturellen Einrichtungen.

144_Aushänge zu aktuellen Aktionen

121 „**In jedem An-
fang wohnt ein Zauber
inne. Es hat einen Auf-
forderungscharakter,
was zu machen.**"
Bewohner*in, ortsansässig

 SYSTEMATISCHE SELBSTBEFÄHIGUNG

Bei der Belegung der Wohnungen wird bewusst darauf geachtet, dass Menschen unterschiedlicher geografischer Herkunft zusammenwohnen[118], die die interkulturelle Wohnsituation als gewinnbringend bewerten und bereit sind, sich einzubringen. Dieses freiwillige Engagement kann sich beispielsweise durch Mitwirkung im Quartiersbeirat oder durch das Initiieren von Aktionen für das Quartier äußern.

Der Quartiersbeirat ist eine Plattform zur Mitgestaltung und wird vom Quartiersmanagement geleitet.[119] Dieses wird vom *Bezirksamt Wandsbek* finanziert und von der *BIG Städtebau GmbH* ausgeführt. Der Quartiersbeirat besteht aus Vertretern der Bewohnerschaft, Nachbarschaft und Quartiersverwaltung. Der Fokus liegt in erster Linie auf der Integration von geflüchteten Menschen. Ziel des Beirats ist es, die Angebotsentwicklung vor Ort voranzutreiben, dafür eine Bedarfsermittlung zu erstellen und mit der Verwaltung zusammenzuarbeiten. 8000 Euro stehen jährlich für Projekte zu Verfügung.

Des Weiteren sind bereits durch das Engagement aus der Bewohnerschaft, besonders auch von neuzugewanderten, Initiativen für einen Frauensport, gemeinsames Kochen, arabische Sprachkurse für Kinder[120], Musikveranstaltungen und Musikunterricht entstanden. Gerade weil das Quartier so neu ist, gibt es viele Möglichkeiten, das Zusammenleben nach den eigenen Wünschen zu gestalten.[121]

118   „Wir wollen hier eine gesunde Mischung von Menschen und von Mietern hinbekommen, die wissen, auf was sie sich einlassen." Mitarbeiter*in Bezirksamt Wandsbek

119   „Das ist unsere Hauptaufgabe, da der Mittler zu sein und halt hierfür ein gutes Miteinander und ein Gelingen dieses Projekts zu sorgen, als Ansprechpartner vor Ort." Mitarbeiter*in BIG Städtebau GmbH

120   „Ich war Lehrer*in, jetzt kann ich nicht arbeiten. Deshalb veranstalte ich gerne viele Aktionen hier." Bewohner*in, neuzugewandert

145_Siegerentwurf des Architekturbüros Bow-Wow Tamotsu Ito Architects für das Begegnungshaus (BIG Städtebau GmbH 2017)

GEPLANTE QUARTIERSBRÜCKEN

Aufgrund der Lage am Stadtrand sind Veranstaltungsangebote vor Ort im neuen Quartier und bestehenden Strukturen von besonderer Bedeutung. Die Vernetzung zum Stadtteil wird von *Poppenbüttel hilft e. V.* organisiert, der aus Ehrenamtlichen, überwiegend Rentner*innen aus Poppenbüttel, besteht. Der Verein bietet Schulungs- und Freizeitangebote für Neuzugewanderte im Quartier an. So findet ein Sprachunterricht von 50 Ehrenamtlichen für 150 Neuzugewanderte in den von *f & w* verwalteten Räumen statt. Die Angebote des Vereins werden im gemeinsamen Austausch mit den Bewohner*innen initiiert. Ergebnis davon ist etwa ein Nähkurs, der auf Wunsch organisiert und dank Spenden von Nähmaschinen aus der Nachbarschaft ermöglicht wurde.

Aufgrund der geringen Begegnungsmöglichkeiten wurde von *Poppenbüttel hilft e. V.* durch viel Engagement und politische Wirkungskraft ein Begegnungshaus initiiert.[122] Dieses soll im Frühjahr 2020 fertiggestellt sein und blickt auf einen bemerkenswerten Entstehungsprozess zurück unter Mitwirkung von neuzugewanderten und ortsansässigen Bewohner*innen, Anwohner*innen, Auszubildenden, Studierenden, Architekt*innen sowie Verantwortlichen im Quartier. Im ersten Schritt wurde 2016 die zweiwöchige Summerschool „Building a Proposition for Future Activities" mit Urban Design-Studierenden der HafenCity Universität Hamburg veranstaltet, in der gemeinsam mit Bewohner*innen und Gewerbeschüler*innen Ideen formuliert und ein Raumprogramm aufgestellt wurde. Dort wurden die Grundlagen für einen einwöchigen Planungswettbewerb 2017 geschaffen, also Räume mit Größe und Funktion definiert und an die im Selbstbau erfahrenen Architekturbüros herangetragen. Gewinner des Wettbewerbs ist das mit „The Bazaar x the Living Rooms" betitelte Projekt des japanischen Ateliers *Bow-Wow | Tamotsu Ito Architects*, das sich aus mehreren Wohnzimmern zusammensetzt, die durch unterschiedliche Dachformen im Außenraum wahrnehmbar sind. Der Charme von Verspieltheit und Offenheit wich bei der Übergabe des Entwurfs an das *Architektenbüro G2R* zugunsten der Einfachheit. Entgegen der vernetzenden Idee des gemeinsamen Selbstbauens wird der Holzbau nun professionell errichtet und nur der Innenausbau wird von ehrenamtlichen Mieter*innen und Bewohner*innen mit fachlicher Anleitung gefertigt.

Im Begegnungshaus sind kulturelle und kulinarische Angebote geplant, wie Kochevents, internationale Feste mit Musik und Gespräche. Angestrebt wird ein Café oder Restaurant.

122 „Es gibt wenig Räume für Aktionen und alle vorhandenen sind in Benutzung. Deshalb ist das Begegnungshaus sehr wichtig. Besonders, da das Quartier so dezentral liegt." Vorstand *Poppenbüttel hilft e. V.*

146_Baustelle (BIG Städtebau GmbH 2019)

SEKUNDÄRANALYSE: MOTIVE DES ZUSAMMENWOHNENS

BEGEGNUNGSMÖGLICHKEITEN:
Räume und Gelegenheiten, sich
regelmäßig im Alltag zu begegnen
– geplant, aber auch ungeplant.

BEIDSEITIGE LERNBEREITSCHAFT:
Durch Aufgeschlossenheit und
den Wunsch, voneinander zu
lernen, profitieren beide Seiten.

FÖRDERLICHE LAGE:
Nachbarschaft mit relevanter
Infrastruktur, soziokulturellem
Anschluss und aufgeschlossenen
Anwohner*innen.

KINDGERECHT WOHNEN:
Raum für Kinder und Eltern
– geschützt, gut nutzbar
und bei Bedarf betreut.

KLARE REGELN:
Klar kommunizierte und erläuterte
Regeln sowie eine pragmatische
Umsetzung derselben im Alltag.

FÖRDERLICHE LAGE
*Nachbar*innen mit Ressour-
cen, die sich einbringen.*
Bewohner*in, neuzugewandert

BEIDSEITIGE LERNBEREITSCHAFT
Geduld und Zeit, voneinander zu lernen.
Bewohner*in, ortsansässig

KLARE REGELN   Bewohner*in, neuzugewandert
*Kurse etwa zur Mülltrennung sind sehr
wichtig und willkommen.*

Bewohner*in, neuzugewandert **KINDGERECHT WOHNEN**
*Kinder brauchen Freiflächen und Spiel-
plätze, wo sie laut sein dürfen.*

BEGEGNUNGSMÖGLICHKEITEN
*...aktive Begegnungsmöglichkeiten
und alltägliche Treffpunkte.*   Bewohner*in, ortsansässig

O neuzugewanderte Bewohner*innen
O ortsansässige Bewohner*innen

147_qualitative Auswertung der Aussagen von 13 Bewohner*innen des Fallbeispiels zu Motiven des Zusammenwohnens

OUTRO →

9 MERKMALE UND GELINGENSFAKTOREN INTEGRATIVEN WOHNENS

Karin Hauser
Christine Hannemann

Die Fallstudienuntersuchung von 6 *integrativen Wohn-projekten* bilden die Forschungsgrundlage für die Formulierung von Merkmalen und Gelingensfaktoren dieser sozialen Wohn-form. Ziel der Studie war es, zu untersuchen, was *integrative Wohnprojekte* kennzeichnet und wie sie zum Zusammenhalt in der Gesellschaft beitragen. Insofern wurde bei der Formulierung der Merkmale so vorgegangen, dass die Idee, Gelingensfaktoren zu charakterisieren, im Vordergrund stand und bewusst nicht die durchaus auch vorhandenen negativen Aspekte thematisiert wurden.

Grundlegend bedarf es für die Initiierung von *integrativen Wohnprojekten* finanzieller und politischer Ressourcen, engagierte Menschen sowie den Mut, unkonventionelle architektonische Lösungen zu etablieren. Es bedarf politischer Entscheidungen und der Bereitstellung finanzieller Mittel, die es ermöglichen, über die Standards des geförderten Wohnungsbaus hinaus Räume für das Gemeinwohl und damit für den gesellschaftlichen Zusammen-halt zu schaffen.

Aus den Fallstudien wurden 9 Merkmale extrahiert, die durch ihre Zusammenhalt bildende Wirkung als Gelingensfaktoren zu charakterisieren sind. Die Reihenfolge der Merkmale orientiert sich an der Überlegung, von außen nach innen vorzugehen. Die Merkmale beziehen sich sowohl auf die soziale als auch auf die räumliche Ebene: Die architektonischen Themen werden aus-gehend von der äußeren Erscheinung und dem Umfeld über die bauliche Anordnung der Räume bis hin zum persönlichen Rück-zugsraum vorgestellt. Die Merkmale auf der sozialen Ebene hin-gegen werden von privat nach öffentlich, also beginnend mit den internen sozialen Strukturen innerhalb der Bewohnerschaft bis hin zu der Vernetzung in die Nachbarschaft vorgestellt.

Auf den folgenden Seiten werden die 9 Merkmale und damit Gelingensfaktoren detailliert erläutert und ihre Ausprägung in den 6 Fallstudien dargestellt:

+ ausgeprägt   **O** schwach ausgeprägt   **—** nicht ausgeprägt

Grundlegend ist eine architektonische Botschaft (AB), deren Ziel es ist, durch Grundrissaufteilungen, die optische Erscheinung und die Anordnung des Gebäudes eine Wohnsituation zu schaffen, die bei den Bewohner*innen und Betrachter*innen Akzeptanz zu erzeugen. Ausschlaggebend dafür ist eine gute Zusammenarbeit zwischen einem engagierten Architekturbüro, das nutzerfokussiert plant und hochwertige gestalterische Lösungen erzielt, und einer aufgeschlossenen Bauherrschaft, die bereit ist, über die üblichen Baustandards hinauszudenken.

165

Entscheidend ist der stadträumliche Kontext, in den das Wohnprojekt eingebettet ist. Für eine stadträumliche Integration (SI) muss eine gute Anbindung an öffentliche Verkehrsmittel und infrastrukturelle Einrichtungen für Bildung, Einzelhandel, Kinderbetreuung, Kultur, Medizin, Religion, Sport und Spiel fußläufig vorhanden sein.

Wesentlich prägt die baulich-räumliche Vernetzung (BV) das Verhältnis zwischen Begegnung und Rückzug durch die Gestaltung von Grenzen und Übergängen zwischen dem Öffentlichen und dem Privaten. Zwischenräume bilden verbindende bauliche Elemente, die Nutzungsfreiheiten aufweisen und einzeln oder in Gemeinschaft bewohnt werden.

166

Maßgeblich für den Aufbau einer Gemeinschaft ist ein interner Begegnungsraum (IB), in dem Bewohner*innen sich treffen und kennenlernen können. Dieser Ort bietet aufgrund seiner zentralen Lage (einfach zugänglich, barrierefrei und mit einladender Atmosphäre), Größe und Ausstattung Raum für gemeinsame Aktivitäten.

167

Essenziell ist der private Rückzugsraum (PR), also das persönliche Zimmer oder die Wohnung, in dem die Bewohner*innen zur Ruhe kommen. Individuelle Gestaltungs- und Bewegungsfreiheit prägen diesen Raum, der gesetzlich geschützt den jeweiligen Bewohner*innen vorbehalten ist.

168

Basis für ein Ankommen ist der Mietvertrag, der gleichzeitig auch eine gesicherte Wohnperspektive (GW) bietet. Selbst darüber zu entscheiden, wie lange das Mietverhältnis andauert, also die Sicherheit, nicht zum Umzug gezwungen zu werden, ist grundlegend für gelingende Integration.

169

Im Fokus steht die Förderung von Zusammenhalt und Gemeinschaft, deshalb vereint die Akteure – sei es Stadt, Wohnungswirtschaft, Trägerorganisationen oder Vereine – ein soziales Engagement. Eine besondere Rolle spielt dabei die Moderation vor Ort. Diese übernimmt die soziale Verwaltung (SV), indem sie Neuzugewanderte berät, unterstützt und als Ansprechpartnerin zur Seite steht. Außerdem gestaltet die Moderation bewusst das Zusammenleben innerhalb des Projekts.

170

171

Unvermeidlich ist der Aufbau einer stabilen Hausgemeinschaft in den Händen von engagierten und kontaktfreudigen Bewohner*innen. Demokratische Entscheidungsstrukturen und verpflichtendes Beitragen zum Gemeinwohl bilden die Basis einer systematischen Selbstbefähigung (SS).

172

Von Bedeutung sind geplante Quartiersbrücken (GQ) zum direkten Umfeld, also in die Nachbarschaft, gewinnbringende Kooperationen, um durch Angebote auch von innen nach außen zu wirken. Denn neue integrative Wohnmodelle zu entwickeln, ist eine soziale Aufgabe – umso wichtiger ist die Vernetzung und Zusammenarbeit von Akteuren auf unterschiedlichen Quartiersebenen.

173

ARCHITEKTONISCHE BOTSCHAFT

Hochwertiges Bauen nimmt Einfluss auf die Wohnqualität, die Aneignung der Räume und die öffentliche Bewertung. Der optische Eindruck wird durch Fassadengestaltung, Form und Farbe geprägt. Deshalb muss das Gebäude durch die Materialauswahl auf Langlebigkeit angelegt sein und architektonische Qualitätsmerkmale aufweisen, wodurch sich das äußere Erscheinungsbild in den städtebaulichen Kontext einfügt. Die Projekte zeichnen sich dadurch aus, dass sie Alt und Neu auf gestalterischer und sozialer Ebene verknüpfen und die gegenseitige Akzeptanz befördern. Das gestaltete Zusammenspiel von bestehender Architektur und neuen baulichen Strukturen bewirken Integration. Dies äußert sich durch die Einbettung des optischen Erscheinungsbildes in den bestehenden Kontext, um einer Stigmatisierung vorzubeugen. Gebaut wird nämlich nicht nur für die Bewohner*innen, sondern vor allem auch für die Anwohner*innen.

Dauerhafte Wohnlösungen spiegeln sich in der Bauart wider und stehen im Gegensatz zu temporären Provisorien, wie beispielsweise Containerbauten, Baracken, Zelte und Hallen; die Erstgenannten fokussieren das Wohnen, nicht das Unterbringen. (Friedrichs 2017: 38) Die entsprechenden Wohngebäude weisen architektonische Überlegungen hinsichtlich der Grundrissaufteilung, Wohnungsgrößen, Flexibilität in der Nutzung und der Ausstattung auf und beeinflussen somit die alltägliche Wohnpraxis. Qualitativ hochwertiges Bauen und eine gute Ausstattung befördern einen pfleglichen Umgang der Bewohner*innen mit dem Gebäude. Eine Variation an Raumgrößen, Materialität, Farbigkeit und Lichtverhältnissen bieten multiple Nutzungen an.

Umgestaltung ehemaliges Pfarrhaus mit Garten, in kirchliches Gebäudeensemble integriert, ortsbildprägend

moderne Betonoptik, Farbgebung der Laubengänge greift Farben der Umgebung auf

Umgestaltung 100-jähriges Gründerzeithaus, Erdgeschosszone als Kommunikationsort mit bunter Farbgebung

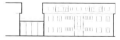

verglaster Veranstaltungsraum anstatt Garage, Sanierung von Wohngebäuden

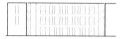

kontrastreiche Nachverdichtung im Klostergarten aus hochwertigen Materialien, in kirchliches Gebäudeensemble integriert

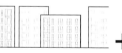

einheitliches Fassadenbild, kontextbezogenes Material und traditionelle Formgebung

SI + Straßenbahn vor der Haustür

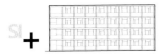

SI + fußläufig zur Innenstadt, Blick auf Kirche in der Stadtmitte

SI + innerstädtische Wohnlage mit optimaler Infrastruktur

SI – wenig Infrastruktur, Freizeitmöglichkeiten in der Natur

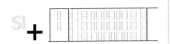

SI + fußläufige Lage zum Stadtteilzentrum

SI – Stadtrandlage mit wenig Infrastruktur, Freizeitmöglichkeiten in der Natur

STADTRÄUMLICHE INTEGRATION

Die stadträumliche Einbindung ins Quartier ist grundlegend für die Akzeptanz im bestehenden Kontext. „Beide Aspekte, die erwünschte Unterbringung in städtischen Wohnlagen und die Integration der Zugewanderten, sind ausgesprochen bedeutsam für den sozialen Zusammenhalt in unserer städtisch geprägten Gesellschaft." (IWE-FG/Difu 2016: 6) Integration in den Stadtraum funktioniert nur in einer städtisch eingebundenen Wohnlage, die fußläufig erreichbare Infrastrukturen wie Einzelhandel, Bildungseinrichtungen, medizinische Versorgung, Kindergärten und Freizeiteinrichtungen aufweist und gut an den öffentlichen Nahverkehr angebunden ist. Es ist davon auszugehen, dass die Bewohner*innen aufgrund des geringen Einkommens nicht über einen PKW verfügen und auf die Erreichbarkeit zu Fuß, mit dem Fahrrad oder öffentlichen Verkehrsmitteln angewiesen sind. Nur so können Arbeits- und Ausbildungsstätten aufgesucht und soziale Kontakte im ganzen Stadtgebiet gepflegt werden.

Außerdem bieten belebte und multikulturelle Quartiere zahlreiche Möglichkeiten der Teilhabe und Kontaktmöglichkeiten, während Projekte in der Peripherie eine Vernetzung erschweren. (Haslinger/Takasaki 2017: 30) Die Bewegungsradien der alltäglichen Wege im Quartier werden sowohl von einem breiten Angebot als auch von einem interkulturellen Charakter befördert, sodass beispielsweise das Tragen eines Kopftuches nichts Außergewöhnliches ist.

Der Blick auf die Kirche in der Stadtmitte beeinflusst beispielsweise das Gefühl, mitten im Geschehen zu sein, also in einer integrativen stadträumlichen Situation verortet zu sein. Das steht im Gegensatz zu der peripheren Lage von Projekten.

BAULICH-RÄUMLICHE VERNETZUNG

Im Grundriss werden die Räume in öffentliche, gemeinschaftliche und private Flächen untergliedert und in Beziehung zueinander gesetzt. Baulich-räumliche Strukturen definieren dadurch Handlungsspielräume für Interaktion und Rückzug.

Besondere Bedeutung kommt Zwischenzonen zu, die Bereiche miteinander verbinden und voneinander abgrenzen, da sie den Austausch zwischen außen und innen steuern. Baulich umgesetzt sind diese Zonen Erschließungsflächen – also Treppenhäuser und Laubengänge. Dort begegnen sich die Bewohner*innen bei alltäglichen Handlungen. Laubengänge, das heißt durchgängige Flure, ermöglichen spontane Kontakte beim Betreten und Verlassen der Wohnung. Paradoxerweise sind Laubengänge als Zwischenzonen ein zusätzlicher Puffer vor den privaten Wohnungen, sie werden jedoch auch gemeinschaftlich genutzt und tangieren daher die Privatsphäre durch mögliche Einblicke. Das Undefinierte dieser Zwischenzonen geht einher mit der Flexibilität in der Nutzung, der situativen Verhandelbarkeit und dadurch der individuellen Aneignung der Räume. Einfluss darauf nehmen Architekt*innen durch die bewusste Gestaltung von Aufweitungen für Kommunikationsflächen und Nischen als Rückzugsraum. (Mauser 2016: 74)

Unterschiedliche Öffentlichkeitsgrade der Bereiche sind erlebbar und grenzen sich klar voneinander ab. Durch die architektonische Gestaltung ist ablesbar, in welchen Räumen das Teilen erlaubt, erwünscht oder gefordert ist. Jede*r kann selbst wählen, wem Zutritt in private Bereiche gewährt wird, während in gemeinschaftlichen Räumen Regeln zugunsten des Gemeinwohls gelten. Dadurch kann die Teilhabe an Gemeinschaft durch die Nutzungsfrequenz selbst bestimmt werden. Diese persönliche Entscheidungsfreiheit ist hinsichtlich der teils traumatischen Einzelschicksale von Neuzugewanderten ein wichtiger Aspekt, um das Sicherheitsgefühl zu befördern.

klare vertikale Trennung durch Treppenhaus und Gemeinschaftsräume im Erdgeschoss

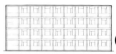

Laubengang als Zwischenraum und Trennung, fehlender Schutz, da direkter Zugang zur Wohnungstür

Trennung der privaten Bereiche durch Türen, unterschiedliche Öffentlichkeitsgrade im Treppenhaus

Wohngebäude mit separatem Eingang, öffentlicher Eingang zum Veranstaltungsraum im Bürogebäude

Platzabfolge mit unterschiedlichen Öffentlichkeitsgraden, Laubengänge zur Begegnung

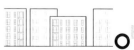

offene Blockrandbebauung mit Durchwegung und Erschließung über Innenhof

Gemeinschaftsküche mit Essbereich und Terrasse, Wohnzimmer mit Spielkonsole, Sportraum

zentraler, großzügiger Gemeinschaftsraum: verwaltet, werktags offen

Gemeinschaftsraum (*Pavillon*), Gemeinschaftsküchen auf jeder Etage, Dachterrasse, bepflanzter Hinterhof

Gemeinschaftsraum (*Fuge*), Spielzimmer, Bibliothek, Gemeinschaftsgarten mit Terrasse und Gemüsebeet

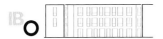

Innenhof, Spielplatz, wenig gemeinschaftliche Innenräume

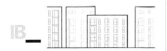

Spielplatz, wenig gemeinschaftliche Innenräume: verwaltet, werktags offen; aber Begegnungshaus im Bau

INTERNE
BEGEGNUNGSMÖGLICHKEIT

Gemeinschaftsküche, hausbezogener Veranstaltungs- und Freizeitraum, Werkstatt, Sportraum, Spielzimmer, Bibliothek, Gemeinschaftsgarten, Spielplatz, Innenhof, Terrasse und Grillplatz – diese Orte sind Beispiele für Gemeinschaftsräume und -flächen, die für und von der Bewohnerschaft gestaltet werden. Dort entstehen Möglichkeiten, gemeinsame Aktivitäten durchzuführen, miteinander in Kontakt zu treten und am Gemeinschaftsleben teilzunehmen. „Ein gemeinsamer Raum ist ein Raum, der immer in Entstehung sein kann; er entsteht, indem Menschen ihre Beziehungen kollektiv entwickeln." (Stavrides 2018: 17)

Damit Gemeinschaftsräume zu Aneignungsräumen werden können, müssen diese frei zugänglich sein und dynamische Nutzungsmöglichkeiten aufweisen. Dies sind Räume, „die sich geflüchtete Menschen in ihrem Handeln aneignen, die am Aufbau sozialer Netzwerke, dem Informationsgewinn, der Freizeit oder schlicht dem Bestreiten des alltäglichen Lebens dienen." (Arouna/u. a. 2019: 19) Eine hohe Nutzungsdichte und unterschiedliche architektonische Ausformulierungen bieten den Bewohner*innen „Raum für Spontaneität, Veränderung und Entwicklung, Kreativität" (Saunders 2011: 486). Die Möglichkeit des Gebrauchs regt dazu an, persönliche Qualifikationen und Interessen mit der Gemeinschaft zu teilen, voneinander zu lernen und Austauschformate aufzubauen. Der Effekt ist, dass Einsamkeit vorgebeugt wird, indem freundschaftlichen Beziehungen Raum gegeben wird.

Wie die Räume wahrgenommen und genutzt werden, ist zurückzuführen auf ihre Gestaltung, Lage, Größe, Ausstattung und Zugänglichkeit für die Gemeinschaft. Ob es moderierte oder selbstinitiierte Angebote gibt, ist von dem Grad der Selbstverwaltung der Gemeinschaft abhängig.

PRIVATER RÜCKZUGSRAUM

Ein privates Einzelzimmer oder eine eigene Wohnung würdigt das Individualleben jeder/s Einzelnen und ist durch Artikel 13 des Grundgesetzes vor unerlaubtem Eindringen, Durchsuchen oder Überwachen geschützt. Grundlage für diesen Schutz ist ein Mietvertrag, mit dem den Mieter*innen die Räume überlassen werden.

Der private Rückzugsraum hat emotionalen Einfluss auf die Bewohner*innen eines Wohnprojekts. „Als Ort der Regeneration, des Rückzugs, aber auch des Ausdrucks der individuellen Aneignung und der Selbstdarstellung bildet der private Raum das persönliche Territorium, in dem die eigenen Regeln gelten." (Schmid/u. a. 2019: 16) Nur durch die Möglichkeit, sich der Gemeinschaft zu entziehen und zur Ruhe zu kommen, schöpfen Bewohner*innen Energie, um miteinander in Kontakt zu treten. Private Räume sind für Neuzugewanderte Schutzräume, in denen sie uneingeschränkt ihre kulturellen und religiösen Lebenspraktiken ausleben können. Besonders belastend ist es für muslimische Frauen, da sie ohne privaten Rückzug in Angst leben, von fremden Männern ohne Kopftuch gesehen zu werden. Durch Frauenwohngemeinschaften wird den Bewohnerinnen die Freiheit zugestanden, sich in der Wohnung uneingeschränkt bewegen zu können.

Ein ruhiger Ort verhindert, dass die Menschen einer hohen Lautstärke ausgesetzt sind, die sie aufschreckt und in eine Bedrohungssituation versetzt (Kohlick 2016). Private Räume mit eigenen Koch- und Waschmöglichkeiten fördern die selbstständige Haushaltsführung und mindern die „Angst vieler vor einem Zuviel der Gemeinschaftlichkeit" (Mensch 2011: 8).

In Abhängigkeit von der Bewohnerstruktur bieten eigene Wohnungen genügend individuellen Rückzugsraum, beispielsweise ein ruhiges Zimmer, in dem Bewohner*innen lernen oder Kinder Hausaufgaben machen können.

private Einzelzimmer

private Wohnungen, Einblicke vom Laubengang aus möglich

private Einzelzimmer mit Waschgelegenheit

private Wohnungen und Einzelzimmer in Wohngemeinschaften

private Wohnungen

private Wohnungen

unbefristet, konzeptionelles Übergangswohnen: 2–3 Jahre für Neuzugewanderte

unbefristet

unbefristet, konzeptionelles Übergangswohnen: 15–18 Monate für
Neuzugewanderte

unbefristet, konzeptionelles Übergangswohnen: 2–3 Jahre für Neuzugewanderte

unbefristet

unbefristet im geförderten und
frei finanzierten Wohnungsbau,
befristet in der *Unterkunft mit der
Perspektive Wohnen*

GESICHERTE
WOHNPERSPEKTIVE

Integratives Wohnen sollte allen Projektbewohner*innen eine längerfristige Wohnperspektive eröffnen. Gekennzeichnet ist diese durch einen unbefristeten Mietvertrag mit gesetzlicher Kündigungsfrist. Dies ermöglicht die selbstständige Entscheidung über die Länge der Wohndauer. *Integratives Wohnen* zielt, anders als beim Übergangswohnen bzw. begleiteten Wohnen (Meuth 2018: 233), auf die Bewältigung des Ankommens und den Übergang in die Selbstständigkeit ab. Durch die langfristige Wohnperspektive wird den Bewohner*innen die Chance auf das Bleiben und damit einhergehend den Aufbau einer festen Ortsbindung ermöglicht. Zusätzlich wirkt sich eine niedrige Fluktuationsrate positiv auf eine stabile Hausgemeinschaft aus, da die Bereitschaft besteht, Aufgaben dauerhaft zu übernehmen.

Anzukommen, das Wohnumfeld kennenzulernen und sich in der Hausgemeinschaft und im Quartier durch Eigeninitiative einzubringen, liegt einem dauerhaften Wohnsitz zugrunde. Besonders im Hinblick auf die vorherigen Wohnerfahrungen mit häufig wechselnden Wohnstandorten, dem gezwungenen Umziehen und immer wieder Neueingewöhnung an unterschiedlichen Orten ist es grundlegend, dass neuzugewanderte Bewohner*innen zur Ruhe kommen. Erst durch die persönliche Aneignung eines Ortes können soziale Netzwerke aufgebaut werden.

Eine Besonderheit bilden Modelle des *konzeptionellen Übergangswohnen*, bei denen der Fokus auf dem *Ankommen* von Neuzugewanderten liegt. Beispielsweise ist das Wohnen im *integrativen Wohnprojekt* auf 2–3 Jahren geplant, dennoch werden unbefristete Mietverträge vereinbart. In dieser Zeit sollen die Bewohner*innen Deutsch lernen, eine Erwerbsarbeit finden und Kontakte knüpfen, während sie in einem sicheren Mietverhältnis wohnen. Danach kann entschieden werden, ob die Personen weiterhin in dem *integrativen Wohnprojekt* in Gemeinschaft wohnen bleiben wollen oder eine andere Wohnform bevorzugen.

SOZIALE VERWALTUNG

Ziel ist es, eine Hausgemeinschaft aufzubauen. Hierfür identifiziert professionelles Fachpersonal anfänglich gemeinschaftsfördernde Themen und setzt diese in Aktionen zur Begegnung um. Der Moderierende ist die Schnittstelle zwischen den Bewohner*innen und Trägerorganisation oder Bauherr und übernimmt beratende sowie vermittelnde Aufgaben.

Grundlagen und Regeln des Miteinanders werden überwiegend moderiert entwickelt, das heißt basierend auf den Einschätzungen der Leitung, aber zusammen mit der Hausgemeinschaft. Im Hinblick auf Neuzugewanderte verkörpert die Moderation eine Anlaufstelle für ein breites Spektrum an Angelegenheiten, von Bürokratie bis hin zu alltäglichen Verhaltensweisen. Hier geht es nicht um eine Bevormundung, sondern eher eine Steuerung und Aktivierung zur Selbstorganisation. (Ludl 2017: 13) Denn Ziel der Moderation ist der Aufbau einer selbstständig organisierten Gemeinschaft durch Gruppenfindungsprozesse. (Mensch 2011: 9) Dabei ermutigt die Moderation die Bewohner*innen dazu, sich gegenseitig durch organisierte Aktivitäten kennenzulernen und Vorurteile abzubauen. Gemeinsam werden Ideen zur Gestaltung der Gemeinschaft erarbeitet und umgesetzt.

Das Fachpersonal vor Ort befindet sich in einem Wechselspiel aus einem vertrauten, freundschaftlichen und einem distanzierten, hierarchischen Umgang mit den Bewohner*innen. Abhängig ist das Verhältnis davon, ob die Moderation Teil der Bewohnerschaft ist oder nur werktags im Wohnprojekt anzutreffen ist.

Jesuitenpatres sind Moderatoren und Bewohner: Vermittlung, Beratung

Sozialarbeiter ist werktags vor Ort: Vermittlung innerhalb Bewohnerschaft und zum Vermieter, Beratung, Unterhaltung

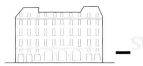

professionelle Verwaltung der Finanzen, sonst Selbstverwaltung, da Moderation fehlt

Hauseltern mit Kindern, wohnen und moderieren: Vermittlung innerhalb Bewohnerschaft und zum Vermieter, Beratung, Unterhaltung

Sozialarbeiterin für Neuzugewanderte werktags vor Ort: Beratung

Team von Sozialarbeiter*innen für Neuzugewanderte werktags vor Ort: Beratung

Bewohner*innen können sich einbringen, nutzen dies aber kaum

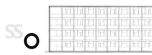

Bewohner*innen können Kurse anbieten, aber moderierte Aktivitäten dominieren

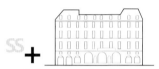

verpflichtender, aktiver Beitrag für das Gemeinwohl:
4 Stunden/Woche, demokratisch strukturierte Hausgemeinschaft

verpflichtender, aktiver Beitrag für das Gemeinwohl:
10 Stunden/Monat

einzelne engagierte Bewohner*innen bauen selbstständig Kontakte auf

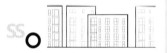

einzelne engagierte Bewohner*innen geben Kurse und veranstalten Treffen

SYSTEMATISCHE SELBSTBEFÄHIGUNG

Integratives Wohnen ist gekennzeichnet durch Möglichkeiten der Mitbestimmung und Engagement vonseiten der Bewohner*innen. Das Übernehmen von Verantwortung erzeugt eine Bindung an den Ort bzw. ein Ankommen und Teilnehmen. Nach anfänglichem Initiieren von moderierten Angeboten sollen Bewohner*innen angeregt werden, sich selbst durch Ideen und Engagement einzubringen. Dies setzt Möglichkeiten, Zeit, Energie und Bereitschaft der Bewohner*innen voraus. (Rogojanu 2019: 190)

Ein Beteiligungsformat ist beispielsweise die freiwillige Verpflichtung, individuelle Fähigkeiten mit anderen zu teilen und Aufgaben, die dem Gemeinwohl zugutekommen zu übernehmen. Umsetzbar ist dies in Form von Kinderbetreuung, Deutschunterricht, Hausmeistertätigkeiten oder Gartenarbeit. Dadurch veranstalten die Bewohner*innen Aktivitäten zur Begegnungen und Stärkung des Zusammenlebens in Eigenregie.

Wichtig ist, dass Ortsansässige und Neuzugewanderte gleichermaßen eingebunden sind, damit möglichst viele Interessen und unterschiedliche soziokulturelle Stimmen vertreten sind. So erhalten auch Neuzugewanderte die Chance, „ihre Angelegenheiten selbst in die Hand zu nehmen, in denen sie sich ihrer Fähigkeiten bewußt [sic] werden, eigene Kräfte entwickeln und ihre individuellen und kollektiven Ressourcen zu einer selbstbestimmten Lebensführung nutzen lernen" (Herriger 2006: 20).

Demokratische Strukturen der Mitgestaltung binden alle Interessierten ein und geben den Beteiligten gleichwertige Stimmen mit dem Ziel, auf Basis einer Vertrauenskultur eine selbstverwaltete Gemeinschaft auf allen Hierarchieebenen aufzubauen.

GEPLANTE QUARTIERSBRÜCKEN

Geplante Ereignisse in öffentlich zugänglichen Räumen befördern die Vernetzung ins Quartier. „Gelebte Nachbarschaften sollten als Orte der Integration und Koexistenz in die Zukunft weisen. Es sind folglich jene sozialen Kohäsionskräfte in den Blick zu nehmen und zu stärken, die den sozialen Zusammenhalt in den Quartieren fördern." (IWE-FG/Difu 2016: 7) Um Anknüpfungen ins Quartier zu ermöglichen, müssen Kollaborationen von unterschiedlichen Akteuren vor Ort aufgebaut werden. „Neben Institutionen und Menschen aus Verwaltung und Politik auf Stadt- und Stadtteilebene sind dies beispielsweise Wohnungsunternehmen, Wohlfahrtsverbände, Kirchen, freie Träger soziokultureller Arbeit, aber auch Schulen und Hochschulen, Vereine [‚Migrantenorganisationen] und Initiativen etc." (Pristl 2001: 154) Besonders für Neuzugewanderte sind regionale Vereine ein wichtiger Schritt, sich den Ort anzuzeigen. „Integration als Mitgliedwerdung betrifft und verändert Zugehörigkeitsgefühle und Identifizierungsbereitschaften der Migranten mit nationalen, ethnischen, regionalen und lokalen Kollektivstrukturen." (Heckmann 2015: 73) Zusätzlich leisten Migrantenorganisationen herkunftsspezifische Angebote und bieten Neuzugewanderten Raum, ihre Religion und Kultur zu leben.

Je größer der bauliche Maßstab eines Projektes ist, umso wichtiger ist es, dass Räume explizit für diese soziale Vernetzung errichtet werden. Dadurch entsteht eine Öffnung zum Stadtteil, die durch entsprechende Veranstaltungen die Attraktivität für Besucher*innen steigern, wodurch Wertschätzung für das gesamte Projekt entsteht. Das Bereitstellen von neuen Angeboten und das Beleben von vorhandenen sozialen Netzwerken wie Vereinen, Kirchengemeinden oder Bildungseinrichtungen schaffen einen gewinnbringenden Austausch zwischen Neu und Alt und eröffnen Bewohner*innen und Anwohner*innen gleichermaßen ein breites Freizeit- und Begegnungsangebot.

wenig Kontakt zur benachbarten Kirchengemeinde, Mitgliedschaften in Sportverein/Kirche im Stadtgebiet

keine Quartiersbezüge

Initiativen vor Ort mit Büros, Künstleretage, öffentliches Café, viele Aktionen für Quartiersbewohner*innen

Veranstaltungen für Bewohner*innen und Anwohner*innen, Vermietung von Kursräumen

wenig Vernetzung, Tag der offenen Tür zur Eröffnung

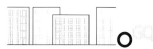

Flüchtlingsarbeit von Ehrenamtlichen aus dem Stadtteil

ANHANG

PROJEKTKATALOG

Der vollständige Projektkatalog zur bundesweiten
Recherche von *integrativen Wohnprojekten* ist auf
der Website des Forschungsprojektes zu finden:
www.zusammenhaltbrauchtraeume.de/wohnprojekte/

BUNTE BERSE WALTJENSTRASSE

Gröpelingen,
Bremen
REALISIERT 2015

DAS VERTIKALE SOZIALE DORF

Hulsberg,
Bremen
IN PLANUNG

BUNTES LEBEN IM ENGLISCHEN VIERTEL

Hameln-Pyrmont,
Niedersachsen
REALISIERT 2016

INTEGRATIONS-QUARTIER

Hannover,
Niedersachsen
REALISIERT 1993

HITZACKER DORF

Hitzacker,
Niedersachsen
IN PLANUNG

JADE-BAD

Wilhelmshaven,
Niedersachsen
IN PLANUNG

ABUNA-FRANS-HAUS

Essen,
Nordrhein-Westfalen
REALISIERT 2017

HEIMATWERKER

Nieheim,
Nordrhein-Westfalen
IM BAU

AM KLARISSEN-
KLOSTER
Köln,
Nordrhein-Westfalen
REALISIERT 2017

HOFFNUNGSHAUS
FLANDERNSTRASSE
Esslingen,
Baden-Württemberg
REALISIERT 2017

KITEV

Oberhausen,
Nordrhein-Westfalen
REALISIERT 2016

SOZIALWOHNUNGEN

Ostfildern,
Baden-Württemberg
REALISIERT 2015

WOHNSINN
1+2
Darmstadt,
Hessen
REALISIERT 2008

KOMMUNITÄT
BEUGGEN
Rheinfelden,
Baden-Württemberg
REALISIERT 2015

STADTBAUKASTEN

Kronberg,
Hessen
IN PLANUNG

ST. VINZENZ-PALOTTI

Stuttgart-Birkach,
Baden-Württemberg
REALISIERT 2020

GLOBALOKAL –
WOHNEN UND WIRKEN
Frankfurt-Schwanheim,
Hessen
IN PLANUNG

TÜBINGER REGAL

Tübingen,
Baden-Württemberg
IM BAU

SANDERSHAUS

Kassel,
Hessen
REALISIERT 2017

FRIEDRICH-
SCHOFER-SIEDLUNG
Waiblingen,
Baden-Württemberg
REALISIERT 1964

HOFFNUNGSHAUS
LEONBERG
Leonberg,
Baden-Württemberg
REALISIERT 2016

GRANDHOTEL
COSMOPOLIS
Augsburg,
Bayern
REALISIERT 2013

BODENSEESTRASSE – WOHNEN FÜR ALLE
München-Aubing,
Bayern
REALISIERT 2017

INTEGRATIONSHAUS
Oranienburg,
Brandenburg
REALISIERT 2017

DANTEBAD – WOHNEN FÜR ALLE
München-Moosach,
Bayern
REALISIERT 2016

PROJEKT HARZER STRASSE
Treptow-Köpenick,
Berlin
REALISIERT 2012

ORT DES AN-KOMMENS
München-Bogenhausen,
Bayern
NICHT REALISIERT

LEBENSORT VIEL-FALT AM OSTKREUZ
Berlin-Friedrichshain,
Berlin
IM BAU

YIL – YOUNG IN-DEPENDENT LIVING
München-Ramersdorf,
Bayern
REALISIERT 2016

ZUSAMMENKUNFT
Berlin-Mitte,
Berlin
IN PLANUNG

INTEGRATIONSPROJEKT KISTLERHOFSTRASSE
München-Obersendling,
Bayern
REALISIERT 2015

REFUGIO
Berlin-Neukölln,
Berlin
REALISIERT 2015

FLEXI-HEIM
München-Nymphenburg,
Bayern
IM BAU

TOM – TOLERANTES MITEINANDER
Treptow-Köpenick,
Berlin
IM BAU

DESSAU-ROSSLAU
Dessau,
Sachsen-Anhalt
IN UMSETZUNG

QUARTIER OHLENDIEKSHÖHE
Hamburg-Poppenbüttel,
Hamburg
REALISIERT 2017

POSITION ZUM INTEGRATIVEN WOHNEN[123]
PERSPEKTIVE DES FORSCHUNGSBEIRATS

Julia Hartmann
Ricarda Pätzold

für die Mitglieder des For-
schungsbeirats:
Ingrid Breckner
Alexander Hagner
Mamad Mohamad
Ayse Özbabacan
Martin Schmelzer

Wohnen ist – wenn auch nicht im Grundgesetz verankert – ein Grundbedürfnis und existenzielle Grundlage für ein selbstbestimmtes Leben. Neben anderen Rahmenbedingungen stellt es die Basis für die Integration neuzugewanderter Menschen dar.

In seiner Stellungnahme und auf seiner offiziellen Website verlautbart das Bundesministerium des Innern, für Bau und Heimat (BMI): „Ziel von Integration ist es, alle Menschen, die dauerhaft und rechtmäßig in unserem Land leben, in die Gesellschaft einzubeziehen."

Ein so formuliertes Ziel betont den wechselseitigen Charakter von Integration. Es geht eben nicht ausschließlich darum, dass sich von *außen* Kommende in die Gesellschaft einfügen. Vielmehr konstituiert sich Gesellschaft unter anderem über die Verhandlung von Regeln, von Zugängen, von Chancengleichheit und Teilhabe – Alteingesessener wie Zugewanderter gleichermaßen. Dabei wird ein Gesellschaftsbild skizziert, das auf Konsistenz und Kohärenz beruht und allgegenwärtige Fragmentierungsprozesse zu überwinden sucht. Grundlage eines *Wir* ist in dieser Lesart nicht die Abgrenzung zu *Anderen*, sondern die Befähigung eines jeden, Gesellschaft bzw. gesellschaftliches Miteinander aktiv mitzugestalten. Eine solche Befähigung wächst durch eine gestaltbare Verankerung des Individuums in gesellschaftlichen Bezügen – durch die Möglichkeit zum Mitdenken, Mitentscheiden und Mitgestalten.

Mit Blick auf das Wohnen muss zwischen der Funktion des Obdachs und der des Behaust-Seins unterschieden werden. Das erstere bietet zweifelsohne Schutz (das berühmte *Dach überm Kopf*), lässt aber viele weitere Qualitäten des Wohnens – Gestaltbarkeit, Anpassbarkeit, Individualität – vermissen, die essenziell für ein selbstbestimmtes Leben sind.

Die *integrativen Wohnprojekte* verfolgen das Ziel, über die Grundversorgung des Obdachs hinaus ein Ankommen in Geborgenheit zu ermöglichen und damit die Grundlagen für Teilhabe zu schaffen. Sie verbinden Ansätze der Selbstbestimmung mit dem offenen Angebot von Nachbarschaft – und bieten oft zusätzlich strukturierte Unterstützungsangebote. Aus der raumlichen Verankerung des eigenen Selbst soll der Schritt in die *Gesellschaft* erfolgen. Dieses Prinzip folgt der Annahme, dass Rechte und Pflichten eines gelingenden Wohnens in einer gelebten Nachbarschaft vermittelt werden können. Darüber hinaus können

123 Es handelt sich um eine gekürzte Version der Positionierung des Forschungsbeirats. Die Langversion finden Sie hier: www.zusammenhaltbrauchtraeume.de/beirat

in Nachbarschaft – bzw. durch die Nachbarinnen und Nachbarn – auch andere Voraussetzungen für gesellschaftliche Teilhabe wie Sprache, Kulturtechniken erlebt, geteilt und erlernt werden – und nicht zuletzt zwischenmenschliche Begegnungen und Beziehungen entstehen.

Auch wenn Erfahrungen die Effekte gemeinschaftlichen Wohnens belegen, sollten die Erwartungen nicht zu hochgesteckt und die Modelle damit überfrachtet werden – Wohnen in Gemeinschaft ist nicht *per se* – für jede und jeden in jedweder Situation eine *Integrationsmaschine*. Integrative Wohnprojekte sollten auch nicht ausschließlich auf die enge Nachbarschaft von Alteingesessenen und neu Zugezogenen reduziert werden. Teilhabechancen entstehen auf Grundlage einer offenen Haltung, wechselseitiger Neugier sowie der Konfliktfähigkeit aller Bewohnenden. Eine paternalistische, die neu zugezogenen Mitbewohnenden von Rechten und Pflichten entbindende Haltung behindert dagegen Teilhabe.

In dem Projekt *Zusammenhalt braucht Räume – integratives Wohnen mit Zuwanderern* stand eine spezielle Spielart von Wohnprojekten im Fokus, deren Merkmale explorativ herausgearbeitet wurden. Diese auf unterschiedlicher Initiative beruhenden *Modelle* zeigen deutlich auf, wie Integrationsprozesse durch Förderung des *Empowerments* (Stärkung der Fähigkeiten und Kompetenzen des Einzelnen) beschleunigt werden können. Dies wiederum kann zur Entwicklung einer (aufgeschlossenen) Haltung sowohl der Beteiligten als auch der Stadtgesellschaft beitragen.

In vielen Bereichen werden – im Kleinen – immer wieder solche ermutigenden Erfahrungen gemacht. Dafür wird in der Regel dann der Begriff der Nische bemüht. Mit Blick auf die skizzierten gesellschaftlichen Herausforderungen ist es aber dringend erforderlich solche und andere *Nischenerfahrungen* für die *große Bühne* zu adaptieren bzw. die Voraussetzungen dafür zu schaffen: Zusammenhalt braucht Räume und Städte brauchen bezahlbaren Wohnraum, damit Wohnen ein Stabilitätsanker ist und nicht Auslöser von Konkurrenzgedanken – und Anlass zu steter Sorge, wann einen das Preissteigerungskarussell über die Stadtgrenzen trägt.

Akzeptiert man die Bedeutung des Wohnens als Basis gesellschaftlicher Teilhabe für alle, dann resultiert daraus eine gesamtgesellschaftliche Verantwortung für das Vorhandensein von bedarfsgerechten und zugänglichen Wohnungen. Bedarfe nach Wohnraum entstehen aufgrund von Flucht und Vertreibung, aber auch aufgrund von Familiengründung oder Familientrennung, aufgrund von Ortswechseln, die notwendig werden, um Sorge- oder Lohnarbeit nachgehen zu können und vielen anderen individuellen Lebensentscheidungen und -notwendigkeiten.

Die besten Grundlagen für die Entfaltung der integrativen Wirkung des Wohnens sind die Freizügigkeit in der Wahl des Wohnstandorts und eine Pluralität der Wohnungsanbieter. Dem Behaust-Sein geht damit die Selbstbestimmung voraus. Integrative Wohnprojekte gehören in dieses Spektrum, aber auch sie profitieren davon, wenn Menschen freiwillig und selbstbestimmt so leben wollen.

Wohnen bzw. die Notwendigkeit des Behaust-Seins ist gemäß diesem Verständnis kein individuelles Problem (unter anderem der neu Zugezogenen), dem durch besondere Wohnangebote Abhilfe geschaffen werden kann und muss. Wenn Wohnende nicht als zu integrierende Individuen, sondern als auf gemeinsamer Basis gesellschaftlich Teilhabende verstanden werden, sind neue Lösungen für die Wohnraumfrage erforderlich: Wie wollen wir alle wohnen und wie wollen wir diese Existenzgrundlage sichern?

AUTOR*INNEN

Prof. Dr. Ingrid Breckner

ist Professorin für Stadt- und Regionalsoziologie an der HafenCity Universität Hamburg. Ihre Forschungsschwerpunkte sind die Themenfelder Suburbanisierung, Soziale Stadt, Flucht und Migration, Unsicherheit in europäischen Städten, Mobilität und Strategien integrierter Stadtentwicklung.
ingrid.breckner@hcu-hamburg.de

M.Sc. Julia Diringer

hat Stadt- und Regionalplanung an der Technischen Universität Berlin studiert. Sie ist wissenschaftliche Mitarbeiterin und Projektleiterin im Forschungsbereich Stadtentwicklung, Recht und Soziales am Deutschen Institut für Urbanistik.
diringer@difu.de

B.A. Susanne Haar

hat Sozialwissenschaften an der Universität Stuttgart studiert. Sie war wissenschaftliche Hilfskraft im Fachgebiet Architektur- und Wohnsoziologie an der Fakultät Architektur und Stadtplanung der Universität Stuttgart.
iwe@iwe.uni-stuttgart.de

Dr. Klaus Habermann-Nieße

hat an der RWTH Aachen zum Thema Wohnen in der Stadt promoviert. Er ist Vorstand des wohnbund e. V. und Gründer des Architektur- und Stadtplanungsbüros plan zwei.
habermann-niesse@plan-zwei.com

Prof. Dr. phil. habil. Christine Hannemann

ist Professorin für Architektur- und Wohnsoziologie an der Fakultät Architektur und Stadtplanung der Universität Stuttgart. Ihre Forschungsschwerpunkte sind der Wandel des Wohnens, Urbanität(en) als Lebensform, interkulturelle Studien zum Wohnen sowie Architektur als Beruf und als Feld empirischer Sozialforschung.
christine.hannemann@iwe.uni-stuttgart.de

M.Sc. Julia Hartmann

hat Architecture an der University of East London (B.Sc.) und Integrated Urbanism and Sustainable Design (IUSD) an der Universität Stuttgart (M.Sc.) studiert. Sie ist Beauftragte für Wohnraum und barrierefreies Bauen der Universitätsstadt Tübingen.
wohnraum@tuebingen.de

M.Sc. Karin Hauser

hat Architektur- und Stadtplanung an der Universität Stuttgart studiert. Sie ist wissenschaftliche Mitarbeiterin im Fachgebiet Architektur- und Wohnsoziologie an der Fakultät Architektur und Stadtplanung der Universität Stuttgart.
iwe@iwe.uni-stuttgart.de

Dipl.-Soz. Gudrun Kirchhoff

hat Soziologie an der Freien Universität Berlin . Sie ist wissenschaftliche Mitarbeiterin und Projektleiterin im Forschungsbereich Stadtentwicklung, Recht und Soziales am Deutschen Institut für Urbanistik.
kirchhoff@difu.de

Dipl.-Ing. Ricarda Pätzold

hat Stadt- und Regionalplanung an der Technischen Universität Berlin studiert. Sie ist wissenschaftliche Mitarbeiterin und Projektleiterin im Forschungsbereich Stadtentwicklung, Recht und Soziales am Deutschen Institut für Urbanistik.
paetzold@difu.de

Dr. Bettina Reimann

hat an der Humboldt-Universität zu Berlin als Soziologin promoviert. Sie ist Leiterin des Teams Stadt und Gesellschaft im Forschungsbereich Stadtentwicklung, Recht und Soziales am Deutschen Institut für Urbanistik.
reimann@difu.de

LITERATUR- UND ABBILDUNGSVERZEICHNIS

Arouna, M/u. a. (2019) Fluchtort Stadt: Explorationen in städtische Lebenslagen und Praktiken der Ortsaneignung von Geflüchteten. Wiesbaden.

Beck, U (1986) Risikogesellschaft: Auf dem Weg in eine andere Moderne. Frankfurt am Main, S. 205–119.

Becker, A (2018) Zwischen Mobilität und Seßhaftigkeit: Sozialräumliche Verortung hochqualifizierter Migranten in Hamburg. Wiesbaden.

BMBF (2015) – Bundesministerium für Bildung und Forschung (Hg.) Das Rahmenprogramm Geistes-, Kultur- und Sozialwissenschaften. In: https://www.bmbf.de/pub/Rahmenprogramm*Geisteswissenschaften.pdf; 11.7.2017.

BMBF (2016) – Bundesministerium für Bildung und Forschung (Hg.) Bekanntmachung „Richtlinie zur Förderung der Maßnahme, Zusammenhalt stärken in Zeiten von Krisen und Umbrüchen' im Rahmen des Forschungsprogramms, Geistes-, Kultur- und Sozialwissenschaften'". Bundesanzeiger vom 30.5.2016. In: https://www.bmbf.de/foerderungen/bekanntmachung-1190.html; 19.6.2020.

BMI (2017a) – Bundesministerium des Innern, für Bau und Heimat (Hg.) Warum Integration so wichtig ist. In: https://www.bmi.bund.de/DE/themen/heimat-integration/integration/integration-bedeutung/integration-bedeutung.html; 5.6.2020.

BMI (2017b) – Bundesministerium des Innern, für Bau und Heimat (Hg.) Jedes Alter zählt: Für mehr Wohlstand und Lebensqualität aller Generationen. In: https://www.bmi.bund.de/SharedDocs/downloads/DE/publikationen/themen/heimat-integration/demografie/demografiebilanz.pdf?**blob=publicationFile&v=4; 5.6.2020.

BPA (2018) – Presse- und Informationsamt der Bundesregierung (Hg.) Koalitionsvertrag zwischen CDU, CSU und SPD. In: https://www.bundesregierung.de/breg-de/themen/koalitionsvertrag-zwischen-cdu-csu-und-spd-195906; 5.6.2020

BPA (2020) – Presse- und Informationsamt der Bundesregierung (Hg.) Fachkräfteeinwanderungsgesetz: Mehr Fachkräfte für Deutschland. In: https://www.bundesregierung.de/breg-de/suche/fachkraeteeinwanderungsgesetz-1563122; 5.6.2020.

Breckner, I/Herrmann, H (2002) Hamburg – Altona – Lurup. In: Deutsches Institut für Urbanistik (Hg.) Die soziale Stadt. Berlin, S. 138–151.

Brinkmann, HU/Sauer, M (Hg.) (2016) Einwanderungsgesellschaft Deutschland: Entwicklung und Stand der Integration. Wiesbaden.

Crone, B/Schlüter, S (2015) Planen – Leben – Wohnen. In: Stadtaspekte e. V./Bundesstiftung Baukultur (Hg.) Neue Räume: Baukultur in Deutschlands Städten. Berlin, S. 12–13.

DAM (2015) – Deutsches Architektur Museum (Hg.) Call for Projects für DAM-Ausstellungsprojekt: Bauen für Flüchtlinge und Migranten. In: http://www.baulinks.de/webplugin/2015/1731.php4; 19.6.2016.

Deschermeier, P (2017) Bevölkerungsentwicklung in den deutschen Bundesländern bis 2035. In: IW-Trends 44(3). https://www.iwkoeln.de/fileadmin/publikationen/2017/357919/IW-Trends*2017-03-04*Deschermeier.pdf; 5.6.2020, S. 63–80.

Destatis 2020 – Statistisches Bundesamt (Hg.) Entwicklung der Privathaushalte bis 2040. Ergebnisse der Haushaltsvorausberechnung 2020. In: https://www.destatis.de/DE/Themen/Gesellschaft-Umwelt/Bevoelkerung/Haushalte-Familien/Publikationen/Downloads-Haushalte/entwicklung-privathaushalte-5124001209004.html; 8.6.2020.

Diekmann, A (2018) Empirische Sozialforschung: Grundlagen, Methoden, Anwendungen. Reinbek bei Hamburg.

Esser, H (1980) Aspekte der Wanderungssoziologie: Assimilation und Integration von Wanderern, ethnischen Gruppen und Minderheiten. Eine handlungstheoretische Analyse. Neuwied/Darmstadt.

Esser, H (2001) Integration und ethnische Schichtung. In: Arbeitspapiere – Mannheimer Zentrum für Europäische Sozialforschung, Nr. 40. In: http://www.mzes.uni-mannheim.de/publications/wp/wp-40.pdf; 5.6.2020.

Esser, H (2009) Pluralisierung oder Assimilation: Effekte der multiplen Inklusion auf die Integration von Migranten. In: Zeitschrift für Soziologie 38(5), S. 358–378.

Fair mieten (2017) – Internetseite der Berliner Fachstelle gegen Diskriminierung auf dem Wohnungsmarkt. In: https://fairmieten-fairwohnen.de/ueber-uns-uebersicht/; 19.6.2020.

FHH/BSW (2019) – Freie und Hansestadt Hamburg/Behörde für Stadtentwicklung und Wohnen (Hg.) Wohnungsbaubericht Hamburg 2018. In: https://www.hamburg.de/contentblob/13047120/95a3627daad096ec-35d3722a7322b6e6/data/d-wohnungsbaubericht-2018.pdf; 19.6.2020.

Fiedler, C/u. a. (2017) Bevölkerung in Deutschland. In: Geographischen Rundschau (Hg.), Beilage zur Nr. 11/2017, S. 1–8.

Flusser, V (1994) Von der Freiheit des Migranten: Einsprüche gegen den Nationalismus. Bensheim.

Friedrichs, J (2017) Sozial-räumliche Integration von Flüchtlingen. In: Friedrich, J/u. a. (Hg.) Zukunft: Wohnen. Migration als Impuls für die kooperative Stadt. Berlin, S. 36–43.

Gans, P (2011) Bevölkerung: Entwicklung und Demographie unserer Gesellschaft. Darmstadt.

Geisen, T/Ottersbach, M (2015) Einleitung Arbeit, Migration und Soziale Arbeit. Herausforderungen und Perspektiven. In: Geisen, T/Ottersbach, M. (Hg.): Arbeit, Migration und Soziale Arbeit. Prozesse der Marginalisierung in modernen Arbeitsgesellschaften. Wiesbaden, S. 1–22.

Greenpeace (Hg.) (2007) Klimaflüchtlinge: Die verleugnete Katastrophe. In: https://www.greenpeace.de/presse/publikationen/studie-klimafluechtlinge; 5.6.2020.

Grubbauer, M (2020) Situation für Studierende auf Hamburger Wohnungsmarkt zunehmend schwieriger: Hürden und hohe Mietpreise belasten Studierende (Pressemitteilung, HafenCity Universität Hamburg). Forschungsbericht in Vorbereitung.

Guzzoni, U (1999) Wohnen und Wandern. Berlin.

Hannemann, C (2018) Wohnen. In: ARL – Akademie für Raumforschung und Landesplanung (Hg.) Handwörterbuch der Stadt- und Raumentwicklung. Hannover, S. 2917–2930.

Hannemann, C (2020) Wohnen ist ein existenzielles Grundrecht. Interview mit Christine Hannemann. In: Kries, M/Eisenbrand, J (Hg.) Home Stories: 100 Jahre, 20 visionäre Interieurs. Weil am Rhein, S. 227–233.

Hans, S (2016) Theorien der Integration von Migranten: Stand und Entwicklung. In: Brinkmann, HU/Sauer, M (Hg.) Einwanderungsgesellschaft Deutschland: Entwicklung und Stand der Integration. Wiesbaden, S. 23–50.

Haslinger, P/Takasaki, S (2017) Von einer Willkommensarchitektur zur Wohnraumfrage. In: Friedrich, J/u. a. (Hg.) Zukunft: Wohnen. Migration als Impuls für die kooperative Stadt. Berlin, S. 28–35.

Heaton, J (2004) Reworking Qualitative Data. London.

Heckmann, F (2015) Integration von Migranten: Einwanderung und neue Nationenbildung. Wiesbaden.

Heitmeyer, W (2012) Gruppenbezogene Menschenfeindlichkeit (GMF) in einem entsicherten Jahrzehnt. In: Heitmeyer, W (Hg.) Deutsche Zustände: Folge 10. Berlin, S. 15–41.

Herriger, N (2006) Empowerment in der sozialen Arbeit: Eine Einführung. Stuttgart.

HM Government 2018 – Department for Digital, Culture, Media and Sport (ed.) A connected society. A strategy for tackling loneliness – laying the foundations for change. London.

Hollenberg, S/Krell, C (2018) Die Linke, die Kosmopoliten und die Kommunitaristen: Über einen Gegensatz, der keiner sein muss. In: Zeitschrift für sozialistische Politik und Wirtschaft 6/18, S. 59–65.

IWE-FG/Difu (2016) – Institut Wohnen und Entwerfen, Fachgebiet Architektur- und Wohnsoziologie, Universität Stuttgart und Deutsches Institut für Urbanistik. Zusammenhalt braucht Räume – integratives Wohnen mit Zuwanderern: Vorhabenbeschreibung zur BMBF-Fördermaßnahme „Zusammenhalt stärken in Zeiten von Krisen und Umbrüchen" im Rahmen des Forschungsprogramms „Geistes-, Kultur- und Sozialwissenschaften". In: Archiv IWE-FG.

Kirchhoff, G/u. a. (2019) Kommunalumfrage: Zuwanderung, Wohnen, Nachbarschaft: Bericht im Rahmen des Forschungsprojekts „Zusammenhalt braucht Räume – integratives Wohnen mit Zuwanderern". Difu-Sonderveröffentlichungen. In: difu.de/12855; 9.7.2020.

Kohlick, A (2016) Die Perspektivlosigkeit ist kaum auszuhalten: Interview mit Ulrike Kluge über Massenunterkünfte für Flüchtlinge vom 29.11.2016. In: https://www.rbb24.de/politik/thema/fluechtlinge/integration/beitraege/interview-ulrike-kluge-psychologie-fluechtlinge-massenunterkuenfte.html; 19.6.2020.

Latour, B (2010) Eine neue Soziologie für eine neue Gesellschaft. Frankfurt am Main.

Lipps, O/Betz, F (2003) Stochastische Bevölkerungsprognose für West- und Ostdeutschland, MEA discussion papers, Nr. 41. In: https://madoc.bib.uni-mannheim.de/286/; 12.6.2020.

Ludl, H (2017) Unterstützung integrativer Prozesse: Der Wohnort als wichtigstes soziales Umfeld. In: Ludl, H (Hg.) Integration im Wohnbau: Modelle für ein soziales Zusammenleben. Basel, S. 11–28.

Luhmann, M/Hawkley, LC (2016) Age differences in loneliness from late adolescence to oldest old age. In: Developmental Psychology 52(6), https://doi.org/10.1037/dev0000117; 5.6.2020, S. 943–959.

Mauser, J (2016) Gemeinschafts(t)räume. Eine Analyse gemeinschaftsorientierten Bauens. Diplomarbeit am Fachgebiet Architektur- und Wohnsoziologie an der Fakultät Architektur und Stadtplanung der Universität Stuttgart. In: https://architekturundwohnsoziologie.com/best-of/; 19.6.2020.

Mayring, P (2016) Einführung in die qualitative Sozialforschung: Eine Anleitung zu qualitativem Denken. Weinheim/Basel.

Mensch, K (2011) Gemeinschaftliches Wohnen – der Versuch einer Definition. In: Wohnbund-Informationen 2011(1), S. 8–11.

Meuth, M (2018) Wohnen: Erziehungswissenschaftliche Erkundungen. Weinheim/Basel.

Neumann, A (2018) Unternehmen Hamburg: Eine Geschichte der neoliberalen Stadt. Göttingen.

Pristl, T (2001) Stadt, Zuwanderung, Wohnen: Strategiebausteine für integrative Stadtentwicklungs- und Wohnungspolitik. Kassel.

Qhadeer K/Celik, V (2016) Wieviel Kultur verträgt die Stadtentwicklung: Eine Analyse kultureller Bedürfnisse in der Planung am Fallbeispiel Weltquartier Wilhelmsburg. BSc-Thesis an der HafenCity Universität Hamburg, Arbeitsgebiet Stadt- und Regionalsoziologie.

Reckwitz, A (2017) Die Gesellschaft der Singularitäten. Berlin.

Reimann, B (2018) Integration auf dem Prüfstand: Begriffsverständnis und kommunale Relevanz. In: Reimann, B/u. a. (Hg.) Vielfalt gestalten: Integration und Stadtentwicklung in Klein- und Mittelstädten. Berlin, S. 113–135.

Reimann, B. u. a. (2020) Chancen und Perspektiven integrativer Wohnformen: Dokumentation der Abschlusstagung im Forschungsprojekt „Zusammenhalt braucht Räume – integratives Wohnen mit Zuwanderern" am 6. März 2020, Berlin, taz Kantine. In: https://zusammenhalt-brauchtraeume.de/; 13.6.2020.

Rigaud, KK/u. a. (2018) Groundswell: Preparing for Internal Climate Migration. World Bank, Washington, DC. © World Bank. https://openknowledge.worldbank.org/handle/10986/29461 License: CC BY 3.0 IGO; 29.6.2020

Rogojanu, A (2019) Kollektives Bauen und Wohnen in Wien: Eine ethnographische Untersuchung zweier gemeinschaftsorientierter Wohnprojekte. Wien/Köln/Weimar.

Saunders, D (2011) Arrival City: Über alle Grenzen hinweg ziehen Millionen Menschen vom Land in die Städte. Von ihnen hängt unsere Zukunft ab. München.

Schader Stiftung 2018 – Jahrestagung der Deutschen Akademie für Städtebau und Landesplanung (DASL) in Zusammenarbeit mit der Schader Stiftung zum Thema „Alltagsorte der Migration" am 9. März 2018 in Mainz. In: https://www.schader-stiftung.de/veranstaltungen/archiv/artikel/alltagsorte-der-migration/; 9.7.2020

Schimany, P/Schock, H (2010) Migrations- und Integrationsforschung im Spiegel der Datenbanken „Sozialwissenschaftliches Forschungsinformationssystem" (SOFIS) und „Sozialwissenschaftliches Literaturinformationssystem" (SOLIS). In: Sozialwissenschaftlicher Fachinformationsdienst soFid, Migration und ethnische Minderheiten 2010(2). https://nbn-resolving.org/urn:nbn:de:0168-ssoar-215832; 19.6.2020, S. 11-45.

Schmal, PC/u. a. (Hg.) (2016) Making Heimat: Germany, Arrival Country. Berlin.

Schmid, S/u. a. (Hg.) (2019) Eine Geschichte des gemeinschaftlichen Wohnens: Modelle des Zusammenlebens. Basel.

Schraven, B (2019) Der Zusammenhang zwischen Klimawandel und Migration. In: https://www.bpb.de/gesellschaft/migration/kurzdossiers/282320/der-zu-sammenhang-zwischen-klimawandel-und-migration; 13.6.2020.

Spiewak, M (2019) Gegen die Einsamkeit: Das unfreiwillige Alleinsein ist eine Epidemie, die sich in der Gesellschaft ausbreitet und viele Menschen krank macht. Endlich unternehmen Politiker, Ärzte und Nachbarn etwas dagegen. In: DIE ZEIT 2019(15), S. 31–32.

Stavrides, S (2018) Common Space: Die Stadt als Gemeingut – Eine Einführung. In: ARCH+ 232: An Atlas of Commoning: Orte des Gemeinschaffens, S. 14–19.

Verbi GmbH (2009) MAXQDA 2020 – Homepage. In: https://www.maxqda.de/; 19.6.2020.

Viégas, F/Wattenberg, M (2008) Tag Clouds and the Case for Vernacular Visualization. In: Interactions 15(4), https://doi.org/10.1145/1374489.1374501; 9.7.2020, S. 49–52.

Vogelpohl, A (2008) Stadt der Quartiere? Das Place-Konzept und die Idee der sozialen Dörfer. In: Schnur Olaf (Hg.): Quartiersforschung. Zwischen Theorie und Praxis. Wiesbaden, S. 69–86.

Voß, G/u. a. (2016) Arbeiten und Leben im Umbruch: Subjektorientierte soziologische Forschung zum Wandel von Erwerbsarbeit und Privatsphäre, Arbeitskraft und Subjektivität. In: http://www.arbeitenundleben.de/; 1.6.2016.

ZEIT ONLINE (2018) Tracey Crouch: Großbritannien bekommt Ministerin für Einsamkeit. In: https://www.zeit.de/politik/ausland/2018-01/tracey-crouch-grossbritannien-ministerin-einsamkeit; 5.6.2020.

Alle Fotos, Pläne und grafischen Darstellungen wurden im Rahmen des Forschungsprojekts „Zusammenhalt braucht Räume – integratives Wohnen mit Zuwanderern" vom IWE-FG für die Publikation erstellt. Ausnahme sind folgende Abbildungen. Die entsprechenden Grundlagen wurden uns freundlicherweise von folgenden Quellen zur Verfügung gestellt und für die Publikation bearbeitet:

Diagramme:	Abbildungen
Destatis (2019) – Statistisches Bundesamt: Zuwanderung 2018. Deutschland wächst um 400 000 Menschen. Binnenwanderung: Mehr Zuzüge in die neuen Länder als Fortzüge. In: https://www.destatis.de/DE/Presse/Pressemitteilungen/2019/07/PD19*271*12411.html; 15.5.2020.	1
Destatis (2020) – Statistisches Bundesamt: Entwicklung der Privathaushalte bis 2040. Ergebnisse der Haushaltsvorausberechnung 2020. In: https://www.destatis.de/DE/Themen/Gesellschaft-Umwelt/Bevoelkerung/Haushalte-Familien/Publikationen/Downloads-Haushalte/entwicklung-privathaushalte-5124001209004.pdf?**blob=publicationFile; 15.5.2020, S.10.	2
infratest dimap (2018) Mehrheit sieht Einsamkeit als großes Problem in Deutschland. In: Umfragen und Analysen, Befragung im März 2018. Auftraggeber: ARD-Morgenmagazin. In: https://www.infratest-dimap.de/umfragen-analysen/bundesweit/umfragen/aktuell/mehrheit-sieht-einsamkeit-als-grosses-problem-in-deutschland/. Grafik zit. nach Spiewak 2019, S. 32.	3
Statista (2019) – Statistisches Bundesamt: Preis für baureifes Land in Deutschland nach Bundesland in den Jahren von 2016 bis 2018. In: https://de.statista.com/statistik/daten/studie/29491/umfrage/preis-fuer-bauland-in-2008-nach-bundeslaendern/; 16.3.2020.	6
Stadt- und Lagepläne:	
© mapz.com – Map Data: OpenStreetMap ODbL.	13, 21, 22, 25, 43, 44, 47 67, 68, 70, 88, 89, 92, 109 110,113, 130, 131, 134
Architekturpläne und Fotos:	
© Ingrid Breckner	7
© Kindermann Architekten AKNW	28, 30, 31, 32
© Ingenieurgesellschaft BBP Bauconsulting mbH	49, 52, 53, 54, 59
© Verein für Berliner Stadtmission	73, 74, 76, 77, 78, 79
© andOFFICE Blatter Ertel Probst Freie Architekten PartGmbB	94, 95, 97, 98, 99
© Architekten Regina Leipertz und Martin Kostulski, Partnerschaftsgesellschaft, Köln	115, 116, 117, 119
© Trabitzsch Dittrich Architekten GmbH	130, 131, 134, 136, 137, 138, 142
© BIG Städtebau GmbH	145, 146

Alle Fotos in der Kurzdarstellung des Projektkatalogs wurden im Rahmen des Forschungsprojekts „Zusammenhalt braucht Räume – integratives Wohnen mit Zuwanderern" vom IWE-FG für die Publikation erstellt. Das trifft nicht auf die nachfolgend aufgelisteten Fotos zu. Deren Bildrechte wurden uns freundlicherweise von folgenden Quellen für diese Publikation zur Verfügung gestellt:

Fotos im Projektkatalog	Nummer
© Bunte Berse e. V.	1
© Peter Bargfrede/Hulsberg eG	2
© Regina Kitsche	3
© Immobilien Scout GmbH	4
© Manfred Rebentisch	5
© Ulf Berner	6
© Sebastian Becker	8
© Guido Meincke	10
© Petra Grenz	11
© florian krieger – architektur und städtebau gmbh	12
© GlobaLokal e. V.	13
© Thilo Trumpoldt	14
© David Franck	16
© Architekturfotografie Markus Guhl	17
© David Groschwitz	18
© Schwarz.Jacobi Architekten PartGmbB	19
© Max Schwitalla	20
© Lothar Deeg	21
© Rudolf Stumberger	22
© GEWOFAG/Lukas Barth	23
© Jonathan Scheder	24
© Kollektiv A . Benedict Esche . Architekt	25
© Barbara Lersch	26
© picture-alliance/dpa	27
© Hess / Talhof / Kusmierz Architekten und Stadtplaner	28
© Steffen Schellhorn/imago stock&people GmbH	29
© Aachener Siedlungs- und Wohnungsgesellschaft mbH	31
© Christoph Wagner Architekten	32
© raumlabor berlin	33
© tafkaoo architects gmbh	35

INFORMATIONEN ZUM FORSCHUNGSPROJEKT

ZUSAMMENHALT BRAUCHT RÄUME – INTEGRATIVES WOHNEN MIT ZUWANDERERN
(OKTOBER 2017–MÄRZ 2020)

FÖRDERUNG

Bundesministerium für Bildung und Forschung

Gefördert wurde das Forschungsprojekt vom Bundesministerium für Bildung und Forschung (BMBF) als Teil der Fördermaßnahme „Zusammenhalt stärken in Zeiten von Krisen und Umbrüchen" mit dem Förderkennzeichen FKZ01UG1731AX im Rahmenprogramm Geistes-, Kultur- und Sozialwissenschaften. Grundlage für diese Förderaktivität ist der Themenschwerpunkt „Kulturelle Vielfalt und Zivilgesellschaft – Potenziale für gesellschaftlichen Zusammenhalt und Teilhabe ermöglichen".
Mehr Informationen: https://www.bmbf.de/foerderungen/bekanntmachung-1190.html

KONTAKT

integrativeswohnen@iwe.uni-stuttgart.de

www.zusammenhaltbrauchtraeume.de

PROJEKTPARTNER

 Universität Stuttgart

Universität Stuttgart
Fakultät Architektur und Stadtplanung
Fachgebiet Architektur- und Wohnsoziologie

 IWE ARCHITEKTUR- UND WOHNSOZIOLOGIE

Prof. Dr. Christine Hannemann
(Gesamtprojektleitung)

M.Sc. Karin Hauser
Dr. Eng. Manal El-Shahat

 Deutsches Institut für Urbanistik

Deutsches Institut für Urbanistik
Berlin

Dr. Bettina Reimann (Projektleitung)
Dipl.-Soz. Gudrun Kirchhoff
M.Sc. Julia Diringer
Dipl.-Ing. Franciska Frölich v. Bodelschwingh

PROJEKTBEIRAT

Transferpartner

Dipl.-Ing. Hilmar von Lojewski
Beigeordneter, Leiter des Dezernats Stadtentwicklung, Bauen, Wohnen und Verkehr

Sebastian Klöppel
Referent

RA Bernd Düsterdiek
Referatsleiter Städtebaurecht, Stadtentwicklung, Städtebauförderung, Denkmalschutz, Vergaberecht, Geodaten, Wasser und Abwasser, Beauftragter Bauangelegenheiten HGST

Dipl.-Ing. Rainer Bohne
Geschäftsführer bis 2018

Dr. Gabriele Schmidt
Geschäftsführerin ab 2018

Dr. Klaus Habermann-Nieße
Vereinsvorstand

Forschungsbeirat

Prof. Dr. Ingrid Breckner
Professorin Stadt- und Regionalsoziologie
HafenCity Universität Hamburg

Prof. Alexander Hagner
Mitinhaber des Architekturbüros gaupenraub+/-
Professor für Soziales Bauen an der FH Kärnten

M.Sc. Julia Hartmann
Beauftragte für Wohnraum und barrierefreies Bauen
Universitätsstadt Tübingen

Mamad Mohamad
Geschäftsführer
Landesnetzwerk Migrantenorganisationen Sachsen-Anhalt (LAMSA) e. V.

M.A. Ayse Özbabacan
Referentin Soziales und Gesellschaftliche Integration
Landeshauptstadt Stuttgart

Dipl.-Ing. Ricarda Pätzold
Wissenschaftliche Mitarbeiterin
Deutsches Institut für Urbanistik

Pfr. Martin Schmelzer
Pfarrer
Pfarrbereich Trotha-Seeben/
Heiland/St. Pankratius

FACHGEBIET ARCHITEKTUR- UND WOHNSOZIOLOGIE

UNIVERSITÄT STUTTGART | FAKULTÄT ARCHITEKTUR UND
STADTPLANUNG

Das Fachgebiet Architektur- und Wohnsoziologie
wurde 1997 neu begründet und mit dem Anspruch enger
interdisziplinärer Kooperation am Institut Wohnen und Entwerfen (IWE) an der Fakultät Architektur und Stadtplanung der
Universität Stuttgart verankert.

Forschungsschwerpunkte sind der Wandel des Wohnens,
Urbanität als Lebensform, sowie Architektur als Beruf und
als Feld empirischer Sozialforschung. Gegenstand des
Forschungsgebiets sind gesellschaftliche, soziale und kulturelle
Perspektiven auf Architektur- und Stadtplanung, insbesondere
hinsichtlich des Wohnens.

Universität Stuttgart
Fakultät Architektur und Stadtplanung
Institut Wohnen und Entwerfen
Fachgebiet Architektur- und Wohnsoziologie
T +49 711 685-84200
iwe@iwe.uni-stuttgart.de
www.architekturundwohnsoziologie.com
www.iwe.uni-stuttgart.de/lehr-
stuhl-architektur-und-wohnsoziologie

DEUTSCHES INSTITUT FÜR URBANISTIK

PARTNER BEI DER LÖSUNG KOMMUNALER AUFGABEN

Deutsches Institut für
Urbanistik gGmbH
T +49 30 39 001-0
difu@difu.de
www.difu.de

Das Deutsche Institut für Urbanistik (Difu) ist als größtes Stadt-
forschungsinstitut im deutschsprachigen Raum die Forschungs-,
Fortbildungs- und Informationseinrichtung für Städte, Gemeinden,
Landkreise, Kommunalverbände und Planungsgemeinschaften.

Das 1973 gegründete unabhängige Berliner Institut bearbeitet ein
umfangreiches Themenspektrum und beschäftigt sich auf wissenschaftlicher Ebene praxisnah mit allen Aufgaben, die Kommunen heute
und in Zukunft zu bewältigen haben.

WOHNBUND

VERBAND ZUR FÖRDERUNG WOHNPOLITISCHER INITIATIVEN

Der wohnbund ist ein Netzwerk von wohnpolitisch engagierten
Fachleuten und Organisationen, die mit ihrer Arbeit zur Entwicklung
und Realisierung zeitgemäßer Wohnformen beitragen. Er ist ein Organ
der wechselseitigen fachlichen und politischen Vernetzung.

Die Wohnungspolitik muss sich in Zeiten tiefgreifender gesellschaftlicher Veränderungen neuen Herausforderungen stellen.
Der Wohnbund hat sich das Ziel gesetzt, diesen Prozess mit Ver-
anstaltungsangeboten und Publikationen zu begleiten.

wohnbund e. V.
T +89 55269717
info@wohnbund.de
www.wohnbund.de

GESPRÄCHSPARTNER*INNEN

■ neuzugewanderte Bewohner*innen

■ ortsansässige Bewohner*innen

□ weitere Personen:
Schlüsselperson
(Gesprächspartner*innen mit
Bezug zum Wohnprojekt),
Nachbar*innen und Architekt*innen

GESAMT:
79 INTERVIEWS

Bewohner*in	47
verantwortliche*r Bewohner*in	3
Schlüsselperson	21
Nachbar*in	4
Architekt*in	4

FALL 1:
11 INTERVIEWS

Bewohner	6
Moderator und Bewohner	2
Schlüsselperson	2
Nachbar*in	1

FALL 4:
8 INTERVIEWS

Bewohner*in	3
Moderator*in und Bewohner*in	1
Schlüsselperson	2
Nachbar*in	2

FALL 2:
10 INTERVIEWS

Bewohner*in	7
Schlüsselperson	2
Architekt*in	1

FALL 5:
12 INTERVIEWS

Bewohner*in	8
Schlüsselperson	2
Architekt*in	2

FALL 3:
17 INTERVIEWS

Bewohner*in	10
Schlüsselperson	6
Nachbar*in	1

FALL 6:
21 INTERVIEWS

Bewohner*in	13
Schlüsselperson	8
Architekt*in	1

Herausgeberinnen:
Christine Hannemann und Karin Hauser
Fachgebiet Architektur- und Wohnsoziologie
Universität Stuttgart
Fakultät Architektur und Stadtplanung
Institut Wohnen und Entwerfen
Keplerstr.11
70174 Stuttgart
T +49 711685-84200
iwe@iwe.uni-stuttgart.de

Umschlaggestaltung, Design, Layout und Satz: Karin Hauser
Lithografie: Bild1Druck, Berlin
Gedruckt in der Europäischen Union

Bibliografische Information der
Deutschen Nationalbibliothek
Die Deutsche Nationalbibliothek verzeichnet diese
Publikation in der Deutschen Nationalbibliografie;
detaillierte bibliografische Daten sind im Internet
über http://dnb.d-nb.de abrufbar.

jovis Verlag GmbH
Lützowstraße 33
10785 Berlin

www.jovis.de

jovis-Bücher sind weltweit im ausgewählten Buch-
handel erhältlich. Informationen zu unserem
internationalen Vertrieb erhalten Sie von Ihrem
Buchhändler oder unter www.jovis.de.

ISBN 978-3-86859-640-3

GEFÖRDERT VOM

Bundesministerium
für Bildung
und Forschung

GEFÖRDERT VOM

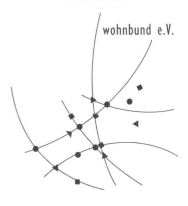

wohnbund e.V.